国家文化产业资金支持媒体融合重大项目

浙江省“十三五”会计优势专业建设成果

高等教育财务会计类专业教材

FINANCIAL ACCOUNTING

财务会计

（第四版）

李华　主编

东北财经大学出版社　大连
Dongbei University of Finance & Economics Press

图书在版编目（CIP）数据

财务会计 / 李华主编. — 4版. —大连：东北财经大学出版社，2025.2.
—（高等教育财务会计类专业教材）. —ISBN 978-7-5654-5571-1
Ⅰ. F234.4
中国国家版本馆CIP数据核字第2025CZ7028号

东北财经大学出版社出版
（大连市黑石礁尖山街217号　邮政编码　116025）
网　　址：http://www.dufep.cn
读者信箱：dufep@dufe.edu.cn
大连图腾彩色印刷有限公司印刷　东北财经大学出版社发行
幅面尺寸：185mm×260mm　字数：462千字　印张：19.25　插页：1
2025年2月第4版　2025年2月第1次印刷
责任编辑：包利华　曲以欢　责任校对：那　欣
封面设计：原　皓　版式设计：原　皓
定价：49.00元

教学支持　售后服务　联系电话：（0411）84710309

如有印装质量问题，请联系营销部：（0411）84710711

第四版前言

百年大计，教育为本。党的二十大报告明确指出："教育是国之大计、党之大计。培养什么人、怎样培养人、为谁培养人是教育的根本问题。育人的根本在于立德。全面贯彻党的教育方针，落实立德树人根本任务，培养德智体美劳全面发展的社会主义建设者和接班人。坚持以人民为中心发展教育，加快建设高质量教育体系，发展素质教育，促进教育公平。"这为广大的教育工作者指明了前行的方向，我们将此精神贯穿在教材编写过程中。职业教育作为一种类型教育，正处于高质量发展的重要时期，提质培优、产教融合、守正创新成为教育改革的主旋律。教材作为"三教"改革的重要抓手，是培养高素质技术技能型人才的重要载体，教材建设更是推进课程思政建设的重要举措。

为了更好地融通优质的教学改革成果，整合线上线下的数字化教学资源，对接高等职业教育的"信息化、智能化、互动化"改革发展趋势，切实提高职业教育人才培养质量，提升学生技术技能，培养学生的会计"匠心"精神，本教材引入"互联网+"的教育教学创新改革实践，将传统纸质教材与现代数字教材紧密结合，突出能学、易用、强测等特色，具体内容如下：

第一，夯实专业基础，对接会计专业技术标准。本教材以初级会计师考试大纲为标准，合理设计教材主体框架，全面融入考证重点与难点，系统讲述了会计要素的基本核算原理和主要核算方法。

第二，强化岗位实践，强化职业能力培养。本教材遵循"职业能力导向"的人才培养原则，结合会计核算工作的实际需求，选取了出纳岗位、材料物资岗位、固定资产岗位、无形资产及其他资产岗位、往来结算岗位、债务资金岗位、投资资金岗位、权益资金岗位、收入岗位、费用岗位、利润岗位、总账报表岗位等12个典型的工作岗位为项目单元，以岗位的40余项工作任务为载体，通过项目引导、任务驱动、强化测评等方式，强化会计核算岗位职业能力培养，实现会计理论与实践的统一。

第三，引入互联技术，推进线上线下相结合的立体化教材开发模式。本教材以纸质教材为主要载体，设置学习目标、岗位工作导图、票据百宝箱、核算原理、实务案例、同步测验等纸媒教材栏目，同时系统开发了微课视频、账户讲解、拓展训练、答案解析等丰富的线上数字资源，利用"二维码"，帮助学习者更好地开展课程学习。

为了进一步优化教材内容，拓展教材应用，本教材第四版在第三版教材的主体框架、体例设计、表现形式、核心内容的基础上，根据《职业院校教材管理办法》《高等学校课程思政建设指导纲要》《高等职业学校专业教学标准》等文件的要求，及时反映大数据背景下，会计行业升级和技术发展动态，吸收专业和课程建设成果，对教材进行了升版修订。

本教材由长期从事教学与科研的骨干教师和行业企业实务专家共同编写。由浙江金融职业学院大数据与会计专业李华教授担任主编，拟定编写大纲，完成项目一、项目二、项目三、项目四、项目七的编撰和全书的修订、定稿工作。由安娜老师、孙博老师担任副主编，其中，安娜老师完成项目六、项目八、项目九、项目十、项目十一的编撰工作；孙博老师完成项目五、项目十二的编撰工作。

由于作者专业水平和实践经验有限，本书难免存在错误和不当之处，恳请读者批评指正。

李　华

2025年2月

目　录

项目一　出纳岗位

学习目标

- 理解出纳岗位的相关会计规范要求
- 掌握库存现金的会计核算方法
- 掌握银行存款的会计核算方法
- 掌握其他货币资金的会计核算方法
- 掌握出纳岗位的账务处理

岗位工作导图

出纳岗位工作导图如图1-1所示。

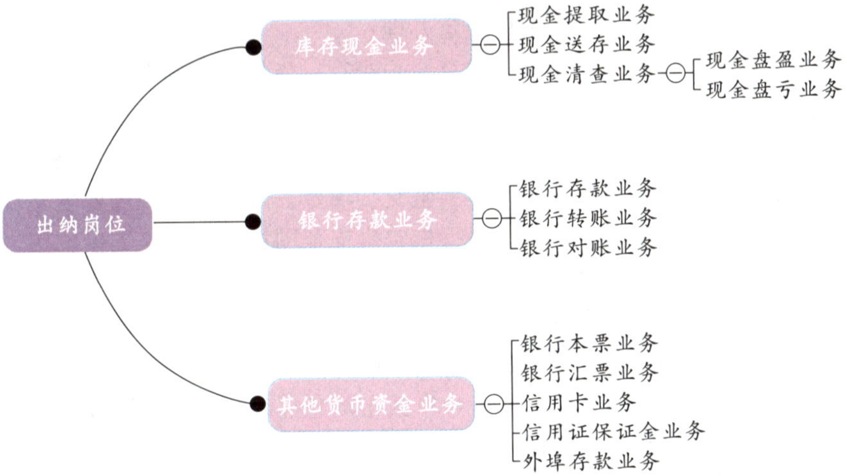

图1-1　出纳岗位工作导图

任务1　库存现金业务

库存现金是指存放于企业财会部门、由出纳人员经管的货币。库存现金是企业流动性最强的资产，企业应当严格遵守国家有关现金管理制度，正确进行现金收支的核算，监督现金使用的合法性与合理性。

任务1
库存现金业务

一、现金管理制度

（一）现金的使用范围

现金的使用范围主要包括以下内容：

①职工工资、津贴；

②个人劳务报酬；

③根据国家规定颁发给个人的科学技术、文化艺术、体育等各种奖金；

④各种劳保、福利费用以及国家规定的对个人的其他支出；

⑤向个人收购农副产品和其他物资的款项；

⑥出差人员必须随身携带的差旅费；

⑦结算起点以下的零星支出；

⑧中国人民银行确定需要支付现金的其他支出。

除上述情况可以用现金支付外，其他款项的支付应通过银行转账结算。

（二）现金的限额

现金的限额是指为了保证单位日常零星开支的需要，允许单位留存现金的最高数额。这一限额由开户银行根据单位的实际需要核定，一般按照单位3～5天日常零星开支所需确定。边远地区和交通不便地区开户单位的库存现金限额，可按多于5天但不得超过15天的日常零星开支的需要确定。经核定的库存现金限额，开户单位必须严格遵守，超过部分应于当日终了前存入银行。需要增加或者减少库存现金限额的，应当向开户银行提出申请，由开户银行核定。

（三）现金的收支规定

开户单位现金收支应当依照下列规定办理：

①开户单位现金收入应当于当日送存开户银行，当日送存确有困难的，由开户银行确定送存时间。

②开户单位支付现金，可以从本单位库存现金限额中支付或从开户银行提取，不得从本单位的现金收入中直接支付，即不得“坐支”现金。因特殊情况需要坐支现金的，应当事先报经开户银行审查批准，由开户银行核定坐支范围和限额。坐支单位应当定期向开户银行报送坐支金额和使用情况。

③开户单位从开户银行提取现金时，应如实写明提取现金的用途，由本单位财会部门负责人签字盖章，并经开户银行审查批准后予以支付。

④因采购地点不确定、交通不便、生产或市场急需、抢险救灾以及其他特殊情况必须使用现金的单位，应向开户银行提出书面申请，由本单位财会部门负责人签字盖章，并经开户银行审查批准后予以支付现金。

⑤不准用不符合国家统一会计制度的凭证顶替库存现金，即不得“白条抵库”；不准谎报用途；不准用银行账户代替其他单位和个人存入或支取现金；不准将单位收入的现金以个人名义存入储蓄账户；不准保留账外公款，即不得“公款私存”，不得设置“小金库”等。银行对于违反上述规定的单位，将按照规定金额的一定比例予以处罚。

票据百宝箱

现金支票（具体如图1-2所示）是专门用于支取现金的一种支票，由存款人签发，委托开户银行向收款人支付一定数额的现金。开户单位应按现金的开支范围签发现金支票，现金支票的金额起点为100元，其付款方式是见票即付。

现金支票

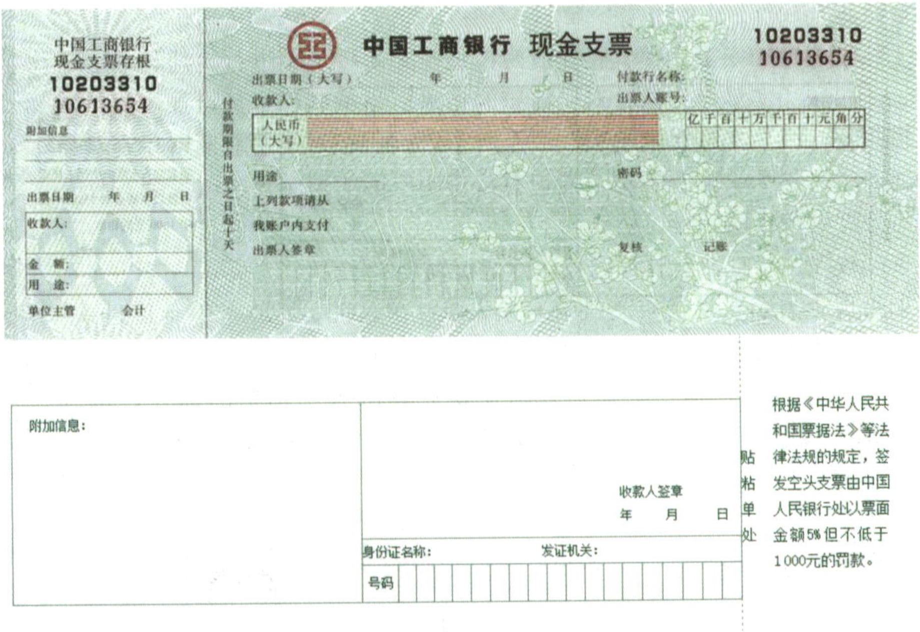
中国工商银行
现金支票存根
10203310
10613654
附加信息
出票日期 年 月 日
收款人:
金 额:
用 途:
单位主管 会计

中国工商银行 现金支票
10203310
10613654
出票日期（大写） 年 月 日 付款行名称:
收款人: 出票人账号:
付款期限自出票之日起十天
人民币（大写）
亿 千 百 十 万 千 百 十 元 角 分
用途 密码
上列款项请从
我账户内支付
出票人签章 复核 记账

附加信息:
收款人签章
年 月 日
身份证名称: 发证机关:
号码
贴粘单处
根据《中华人民共和国票据法》等法律法规的规定，签发空头支票由中国人民银行处以票面金额5%但不低于1000元的罚款。

图 1-2 现金支票

二、库存现金的账务处理

为了全面、连续地反映和监督库存现金的收入、支出和结存情况，企业应当设置库存现金总账和库存现金日记账，分别进行企业库存现金的总分类核算和明细分类核算。

库存现金

库存现金日记账由出纳人员根据收、付款凭证，按照业务发生顺序逐笔登记。每日终了，应当在库存现金日记账上计算出当日的现金收入合计额、现金支出合计额和结存余额，并将库存现金日记账的余额与实际库存现金余额相核对，保证账款相符。月度终了，库存现金日记账的余额应当与库存现金总账的余额核对，做到账账相符。

实务案例 1-1

【背景资料】浙江美华机械有限责任公司发生相关经济业务如下:

业务1：2024年5月10日，因零星支付需要，出纳人员从开户银行提取5 000元现金。

业务2：2024年5月16日，出纳人员将公司一笔销货款3 590元，连同现金缴款单一并送存银行。

【要求】根据上述业务资料，完成相关的会计处理。

【分析提示】会计分录如下:

业务1：2024年5月10日，提取现金时:

借：库存现金　　5 000

　贷：银行存款　　5 000

业务2：2024年5月16日，送存现金时:

借：银行存款　　3 590

　贷：库存现金　　3 590

三、现金清查

为了保证现金的安全完整，企业应当按规定对库存现金进行定期和不定期的清查，一般采用实地盘点法，对于清查的结果应当编制现金盘点报告单。如果存在挪用现金、白条抵库的情况，应及时予以纠正；对于超限额留存的现金应及时送存银行。如果账款不符，发现有待查明原因的现金短缺或溢余，应先通过“待处理财产损溢”科目核算。

账户
待处理财产损溢

按管理权限，经批准后，分别按以下情况处理：

①如为现金溢余，属于应支付给有关人员或单位的，记入“其他应付款”科目；属于无法查明原因的，记入“营业外收入”科目。

视频：现金清查

②如为现金短缺，属于应由责任人赔偿或保险公司赔偿的部分，记入“其他应收款”科目；属于无法查明原因的，记入“管理费用”科目。具体核算原理见表1-1。

表1-1 现金清查核算原理

序号	业务内容			会计处理
1	现金溢余	发现阶段		借：库存现金 贷：待处理财产损溢——待处理流动资产损溢
		处理阶段	应支付给有关单位或人员	借：待处理财产损溢——待处理流动资产损溢 贷：其他应付款——应付现金溢余
			无法查明原因	借：待处理财产损溢——待处理流动资产损溢 贷：营业外收入——现金溢余
2	现金短缺	发现阶段		借：待处理财产损溢——待处理流动资产损溢 贷：库存现金
		处理阶段	由责任人赔偿	借：其他应收款——应收现金短缺款 贷：待处理财产损溢——待处理流动资产损溢
			由保险公司赔偿	借：其他应收款——应收保险公司赔款 贷：待处理财产损溢——待处理流动资产损溢
			无法查明原因	借：管理费用——现金短缺 贷：待处理财产损溢——待处理流动资产损溢

实务案例1-2

【背景资料】浙江美华机械有限责任公司发生相关经济业务如下：

业务1：2024年5月22日，公司进行现金清查工作，发现现金短缺450元，原因待查。5月24日，查明上述现金短缺的原因，其中：100元是出纳李明工作失职造成，由其负责赔偿；剩余350元原因无法查明，经批准转作管理费用。

业务2：2024年6月12日，公司进行现金清查工作，发现现金溢余360元，原因待查。6月15日，上述溢余现金原因无法查明，经批准转作营业外收入。

【要求】根据上述业务资料，完成相关的会计处理。

【分析提示】会计分录如下：

业务1：2024年5月22日，发现现金短缺时：

借：待处理财产损溢——待处理流动资产损溢　　450

　贷：库存现金　　450

2024年5月24日，经批准处理现金短缺时：

借：管理费用——现金短缺　　350

　　其他应收款——应收现金短缺款　　100

　贷：待处理财产损溢——待处理流动资产损溢　　450

业务2：2024年6月12日，发现现金溢余时：

借：库存现金　　360

　贷：待处理财产损溢——待处理流动资产损溢　　360

2024年6月15日，经批准处理现金溢余时：

借：待处理财产损溢——待处理流动资产损溢　　360

　贷：营业外收入——现金溢余　　360

拓展训练　现金清查

任务2　银行存款业务

任务2　银行存款业务

银行存款是指企业存放在银行或其他金融机构的货币资金。企业应当根据业务需要，按照规定在其所在地银行开设账户，运用所开设的账户，进行存款、取款以及各种收支转账业务的结算。

一、银行结算账户的基本类型

银行存款的收付应严格执行银行结算制度的规定。单位开立银行结算账户，需向银行提出申请，填写开户申请书。银行结算账户按用途不同，分为基本存款账户、一般存款账户、专用存款账户和临时存款账户。

（一）基本存款账户

基本存款账户是单位的主办账户，单位的转账结算和现金存取均可通过该账户办理。单位只能在银行开立一个基本存款账户，其他银行结算账户的开立必须以基本存款账户的开立为前提。

（二）一般存款账户

一般存款账户是单位因借款和其他结算的需要、为享受不同银行的特色服务或分散在一家银行开立账户可能出现的资金风险，在基本存款账户开户银行以外的银行营业机构开立的账户。一般存款账户没有数量限制。该账户可用于借款转存和归还。可以通过该账户办理转账结算和现金缴存，但不得办理现金支取。

（三）专用存款账户

专用存款账户是存款人按照国家法律、行政法规和规章的规定，对其特定用途资金进行专项管理和使用而开立的账户。该类账户主要用于办理各项专用资金的收付，支取现金应按照有关具体规定办理。

（四）临时存款账户

临时存款账户是临时机构或单位因临时性经营活动的需要而开立的账户，用于办理临时机构以及临时性经营活动发生的资金收付。此类账户可按照国家现金管理的规定支取现金。

实务中，企业账户管理主要是通过网上银行进行操作。网上银行是指银行利用Internet技术，通过Internet向客户提供开户、查询、对账、行内转账、跨行转账、信贷、网上证券、投资理财等传统服务项目，使客户可以足不出户就能够安全便捷地管理活期和定期存款、支票、信用卡及个人投资等。网上银行是在Internet上的虚拟银行柜台。企业网银是银行面向企业用户开发的一种网上银行服务，相对于个人网银而言，企业网银拥有更高的安全级别、更多的服务项目，主要包括账户管理、网银付款业务、网银收款业务、网银集团理财、网银信用证业务、网银贷款业务、网银投资理财、网银基金、网银国债、网银协定存款、网银通知存款、网银贵宾室、网银代理行、网银客户服务等。

企业向银行申请办理企业网银时，需要认真阅读《网上银行企业用户服务协议》，了解相关合同条款；如实填写《网上银行企业用户开户申请书》，加盖公章及预留银行印鉴；携带法定代表人身份证明书、法定授权委托人和经办人员身份证及复印件，经柜台注册，下载数字证书，取得USBKEY证书，进行账户激活、增加操作员等相关操作。

二、银行存款的账务处理

企业应当设置银行存款总账和银行存款日记账，分别进行银行存款的总分类核算和明细分类核算。企业可按开户银行和其他金融机构、存款种类等设置银行存款日记账，根据收、付款凭证，按照业务的发生顺序逐笔登记。每日终了，应结出账户余额。

账户
银行存款

实务案例1-3

【背景资料】浙江美华机械有限责任公司发生相关经济业务如下：

业务1：2024年5月22日，出纳人员持客户利群公司签发的用于支付前欠销售款的转账支票一张，金额为50 000元，到其开户银行办理进账。

业务2：2024年5月27日，通过工商银行网银支付前欠宏达公司的材料采购款20 000元。

【要求】根据上述业务资料，完成相关的会计处理。

【分析提示】会计分录如下：

业务1：2024年5月22日，办理转账支票进账时：

借：银行存款　　50 000

　　贷：应收账款——利群公司　　50 000

业务2：2024年5月27日，签发转账支票时：

借：应付账款——宏达公司　　20 000

　　贷：银行存款　　20 000

票据百宝箱

转账支票（具体如图1-3所示）是用于单位之间的商品交易、劳务供应或其他往来款项的结算凭证，该支票只能用于转账结算，不得支取现金。

填写规范
转账支票

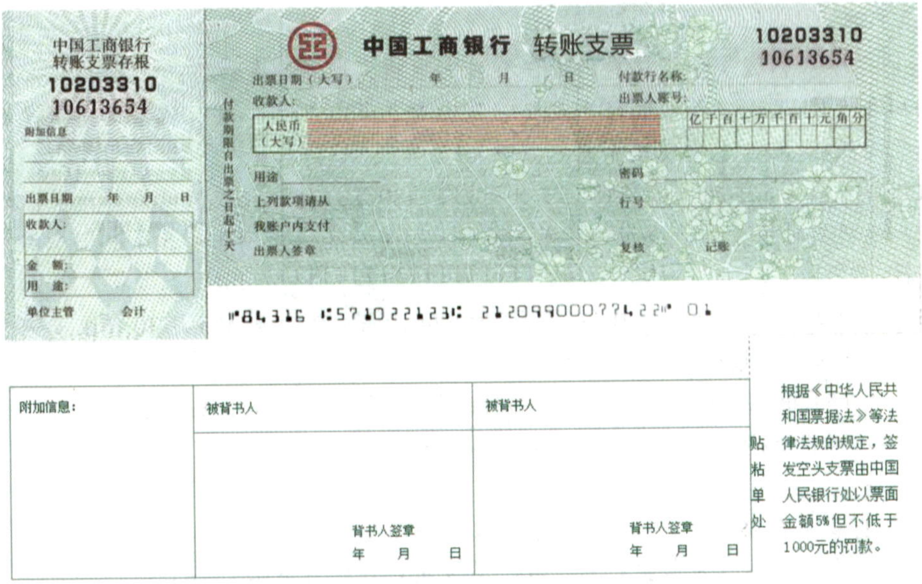

图 1-3 转账支票

三、银行存款的核对

视频 银行对账

期末银行对账是指“银行存款日记账”应定期与“银行对账单”核对，至少每月核对一次。企业银行存款账面余额与银行对账单余额之间如有差额，一般主要是由计算错误、记账错漏和未达账项等原因引起的。

其中：未达账项是由于结算凭证在企业与银行之间或收付款银行之间的传递需要一定的时间，造成企业与银行之间入账的时间差，一方收到凭证并已入账，另一方未收到凭证因而未能入账而形成的账款。发生未达账项的具体情况有四种：

①企业已收款入账、银行尚未收款入账；

②企业已付款入账、银行尚未付款入账；

③银行已收款入账、企业尚未收款入账；

④银行已付款入账、企业尚未付款入账。

对于未达账项，企业通过编制“银行存款余额调节表”进行调节，银行存款余额调节表（具体见表1-2）是在银行对账单余额与企业账面余额的基础上，各自加上对方已收、本单位未收的账项数额，减去对方已付、本单位未付的账项数额，以调整双方余额使其一致的一种调节方法，主要包括补记法、冲销法、付项单冲法、收项单冲法、差额法等五种编制方法。银行存款余额调节表只是为了核对账目，并不能作为调整银行存款账面余额的记账依据。

表 1-2 银行存款余额调节表

年 月 日

单位：元

项目	金额	项目	金额
银行存款日记账余额		银行对账单余额	
加：银行已收、企业未收款		加：企业已收、银行未收款	
减：银行已付、企业未付款		减：企业已付、银行未付款	
调节后的银行存款余额		调节后的银行存款余额	

实务案例 1-4

【背景资料】浙江美华机械有限责任公司发生相关经济业务如下：

2024年5月31日，公司银行存款日记账余额为432万元，银行转来的对账单余额为664万元。经逐笔核对，发现以下未达账项：

（1）公司已将5月28日收到的红丰公司赔款480万元登记入账，但银行尚未记账。

（2）公司支付前欠吉山公司的货款360万元，但吉山公司尚未将5月29日收到的支票送存银行。

（3）公司委托银行代收凤凰公司购货款384万元，银行已于5月30日收妥并登记入账，但公司尚未收到银行的收款通知。

（4）公司5月份发生借款利息32万元，银行已减少其存款，但公司尚未收到银行的付款通知。

【要求】根据上述业务资料，编制银行存款余额调节表。

【分析提示】

业务1：属于企业已收、银行未收款，增加银行对账单金额。

业务2：属于企业已付、银行未付款，减少银行对账单金额。

业务3：属于银行已收、企业未收款，增加银行存款日记账金额。

业务4：属于银行已付、企业未付款，减少银行存款日记账金额。

编制的银行存款余额调节表见表1-3。

表1-3 银行存款余额调节表

2024年5月31日 单位：万元

项目	金额	项目	金额
银行存款日记账余额	432	银行对账单余额	664
加：银行已收、企业未收款	384	加：企业已收、银行未收款	480
减：银行已付、企业未付款	32	减：企业已付、银行未付款	360
调节后的银行存款余额	784	调节后的银行存款余额	784

拓展训练

银行对账

任务3 其他货币资金业务

任务3

其他货币资金业务

其他货币资金是指企业除库存现金、银行存款以外的其他各种货币资金，主要包括银行本票存款、银行汇票存款、信用卡存款、信用证保证金存款、存出投资款和外埠存款等。

一、其他货币资金的内容

（一）银行本票存款

银行本票是指银行签发的、承诺自己在见票时无条件支付确定的金额给收款人或持票人的票据。单位和个人在同一票据交换区域需要支付的各种款项，均可使用银行本票。银行本票可以用于转账，注明“现金”字样的银行本票可以用于支取现金。银行本票的提示付款期限自出票日起最长不得超过两个月。在有效付款期内，银行见票即付。持票人超过付款期限提示付款的，银行不予受理。

票据百宝箱

银行本票（具体如图1-4所示）一式两联，第一联出票行留存，结清本票时作借方凭证附件；第二联出票行结清本票时作借方凭证。

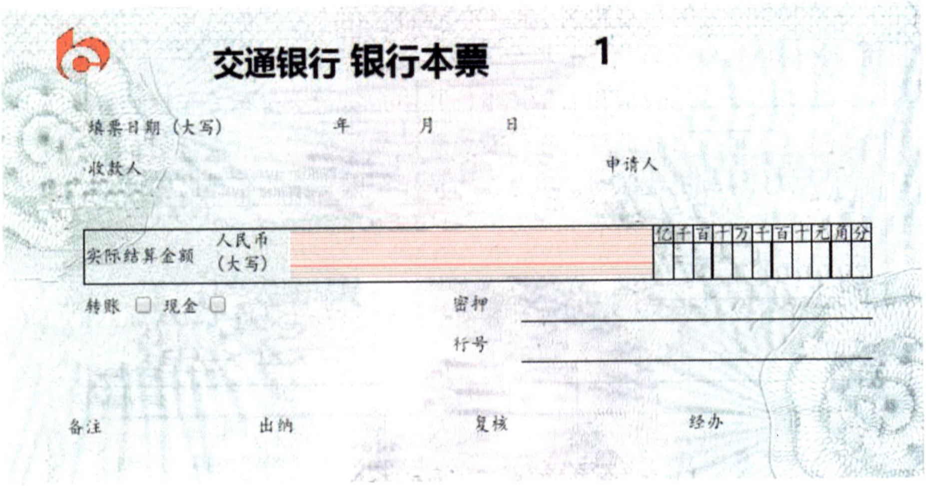

交通银行 银行本票 1

填票日期（大写） 年 月 日

收款人 申请人

实际结算金额	人民币（大写）	亿	千	百	十	万	千	百	十	元	角	分

转账 □ 现金 □ 密押

行号

备注 出纳 复核 经办

图 1-4 银行本票

（二）银行汇票存款

银行汇票是指由出票银行签发的、由其在见票时按照实际结算金额无条件支付给收款人或者持票人的票据。银行汇票的出票银行为银行汇票的付款人。单位和个人各种款项的结算，均可使用银行汇票。银行汇票可以用于转账，填明“现金”字样的银行汇票也可以用于支取现金。银行汇票的提示付款期限为自出票日起一个月，持票人超过付款期限提示付款的，银行将不予受理。

票据百宝箱

银行汇票一式四联，第一联为卡片（具体如图 1-5 所示），此联在出票行结清汇票时作汇出汇款的借方凭证；第二联为汇票，此联在代理付款行付款后作联行往来借方凭证的附件；第三联是解讫通知，此联在代理付款行兑付后随报单寄出票行，由出票行作多余款的贷方凭证；第四联是多余款收账通知，此联是出票行结清多余款后交申请人的凭证。

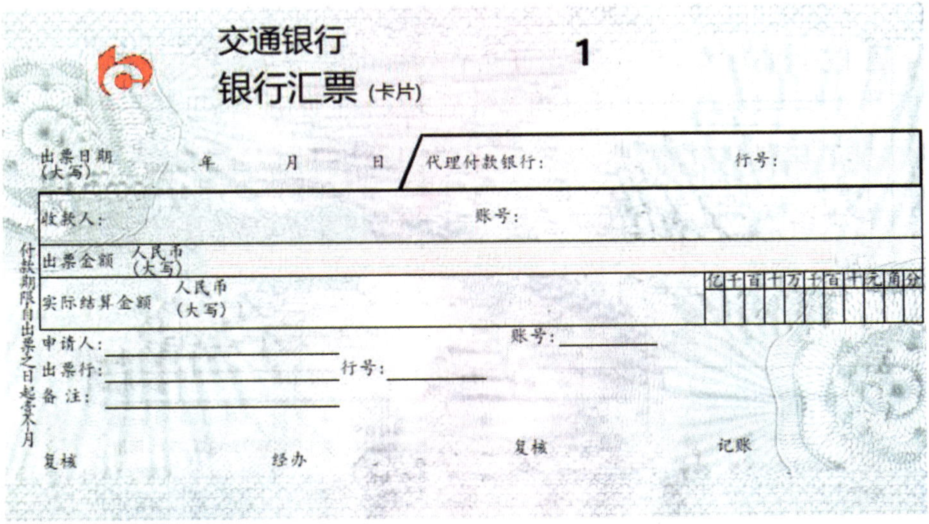

交通银行 银行汇票（卡片） 1

付款期限自出票之日起壹个月

出票日期（大写） 年 月 日 代理付款银行： 行号：

收款人： 账号：

出票金额 人民币（大写）

实际结算金额	人民币（大写）	亿	千	百	十	万	千	百	十	元	角	分

申请人： 账号：

出票行： 行号：

备 注：

复核 经办 复核 记账

图 1-5 银行汇票

（三）信用卡存款

信用卡存款是指企业为取得信用卡而存入银行信用卡专户的款项，信用卡是银行卡的一种。信用卡按使用对象分为单位卡和个人卡。按信用等级分为金卡和普通卡。按是否向发卡银行交存备用金分为贷记卡和准贷记卡。其中：贷记卡是指发卡银行给予持卡人一定的信用额度，持卡人可在信用额度内先消费、后还款的信用卡。准贷记卡是指持卡人须先按发卡银行的要求交存一定金额的备用金，当备用金账户余额不足以支付时，可在发卡银行规定的信用额度内透支的信用卡。

（四）信用证保证金存款

信用证保证金存款是指采用信用证结算方式的企业为开具信用证而存入银行信用证保证金专户的款项。

（五）存出投资款

存出投资款是指企业为购买股票、债券、基金等，根据有关规定存入证券公司指定银行开立的投资款专户的款项。具体核算详见“项目七　投资资金岗位”。

（六）外埠存款

外埠存款是指企业为了到外地进行临时或零星采购，而汇往采购地银行开立采购专户的款项。

二、其他货币资金的账务处理

为了反映、监督其他货币资金的收支和结存情况，企业应当设置“其他货币资金”账户。本账户应按其他货币资金的种类设置明细账户进行明细核算。

其他货币资金

（一）银行本票存款

企业使用银行本票，应向出票银行填写“银行本票申请书”。申请人或收款人为单位的，不得申请签发现金银行本票。出票银行受理银行本票申请书，收妥款项后签发银行本票，在银行本票上签章后交给申请人。申请人应将银行本票交付给本票上记明的收款人。收款人可以将银行本票背书转让给被背书人。

申请人因银行本票超过付款期限或其他原因要求退款时，应将银行本票提交到出票银行并出具单位证明。出票银行对于在本行开立存款账户的申请人，只能将款项转入原申请人账户；对于现金银行本票和未到本行开立存款账户的申请人，才能退付现金。银行本票丧失，失票人可以凭人民法院出具的其享有票据权利的证明，向出票银行请求付款或退款。银行本票业务的相关核算原理具体见表1-4。

表1-4　银行本票核算原理

序号	业务内容	会计处理
1	企业申请银行本票	借：其他货币资金——银行本票 　贷：银行存款/库存现金
2	持银行本票办理业务	借：原材料/库存商品等 　　应交税费——应交增值税（进项税额） 　贷：其他货币资金——银行本票
3	银行本票退款	借：银行存款/库存现金 　贷：其他货币资金——银行本票

实务案例1-5

【背景资料】浙江美华机械有限责任公司发生相关经济业务如下：

2024年5月5日，公司向开户银行申请银行本票一张，金额67 800元；5月12日，业务人员将上述银行本票用于支付采购环球公司钢材的货款60 000元、增值税7 800元。

【要求】根据上述业务资料，完成相关的会计处理。

【分析提示】会计分录如下：

●2024年5月5日，申请签发银行本票时：

借：其他货币资金——银行本票 67 800

贷：银行存款 67 800

●2024年5月12日，用于支付购货款时：

借：原材料——钢材 60 000

应交税费——应交增值税（进项税额） 7 800

贷：其他货币资金——银行本票 67 800

（二）银行汇票存款

企业使用银行汇票，应向出票银行填写“银行汇票申请书”，填明收款人名称、汇票金额、申请人名称、申请日期等事项并签章，签章为其预留银行的签章。出票银行受理银行汇票申请书，收妥款项后签发银行汇票，并用压数机压印出票金额，将银行汇票和解讫通知一并交给申请人。申请人应将银行汇票和解讫通知一并交付给汇票上记明的收款人。收款人受理申请人交付的银行汇票时，应在出票金额以内，根据实际需要的款项办理结算，并将实际结算的金额和多余金额准确、清晰地填入银行汇票和解讫通知的有关栏内，到银行办理款项入账手续。

收款人可以将银行汇票背书转让给被背书人。银行汇票的背书转让以不超过出票金额的实际结算金额为准。未填写实际结算金额或实际结算金额超过出票金额的银行汇票，不得背书转让。持票人向银行提示付款时，必须同时提交银行汇票和解讫通知，缺少任何一联，银行不予受理。银行汇票丧失，失票人可以凭人民法院出具的其享有票据权利的证明，向出票银行请求付款或退款。银行汇票业务的相关核算原理具体见表1-5。

表1-5 银行汇票核算原理

序号	业务内容	会计处理
1	企业申请银行汇票	借：其他货币资金——银行汇票 贷：银行存款
2	持银行汇票办理业务	借：原材料/库存商品等 应交税费——应交增值税（进项税额） 贷：其他货币资金——银行汇票
3	退回银行汇票余款	借：银行存款 贷：其他货币资金——银行汇票

实务案例1-6

【背景资料】浙江美华机械有限责任公司发生相关经济业务如下：

2024年6月3日，公司向开户银行申请银行汇票一张，金额120 000元；6月12日，公司采购员持银行汇票前往厦门采购原材料一批，货款100 000元、增值税13 000元。6月25日，公司收到银行汇票的多余款收账通知。

【要求】根据上述业务资料，完成相关的会计处理。

【分析提示】会计分录如下：

● 2024年6月3日，申请签发银行汇票时：

借：其他货币资金——银行汇票　120 000

　贷：银行存款　120 000

● 2024年6月12日，用银行汇票支付材料款时：

借：原材料　100 000

　　应交税费——应交增值税（进项税额）　13 000

　贷：其他货币资金——银行汇票　113 000

● 2024年6月25日，收到银行汇票的多余款收账通知时：

借：银行存款　7 000

　贷：其他货币资金——银行汇票　7 000

（三）信用卡存款

凡在中国境内金融机构开立基本存款账户的单位均可申领单位卡。单位卡可申领若干张，持卡人资格由申领单位法定代表人或其委托的代理人书面指定和注销。企业申领单位卡时，应填制“信用卡申请表”，连同支票和有关资料一并送存发卡银行。单位卡账户的资金一律从其基本存款账户转账存入，不得缴存现金，不得将销货收入的款项存入其账户。持卡人可持信用卡在特约单位购物、消费，但单位卡不得用于10万元以上的商品交易、劳务供应款项的结算，不得支取现金。特约单位在每日营业终了，应将当日受理的信用卡签购单汇总，计算手续费和净额，并填写汇（总）计单和进账单，连同签购单一并送交收单银行办理进账。信用卡业务的相关核算原理具体见表1-6。

表1-6　信用卡核算原理

序号	业务内容	会计处理
1	企业申请信用卡	借：其他货币资金——信用卡 　贷：银行存款
2	企业持信用卡购物或消费	借：管理费用等 　贷：其他货币资金——信用卡
3	企业注销信用卡	借：银行存款 　贷：其他货币资金——信用卡

实务案例1-7

【背景资料】浙江美华机械有限责任公司发生相关经济业务如下：

2024年7月15日，公司向开户银行申领信用卡，向银行交存50 000元；7月30日，公司使用信用卡向华侨饭店支付招待费（含税）3 000元。

【要求】根据上述业务资料，完成相关的会计处理。

【分析提示】会计分录如下：

● 2024年7月15日，向银行申领信用卡时：

借：其他货币资金——信用卡 50 000
　贷：银行存款 50 000

● 2024年7月30日，支付招待费时：

借：管理费用 3 000
　贷：其他货币资金——信用卡 3 000

（四）信用证保证金存款

企业向银行申请开立信用证，应按规定向银行提交开证申请书、信用证申请人承诺书和购销合同。信用证保证金业务的相关核算原理具体见表1-7。

表1-7 信用证保证金核算原理

序号	业务内容	会计处理
1	企业申请信用证	借：其他货币资金——信用证保证金 　贷：银行存款
2	持信用证办理业务	借：原材料/库存商品等 　　应交税费——应交增值税（进项税额） 　贷：其他货币资金——信用证保证金
3	收到信用证余款	借：银行存款 　贷：其他货币资金——信用证保证金

实务案例1-8

【背景资料】浙江美华机械有限责任公司发生相关经济业务如下：

2024年8月2日，公司向银行申请开具信用证2 000 000元，用于支付境外采购材料价款，企业已向银行缴纳保证金，并收到银行盖章退回的进账单第一联。2024年8月17日，公司收到银行转来的境外销货单位信用证结算凭证以及所附发票账单、海关进口增值税专用缴款书等有关凭证，材料价款为1 500 000元，增值税为195 000元。2024年8月29日，公司收到银行存款通知，对该境外销货单位开具的信用证余款305 000元已经转回银行账户。

【要求】根据上述业务资料，完成相关的会计处理。

【分析提示】会计分录如下：

● 2024年8月2日，向银行申请开具信用证时：

借：其他货币资金——信用证保证金 2 000 000
　贷：银行存款 2 000 000

● 2024年8月17日，收到相关的银行结算凭证和业务凭证时：

借：原材料 1 500 000
　　应交税费——应交增值税（进项税额） 195 000
　贷：其他货币资金——信用证保证金 1 695 000

● 2024年8月29日，收到信用证余款时：

借：银行存款 305 000
　贷：其他货币资金——信用证保证金 305 000

（五）外埠存款

企业将款项汇往外地时，应填写汇款委托书，委托开户银行办理汇款。汇入地银行以汇款单位名义开立临时采购账户。该账户的存款不计利息、只付不收、付完清户，除了采购人员可从中提取少量现金外，一律采用转账结算。外埠存款业务的相关核算原理具体见表1-8。

视频
外埠存款

表1-8 外埠存款核算原理

序号	业务内容	会计处理
1	企业申请异地采购专户	借：其他货币资金——外埠存款 　贷：银行存款
2	异地采购办理结算	借：原材料/库存商品等 　　应交税费——应交增值税（进项税额） 　贷：其他货币资金——外埠存款
3	企业注销外埠存款	借：银行存款 　贷：其他货币资金——外埠存款

实务案例1-9

【背景资料】浙江美华机械有限责任公司发生相关经济业务如下：

2024年9月10日，公司因到外地采购材料的工作需要，开出汇款委托书，委托当地开户银行将采购款60 000元汇往采购地银行开立采购专户。2024年9月16日，公司收到采购人员交来的报销单据，其中：材料发票列明材料价款50 000元、增值税6 500元，材料已经验收入库。2024年9月20日，公司收到开户银行收款通知，汇出的采购专户存款余额3 500元已经汇回，存入公司的银行存款账户。

【要求】根据上述业务资料，完成相关的会计处理。

【分析提示】会计分录如下：

● 2024年9月10日，委托银行开立异地采购专户时：

借：其他货币资金——外埠存款　　60 000

　贷：银行存款　　60 000

● 2024年9月16日，用于支付材料款时：

借：原材料　　50 000

　　应交税费——应交增值税（进项税额）　　6 500

　贷：其他货币资金——外埠存款　　56 500

● 2024年9月20日，收到开户银行收款通知时：

借：银行存款　　3 500

　贷：其他货币资金——外埠存款　　3 500

拓展训练
其他货币资金核算

同步测验

一、单项选择题

1. 企业现金清查中，经检查仍无法查明原因的现金短款，经批准后应计入（　　）。

A. 管理费用　　B. 财务费用

C. 营业外收入　　D. 营业外支出

2.下列各项中，会导致银行存款日记账余额大于对应日期银行对账单余额的是（　　）。

A.企业已收款入账、银行尚未收款入账

B.企业已付款入账、银行尚未付款入账

C.银行已收款入账、企业尚未收款入账

D.企业误将存款5 920元记录为5 290元，但银行未错

3.企业将款项汇往异地银行开立采购专户，编制该业务的会计分录时，应当（　　）。

A.借记“应收账款”科目，贷记“银行存款”科目

B.借记“其他货币资金”科目，贷记“银行存款”科目

C.借记“其他应收款”科目，贷记“银行存款”科目

D.借记“材料采购”科目，贷记“其他货币资金”科目

4.对于银行已经收款而企业尚未入账的未达账项，企业应作的处理为（　　）。

A.以“银行对账单”为原始记录将该业务入账

B.根据“银行存款余额调节表”和“银行对账单”自制原始凭证入账

C.在编制“银行存款余额调节表”的同时入账

D.待有关结算凭证到达后入账

5.企业存放在银行的银行本票存款，应通过（　　）科目进行核算。

A.“应收票据”　B.“其他应收款”　C.“其他货币资金”　D.“库存现金”

6.企业在进行现金清查时，查出现金溢余，并将溢余数记入“待处理财产损溢”科目。后经进一步核查，无法查明原因，经批准后，对该现金溢余正确的会计处理方法为（　　）。

A.将其从“待处理财产损溢”科目转入“管理费用”科目

B.将其从“待处理财产损溢”科目转入“营业外收入”科目

C.将其从“待处理财产损溢”科目转入“其他应付款”科目

D.将其从“待处理财产损溢”科目转入“其他应收款”科目

7.以现金发放职工工资，应借记（　　）科目。

A.“库存现金”　B.“应付职工薪酬”　C.“银行存款”　D.A和C均可

8.出纳员在当天业务终了后，结出库存现金日记账账面余额为1 205元，另有未记账的现金收款凭证350元、未记账的现金付款凭证425元，则库存现金实存数为（　　）元。

A.1 555　B.1 280　C.1 130　D.780

9. 企业日初库存现金日记账余额为2 800元，当日收到现金1 500元即存入银行；出差人员回来报销差旅费1 600元，结清预支款1 500元，现金补付差额100元；上月现金短缺100元，领导批准后当日予以转入“管理费用”；办公室人员零星报销交通费现金支付150元，则企业当日终了库存现金日记账余额为（　　）元。

A.2 550　B.2 450　C.2 050　D.1 050

10.企业“库存现金日记账”通常采用的格式是（　　）。

A.卡片式　B.多栏式　C.数量金额式　D.三栏式

二、多项选择题

1.企业银行存款账面余额与银行对账单余额之间不一致的原因是存在未达账项，下列各项中，会使企业银行存款账面余额小于银行对账单余额的有（　　）。

A.企业已收款入账、但银行尚未收款入账　B.企业已付款入账、但银行尚未付款入账

C.银行已收款入账、但企业尚未收款入账　D.银行已付款入账、但企业尚未付款入账

2.下列各项中，应确认为企业其他货币资金的有（　　）。

A.企业持有的3个月内到期的债券投资　B.企业为购买股票向证券公司划出的资金

C.企业汇往外地建立临时采购专户的资金　D.企业向银行申请银行本票时拨付的资金

3. 下列关于现金限额的叙述中，正确的有（　　）。

A. 现金限额是指为了保证企业日常零星开支的需要，允许单位留存现金的最低数额

B. 现金限额是指为了保证企业日常零星开支的需要，允许单位留存现金的最高数额

C. 现金限额由开户银行根据单位的实际需要核定，一般按照单位3～5天日常零星开支的需要确定

D. 边远地区和交通不便地区开户单位的库存现金限额，可按多于5天但不超过10天的日常零星开支的需要确定

4. 下列关于现金核算的叙述中，正确的有（　　）。

A. 企业应当设置库存现金总账和库存现金日记账，分别进行企业库存现金的总分类核算和明细分类核算

B. 借方登记现金的增加，贷方登记现金的减少

C. 期末余额在借方，反映企业实际持有的库存现金的金额

D. 库存现金日记账由出纳人员根据收付款凭证，按照业务发生顺序逐笔登记

5. 下列关于现金清查的叙述中，正确的有（　　）。

A. 企业应当按规定进行现金的清查，一般采用实地盘点法

B. 对于清查的结果应当编制库存现金盘点报告单

C. 经检查仍无法查明原因的现金溢余冲减管理费用

D. 经检查仍无法查明原因的现金短缺，经批准后应计入管理费用

6. 库存现金日记账由出纳人员根据审核后的（　　）逐日逐笔序时登记。

A. 原始凭证　　B. 现金收款凭证　　C. 现金付款凭证　　D. 银行收款凭证

7. 企业发生的下列支出中，可用现金支付的有（　　）。

A. 发放本月职工工资185 000元　　B. 购买原材料价款68 000元

C. 购买办公用品580元　　D. 报销退休职工医药费6 300元

8. 下列关于银行存款核算的叙述中，正确的有（　　）。

A. 企业应当设置银行存款总账和银行存款日记账，分别进行银行存款的总分类核算和明细分类核算

B. 企业可按开户银行和其他金融机构、存款种类等设置银行存款日记账

C. 出纳根据收付款凭证，按照业务的发生顺序逐笔登记，每日终了，应结出余额

D. 银行存款日记账应定期与银行对账单核对，至少每月核对一次

9. 下列业务中，可使企业其他货币资金减少的有（　　）。

A. 将银行存款汇往在外地银行开立的临时采购账户

B. 以存出投资款购买债券

C. 通过银行将人民币存款兑换为外币并存入银行

D. 以银行汇票购买材料一批

E. 采购完毕，将银行汇票余款收回，存入原办理汇票银行的存款户中

10. 下列项目中，属于未达账项的有（　　）。

A. 银行代企业支付电话费5 400元，并登记企业银行存款减少5 400元，但企业在收到银行付款通知后，将银行存款减少额登记为3 400元

B. 企业将收取的转账支票送存银行，并登记银行存款增加，但银行尚未记账

C. 企业赊销商品，按购货协议于60天后收取相关货款

D. 企业开出转账支票，并登记银行存款减少，但收款单位尚未持票到银行办理转账，银行尚未记账

E. 银行代企业支付水费，并登记企业银行存款减少，但企业尚未收到银行的付款通知，尚未记账

三、判断题

1. 企业应根据实际需要向开户银行提出申请，由开户银行核定库存现金的限额。（　　）

2.货币资金核算主要包括库存现金、银行存款和应收账款等内容。（　　）

3.库存现金的限额是指为了保证企业日常零星开支的需要，允许企业留存现金的平均额。（　　）

4.通常情况下，企业支付现金要从本单位库存现金中支付或从开户银行提取，不得“坐支”库存现金。（　　）

5.根据业务需要，企业可以从本单位库存现金中“坐支”以简化核算和操作流程。（　　）

6.因特殊情况需要，企业可以将单位收入的现金以个人名义存入储蓄账户，存入限额由开户银行根据单位的实际需要核定。（　　）

7.企业内部周转使用的备用金，可以单独设置“其他货币资金”科目。（　　）

8.库存现金清查中发现的有待查明原因的库存现金短缺或溢余，应通过“待处理财产损溢”科目核算。（　　）

9.银行存款账户分为基本存款账户、一般存款账户、临时存款账户和专用存款账户。（　　）

10.库存现金的清查包括出纳人员每日的清点核对与清查小组定期和不定期的清查。（　　）

四、计算分析题

1.甲公司2024年6月份发生下列经济业务：

（1）6月8日，收到职工张晓民归还借款的现金4 500元。

（2）6月15日，开出现金支票，从银行提取现金25 600元准备发放工资。

（3）6月16日，公司发放职工工资25 600元。

（4）6月22日，用现金400元购买办公用品。

（5）6月25日，将现金1 200元送存银行。

要求：根据上述业务资料，编制相关会计分录。

2.甲公司2024年9月份发生下列经济业务：

（1）9月28日，职工李强出差回来报销差旅费900元，交回多余款项100元（出差前预借差旅费1 000元）。

（2）9月29日，公司向开户银行申请办理银行本票，并将款项9 500元交存银行取得银行本票。

（3）9月30日，公司对现金进行清查时，发现短缺80元。经调查，系出纳人员王华管理不善造成，公司决定追究其保管责任。

（4）9月30日，公司持银行本票办理采购业务，其中货款8 000元、增值税1 040元，材料已验收入库（采用实际成本法核算），多余款项已退回。

（5）9月30日，公司持有的银行汇票因超出提示付款期限未使用，向开户银行申请并退回款项19 500元。

要求：根据上述业务资料，编制相关会计分录。

3.甲公司2024年11月份发生下列经济业务：

（1）11月10日，企业销售部门王云因公赴广州出差，预借差旅费5 000元。

（2）11月15日，出纳人员签发工商银行转账支票支付仓库维修款11 600元，交收款人办理转账结算。

（3）11月18日，王云出差归来报销差旅费，向出纳人员递交“差旅费报销单”，其中广州—杭州机票两张，总计3 800元，市内交通费300元，住宿费1 000元，邮电办公费150元，伙食补贴每天35元，共8天，总计280元，报销总额5 530元。（假设不考虑相关税金）

（4）11月30日，对现金进行清查时，发现短缺600元，无法查明原因。

要求：根据上述业务资料，编制相关会计分录。

4.甲公司2024年6月30日银行存款日记账的账面余额为800 000元，开户银行送来的对账单所列公司存款余额为740 000元，经逐笔核对，发现以下未达账项：

（1）6月26日，公司委托银行收取销货款60 000元，银行已收妥入账，公司尚未入账；

（2）6月27日，公司因购买材料开出转账支票30 000元，银行尚未入账；

（3）6月30日，公司销售货物收到转账支票40 000元，公司已经入账，银行尚未入账；

（4）6月30日，银行已经按合同的规定为公司支付电费110 000元，公司尚未入账。

要求：根据上述业务资料，编制银行存款余额调节表（具体见表1-9）。

表1-9 银行存款余额调节表

年 月 日 单位：元

项目	金额	项目	金额
银行存款日记账余额		银行对账单余额	
加：银行已收、企业未收款		加：企业已收、银行未收款	
减：银行已付、企业未付款		减：企业已付、银行未付款	
调节后的银行存款余额		调节后的银行存款余额	

5.甲公司2024年12月31日银行存款日记账余额为540万元，银行转来的对账单余额为830万元。经逐笔核对，发现以下未达账项：

（1）企业送存转账支票600万元，并已登记银行存款增加，但银行尚未记账。

（2）企业开出转账支票450万元，但持票单位尚未到银行办理转账，银行尚未记账。

（3）企业委托银行代收A公司购货款480万元，银行已收妥并登记入账，但企业尚未收到收款通知，尚未记账。

（4）银行代企业支付电话费40万元，银行已登记企业银行存款减少，但企业未收到银行付款通知，尚未记账。

要求：根据上述业务资料，编制银行存款余额调节表（具体见表1-10）。

表1-10 银行存款余额调节表

年 月 日 单位：万元

项目	金额	项目	金额
银行存款日记账余额		银行对账单余额	
加：银行已收、企业未收款		加：企业已收、银行未收款	
减：银行已付、企业未付款		减：企业已付、银行未付款	
调节后的银行存款余额		调节后的银行存款余额	

参考答案

大国工匠

手握“金刚钻” 焊卫祖国长空：陈久友

项目二　材料物资岗位

学习目标

- 理解材料物资岗位的相关会计规范要求
- 掌握原材料的会计核算方法
- 掌握周转材料的会计核算方法
- 掌握委托加工物资的会计核算方法
- 理解库存商品的会计核算方法
- 掌握存货清查的会计核算方法
- 理解存货减值的会计核算方法
- 掌握材料物资岗位的账务处理

岗位工作导图

材料物资岗位工作导图如图 2-1 所示。

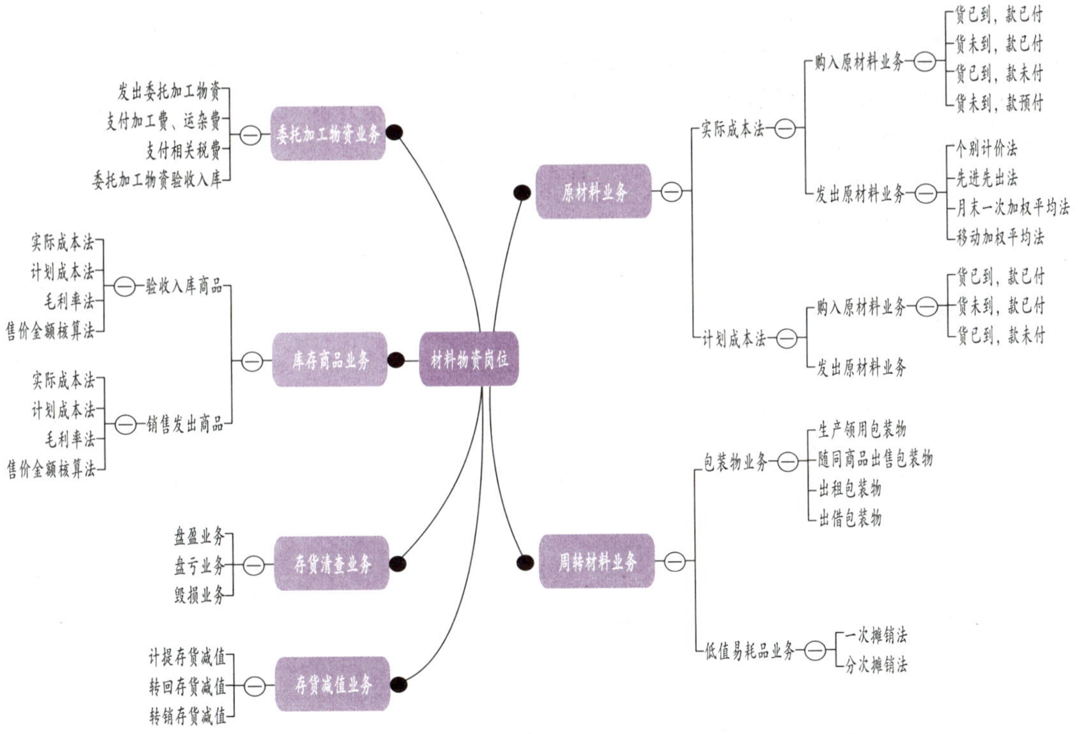

图 2-1　材料物资岗位工作导图

任务1 存货成本认知

任务1

存货成本认知

存货是指企业在日常活动中持有以备出售的产成品或商品、处在生产过程中的在产品、在生产过程或提供劳务过程中耗用的材料或物料等，包括各类材料、在产品、半成品、产成品、商品以及包装物、低值易耗品、委托代销商品等。

一、存货成本的基本构成

存货应当按照成本进行初始计量。存货成本包括采购成本、加工成本和其他成本。

（一）存货的采购成本

存货的采购成本包括购买价款（即企业购入材料或商品的发票账单上列明的价款，但不包括按规定可以抵扣的增值税税额）、相关税费（即企业购买存货发生的进口税费、消费税、资源税和不能抵扣的增值税进项税额以及相应的教育费附加等应计入存货采购成本的税费）、运输费、装卸费、保险费以及其他可归属于存货采购成本的费用（如在存货采购过程中发生的仓储费、包装费、运输途中的合理损耗，入库前的挑选整理费用等）。

商品流通企业在采购商品过程中发生的运输费、装卸费、保险费以及其他可归属于存货采购成本的进货费用，应当计入存货采购成本，也可以先进行归集，期末根据所购商品的存销情况进行分摊。对于已售商品的进货费用，计入当期损益；对于未售商品的进货费用，计入期末存货成本。企业采购商品的进货费用金额较小的，可以在发生时直接计入当期损益。

（二）存货的加工成本

存货的加工成本是指在存货的加工过程中发生的追加费用，包括直接人工以及按照一定方法分配的制造费用。其中：直接人工是指企业在生产产品和提供劳务过程中发生的直接从事产品生产和劳务提供人员的职工薪酬。制造费用是指企业为生产产品和提供劳务而发生的各项间接费用。

（三）存货的其他成本

存货的其他成本是指除采购成本、加工成本以外的，使存货达到目前场所和状态所发生的其他支出。

票据百宝箱

采购物资入库验收单（具体见表2-1）是企业用于采购物资验收入库的业务单据之一，主要包括：货物名称、规格、型号、单价、数量、金额、供应商单位、进货时间以及技术部、使用单位、仓库等部门的验收意见。

表2-1 采购物资入库验收单

货物名称		规格		型号	
单价		数量		金额	
供应商单位				进货时间	
验收部门	验收情况记录			验收结论（合格/不合格）	
技术部				验收人签字：	
使用单位				验收人签字：	
仓库				验收人签字：	

二、存货成本的确认原则

存货的来源不同，其成本的构成内容也不同。原材料、商品、低值易耗品等通过购买而取得的存货成本由采购成本构成；产成品、在产品、半成品等自制或需委托外单位加工完成的存货的成本由采购成本、加工成本以及使存货达到目前场所和状态所发生的其他支出构成。实务中具体按以下原则确定成本：

（一）购入存货成本

购入存货的成本包括：买价、运杂费（包括运输费、装卸费、保险费、包装费、仓储费等）、运输途中的合理损耗（是指商品在运输过程中，因商品性质、自然条件及技术设备等因素，所发生的自然的或不可避免的损耗，例如，汽车在运输煤炭、化肥等的过程中自然散落以及易挥发产品在运输过程中的自然挥发）、入库前的挑选整理费用（包括挑选整理中发生的工、费支出和挑选整理过程中所发生的数量损耗，并扣除回收的下脚废料价值）以及按规定应计入成本的税费和其他费用。

（二）自制存货成本

自制的存货包括自制原材料、自制包装物、自制低值易耗品、自制半成品及库存商品等，其成本包括直接材料、直接人工和制造费用等各项实际支出。

（三）委托加工存货成本

委托外单位加工完成的存货，包括加工后的原材料、包装物、低值易耗品、半成品、产成品等，其成本包括实际耗用的原材料或者半成品、加工费、装卸费、保险费、委托加工的往返运输费等费用以及按规定应计入成本的税费。

但是，下列费用不应计入存货成本，而应在其发生时计入当期损益：

①非正常消耗的直接材料、直接人工和制造费用，应在发生时计入当期损益，不应计入存货成本。如由于自然灾害而发生的直接材料、直接人工和制造费用，由于这些费用的发生无助于使该存货达到目前场所和状态，不应计入存货成本，而应确认为当期损益。

②仓储费用是指企业在存货采购入库后发生的储存费用，应在发生时计入当期损益。但是，在生产过程中为达到下一个生产阶段所必需的仓储费用应计入存货成本。如酒类产品生产企业为使生产的酒达到规定的产品质量标准，而必须发生的仓储费用，应计入酒类产品的成本，而不应计入当期损益。

③不能归属于使存货达到目前场所和状态的其他支出，应在发生时计入当期损益，不得计入存货成本。企业设计产品发生的设计费用通常应计入当期损益，但是为特定客户设计产品所发生的、可直接确定的设计费用应计入存货的成本。

拓展训练

存货成本

任务2 原材料业务

原材料是指企业在生产过程中经过加工改变其形态或性质并构成产品主要实体的各种原料、主要材料和外购半成品，以及不构成产品实体但有助于产品形成的辅助材料。原材料具体包括原料及主要材料、辅助材料、外购半成品（外购件）、修理备件（备品备件）、包装材料、燃料等。

任务2

原材料业务

票据百宝箱

填写规范
增值税专用发票

纸质增值税专用发票（具体如图2-2所示）是由国家税务总局设计印制的，一式三联：第一联记账联，是销售方销售的记账凭证；第二联抵扣联，是购买方的扣税凭证；第三联发票联，是购买方付款的记账凭证。

浙江增值税专用发票 NO.

此联不作报销、扣税凭证使用　　开票日期：

购买方	名　　称： 纳税人识别号： 地 址、电 话： 开户行及账号：				密码区			
货物或应税劳务、服务名称		规格型号	单位	数量	单价	金额	税率	税额
合　计								
价税合计（大写）						（小写）		
销售方	名　　称： 纳税人识别号： 地 址、电 话： 开户行及账号：				备注			

第一联：记账联　销售方记账凭证

收款人：　　复核：　　开票人：　　销售方：（章）

图2-2　增值税专用发票

2015年，国家税务总局开始探索发票无纸化试点，迈出发票电子化改革的关键一步。2019年，增值税发票管理2.0版正式推行。2022年，电子税务局、手机App陆续上线发票网上申领模块，实现足不出户申领、24小时办理。自2020年9月起，在宁波、石家庄和杭州等3个地区的新办纳税人中试点推广增值税电子专用发票，并逐步扩大推广范围，发票样式如图2-3所示。2020年9月，宁波市税务局开出了第一张增值税电子专用发票。增值税电子专用发票由各省税务局监制，采用电子签名代替发票专用章，属于增值税专用发票，其法律效力、基本用途、基本使用规定等与增值税纸质专用发票相同。

××增值税电子专用发票

发票代码：
发票号码：
开票日期：
校 验 码：

机器编号：

购买方	名　　称： 纳税人识别号： 地 址、电 话： 开户行及账号：				密码区			
项目名称		规格型号	单位	数量	单价	金额	税率	税额
合　计								
价税合计（大写）						（小写）		
销售方	名　　称： 纳税人识别号： 地 址、电 话： 开户行及账号：				备注			

收款人：　　复核：　　开票人：

图2-3　增值税电子专用发票票样

2021年12月1日，广东省、上海市和内蒙古自治区试点推行全面数字化电子发票（简称“数电发票”），试点地区已逐步扩大至全国。2024年12月，数电发票在全国正式推广应用。

数电发票是《中华人民共和国发票管理办法》中“电子发票”的一种，是将发票的票面要素全面数字化、号码全国统一赋予、开票额度智能授予、信息通过税务数字账户等方式在征纳主体之间自动流转的新型发票。数电发票与纸质发票具有同等法律效力。

数电发票为单一联次，以数字化形态存在，类别包括电子发票（增值税专用发票）（如图2-4所示）、电子发票（普通发票）、电子发票（航空运输电子客票行程单）、电子发票（铁路电子客票）、电子发票（机动车销售统一发票）、电子发票（二手车销售统一发票）等。数电发票可以根据特定业务标签生成建筑服务、成品油、报废产品收购等特定业务发票。

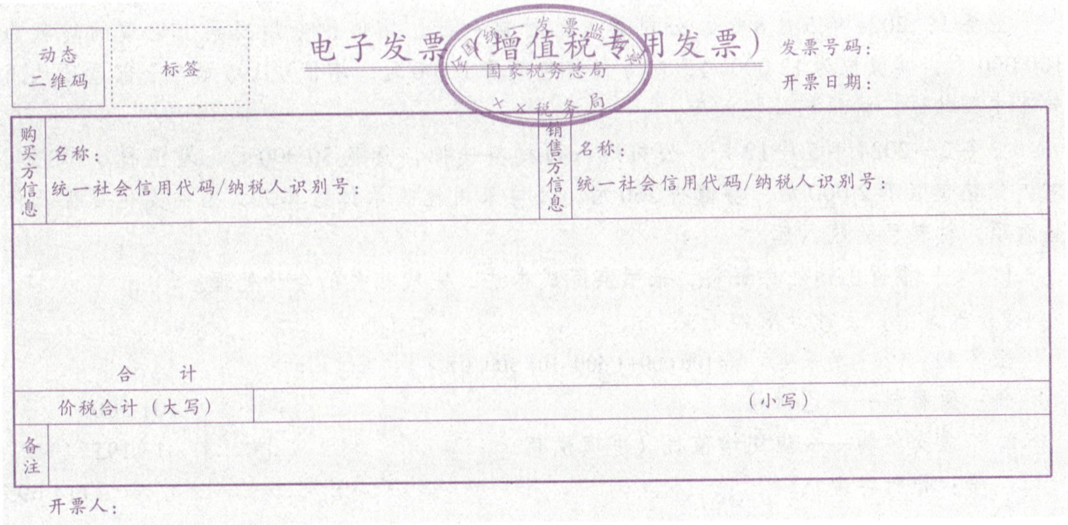
动态二维码
标签
电子发票（增值税专用发票）
全国统一发票监制章
国家税务总局
××税务局
发票号码：
开票日期：
购买方信息　名称：
统一社会信用代码/纳税人识别号：
销售方信息　名称：
统一社会信用代码/纳税人识别号：
合　计
价税合计（大写）　（小写）
备注
开票人：

图2-4　数电发票——增值税专用发票

原材料的日常收发及结存，可以采用实际成本核算，也可以采用计划成本核算。

一、实际成本法

材料按实际成本计价核算时，材料的收发及结存，无论总分类核算还是明细分类核算，均按照实际成本计价，涉及的会计科目主要包括“原材料”“在途物资”等，其中，“原材料”科目用于核算库存各种材料的收发与结存情况；“在途物资”科目用于核算企业采用实际成本（进价）进行材料、商品等物资的日常核算时，价款已付但尚未验收入库的各种物资（即在途物资）的采购成本。采用实际成本核算，不存在成本差异的计算与结转问题，从而不能反映和考核物资采购业务的经营成果。因此这种方法通常适用于材料收发业务较少的企业。在实务工作中，对于材料收发业务较多并且计划成本资料较为健全、准确的企业，一般可以采用计划成本进行材料的核算。

原材料（实际成本法）

（一）购入材料

购入材料时，由于支付方式不同，原材料入库的时间与付款的时间可能一致，也可能不一致，在会计处理上也有所不同。具体可以分为：

在途物资

1.货款已经支付或开出并承兑商业汇票，同时材料验收入库

具体核算原理见表2-2。

表2-2　原材料（实际成本法）核算原理-1

序号	业务内容	会计处理
1	货款已支付且材料已验收入库	借：原材料 应交税费——应交增值税（进项税额） 贷：银行存款
2	开出并承兑商业汇票且材料已验收入库	借：原材料 应交税费——应交增值税（进项税额） 贷：应付票据

实务案例2-1

【背景资料】浙江美华机械有限责任公司发生相关经济业务如下：

业务1：2024年5月8日，公司购入乙材料一批，增值税专用发票上记载的货款为100 000元、增值税为13 000元，对方代垫包装费1 500元、增值税195元。全部款项已用转账支票付讫，材料已验收入库。

业务2：2024年5月12日，公司购入丙材料一批，货款50 000元、增值税6 500元，对方代垫包装费2 000元、增值税260元。公司采用托收承付结算方式全额支付货款及代垫款项，材料已验收入库。

【要求】根据上述业务资料，采用实际成本法，完成相关的会计处理。

【分析提示】会计分录如下：

业务1：乙材料的采购成本=100 000+1 500=101 500（元）

借：原材料——乙材料　101 500

　应交税费——应交增值税（进项税额）　13 195

　贷：银行存款　114 695

业务2：丙材料的采购成本=50 000+2 000=52 000（元）

借：原材料——丙材料　52 000

　应交税费——应交增值税（进项税额）　6 760

　贷：银行存款　58 760

2.货款已经支付或开出并承兑商业汇票，材料尚未到达或尚未验收入库

具体核算原理见表2-3。

表2-3　原材料（实际成本法）核算原理-2

序号	业务内容	会计处理
1	货款已支付，材料尚未运抵或验收	借：在途物资 应交税费——应交增值税（进项税额） 贷：银行存款
2	开出并承兑商业汇票，材料尚未运抵或验收	借：在途物资 应交税费——应交增值税（进项税额） 贷：应付票据
3	材料验收入库	借：原材料 贷：在途物资

实务案例2-2

【背景资料】浙江美华机械有限责任公司发生相关经济业务如下：

2024年5月23日，购入乙材料一批，增值税专用发票上记载的货款为30 000元、增值税为3 900元，对方代垫包装费800元、增值税104元，款项已用银行存款支付，材料尚未运抵公司。

【要求】根据上述业务资料，采用实际成本法，完成相关的会计处理。

【分析提示】会计分录如下：

乙材料的采购成本=30 000+800=30 800（元）

借：在途物资——乙材料　30 800

　　应交税费——应交增值税（进项税额）　4 004

　贷：银行存款　34 804

3.货款尚未支付，材料已经验收入库

具体核算原理见表2-4。

表2-4　原材料（实际成本法）核算原理-3

序号	业务内容	会计处理
1	货款尚未支付，材料已验收入库，发票账单已到	借：原材料 　　应交税费——应交增值税（进项税额） 　贷：应付账款
2	货款尚未支付，材料已验收入库，发票账单未到	月末暂估入账： 借：原材料 　贷：应付账款——暂估应付账款 下月初红字予以冲回，待收到发票账单再登记入账

实务案例2-3

【背景资料】浙江美华机械有限责任公司发生相关经济业务如下：

公司2024年5月26日购入甲材料一批，材料已验收入库，5月31日发票账单仍未收到，暂估价值为20 000元。假设上述购入的甲材料于6月15日收到发票账单，增值税专用发票上记载的货款为20 000元、增值税为2 600元，同日开出转账支票付讫。

【要求】根据上述业务资料，采用实际成本法，完成相关的会计处理。

【分析提示】会计分录如下：

● 2024年5月31日，暂估入账：

借：原材料——甲材料　20 000

　贷：应付账款——暂估应付账款　20 000

● 2024年6月初，作相同的红字会计分录予以冲回：

借：原材料——甲材料　[20 000]

　贷：应付账款——暂估应付账款　[20 000]

● 2024年6月15日，收到发票账单入账：

借：原材料——甲材料　20 000

　　应交税费——应交增值税（进项税额）　2 600

贷：银行存款 22 600

4.货款已预付，材料尚未验收入库

具体核算原理见表2-5。

表2-5 原材料（实际成本法）核算原理-4

<table>
<tr><th>序号</th><th colspan="2">业务内容</th><th>会计处理</th></tr>
<tr><td>1</td><td colspan="2">预付货款</td><td>借：预付账款
贷：银行存款</td></tr>
<tr><td>2</td><td colspan="2">材料购入</td><td>借：原材料
应交税费——应交增值税（进项税额）
贷：预付账款</td></tr>
<tr><td rowspan="2">3</td><td rowspan="2">余款结算</td><td>补付货款</td><td>借：预付账款
贷：银行存款</td></tr>
<tr><td>退回货款</td><td>借：银行存款
贷：预付账款</td></tr>
</table>

实务案例2-4

【背景资料】浙江美华机械有限责任公司发生相关经济业务如下：

2024年5月8日，公司为购买甲材料预付货款45 000元，已通过银行汇出。5月29日，公司收到保利公司发运的甲材料并验收入库。该批甲材料价税合计56 500元，其中：材料价款50 000元，增值税6 500元，不足货款通过当日银行转账付讫。

【要求】根据上述业务资料，采用实际成本法，完成相关的会计处理。

【分析提示】会计分录如下：

●2024年5月8日，预付货款时：

借：预付账款——保利公司 45 000

贷：银行存款 45 000

●2024年5月29日，购入材料，验收入库时：

借：原材料——甲材料 50 000

应交税费——应交增值税（进项税额） 6 500

贷：预付账款——保利公司 56 500

●2024年5月29日，补付货款时：

借：预付账款——保利公司 11 500

贷：银行存款 11 500

（二）发出材料

在实际成本核算方式下，企业可以根据各类存货的实物流转方式、企业管理的要求、存货的性质等实际情况，合理地确定发出存货成本的计算方法，以及当期发出存货的实际成本。对于性质和用途相同的存货，应当采用相同的成本计算方法确定发出存货的成本。实务工作中，企业主要采用的发出存货成本的计价方法包括个别计价法、先进先出法、月末一次加权平均法和移动加权平均法等。

1.个别计价法

个别计价法（又称个别认定法、具体辨认法、分批实际法），是假设存货具体项目的实物流转与成本流转相一致，按照各种存货逐一辨认各批发出存货和期末存货所属的购进批别或生产批别，分别按其购入或生产时所确定的单位成本计算各批发出存货和期末存货成本的一种方法。该方法是把每一种存货的实际成本作为计算发出存货和期末存货成本的基础。

个别计价法成本计算准确，符合实际情况，但在存货收发频繁的情况下，其发出成本分辨的工作量较大。该方法适用于一般不能替代使用的存货、为特定项目专门购入或制造的存货以及提供的劳务，如珠宝、名画等贵重物品。

实务案例2-5

【背景资料】浙江美华机械有限责任公司2024年5月A商品的收入、发出及成本见表2-6。

表2-6　A商品购销明细账　金额单位：元；计量单位：件

日期		摘要	收入			发出			结存		
月	日		数量	单价	金额	数量	单价	金额	数量	单价	金额
5	1	期初余额							150	10	1 500
5	5	购入	100	12	1 200				250		
5	11	销售				200			50		
5	16	购入	200	14	2 800				250		
5	20	销售				100			150		
5	23	购入	100	15	1 500				250		
5	27	销售				100			150		
5	30	本期合计	400	—	5 500	400	—		150		

假设经过具体辨认，本期发出存货的单位成本如下：5月11日发出的200件存货中，100件系期初结存存货，单位成本为10元，100件为5日购入存货，单位成本为12元；5月20日发出的100件存货系16日购入，单位成本为14元；5月27日发出的100件存货中，50件为期初结存，单位成本为10元，50件为23日购入，单位成本为15元。

【要求】根据上述业务资料，采用个别计价法，确定公司5月份A商品收入、发出与结存情况。

【分析提示】具体见表2-7。

表 2-7　　A商品购销明细账（个别计价法）　　金额单位：元；数量单位：件

日期		摘要	收入			发出			结存		
月	日		数量	单价	金额	数量	单价	金额	数量	单价	金额
5	1	期初余额							150	10	1 500
5	5	购入	100	12	1 200				150 100	10 12	1 500 1 200
5	11	销售				100 100	10 12	1 000 1 200	50	10	500
5	16	购入	200	14	2 800				50 200	10 14	500 2 800
5	20	销售				100	14	1 400	50 100	10 14	500 1 400
5	23	购入	100	15	1 500				50 100 100	10 14 15	500 1 400 1 500
5	27	销售				50 50	10 15	500 750	100 50	14 15	1 400 750
5	30	本期合计	400	—	5 500	400	—	4 850	100 50	14 15	1 400 750

2.先进先出法

先进先出法是指以先购入的存货应先发出（销售或耗用）的存货实物流动假设为前提，对发出存货进行计价的一种方法。采用先进先出法，先购入的存货成本在后购入存货成本之前转出，据此确定发出存货和期末存货的成本。具体方法是：收入存货时，逐笔登记收入存货的数量、单价和金额；发出存货时，按照先进先出的原则逐笔登记存货的发出成本和结存金额。

先进先出法可以随时结转存货发出成本，但较为烦琐。如果存货收发业务较多且存货单价不稳定时，其工作量较大。在物价持续上升时，期末存货成本接近于市价，而发出成本偏低，会高估企业库存存货价值和当期利润；反之，会低估企业库存存货价值和当期利润。

实务案例2-6

【背景资料】浙江美华机械有限责任公司2024年5月A商品的收入、发出及购进单位成本具体见表2-6。

【要求】根据上述业务资料，采用先进先出法，确定公司5月份A商品收入、发出与结存情况。

【分析提示】具体见表2-8。

表 2-8　　A商品购销明细账（先进先出法）　　金额单位：元；计量单位：件

日期		摘要	收入			发出			结存		
月	日		数量	单价	金额	数量	单价	金额	数量	单价	金额
5	1	期初余额							150	10	1 500
5	5	购入	100	12	1 200				150 100	10 12	1 500 1 200
5	11	销售				150 50	10 12	1 500 600	50	12	600
5	16	购入	200	14	2 800				50 200	12 14	600 2 800
5	20	销售				50 50	12 14	600 700	150	14	2 100
5	23	购入	100	15	1 500				150 100	14 15	2 100 1 500
5	27	销售				100	14	1 400	50 100	14 15	700 1 500
5	30	本期合计	400	—	5 500	400	—	4 800	50 100	14 15	700 1 500

由公司“A商品购销明细账”记录显示，A商品期初结存存货为1 500元（150×10），本期购入存货三批，按先后顺序分别为：100×12、200×14、100×15。假设经过盘点，发现期末库存150件，则本期发出存货为400件，发出存货成本、期末存货成本计算如下：

发出存货成本=150×10+50×12+50×12+50×14+100×14=4 800（元）

期末存货成本=50×14+100×15=2 200（元）

3.月末一次加权平均法

月末一次加权平均法以本月全部进货数量加上月初存货数量作为权数，去除本月全部进货成本加上月初存货成本，计算出存货的加权平均单位成本，以此为基础计算本月发出存货的成本和期末存货的成本。计算公式如下：

$$\text{存货单位成本}=\frac{\text{月初库存存货的实际成本}+\sum\left(\text{本月各批进货的实际单位成本}\times\text{本月各批进货的数量}\right)}{\text{月初库存存货数量}+\text{本月各批进货数量之和}}$$

本月发出存货的成本=本月发出存货的数量×存货单位成本

本月月末库存存货的成本=本月月末库存存货的数量×存货单位成本

或者：

$$\text{本月月末库存存货的成本}=\text{月初库存存货的实际成本}+\text{本月收入存货的实际成本}-\text{本月发出存货的成本}$$

月末一次加权平均法只在月末计算一次加权平均单价，比较简单，有利于简化成本计算工作，但由于平时无法从账上提供发出和结存存货的单价及金额，因此不利于存货成本的日常管理与控制。

实务案例2-7

【背景资料】浙江美华机械有限责任公司2024年5月A商品的收入、发出及购进单位成本具体见表2-6。

【要求】根据上述业务资料，采用月末一次加权平均法，确定公司5月份A商品收入、发出与结存情况。

【分析提示】

$$\text{5月份A商品的平均单位成本}=\frac{150\times10+100\times12+200\times14+100\times15}{150+100+200+100}\approx12.73(\text{元/件})$$

5月份A商品的发出成本=400×12.73=5 092（元）

5月份A商品的期末结存成本=1 500+5 500−5 092=1 908（元）

4.移动加权平均法

移动加权平均法是以每次进货的成本加上原有库存存货的成本，除以每次进货数量加上原有库存存货的数量，据以计算加权平均单位成本，作为在下次进货前计算各批次发出存货成本依据的一种方法。计算公式如下：

$$\text{存货单位成本}=\frac{\text{原有库存存货的实际成本}+\text{本次进货的实际成本}}{\text{原有库存存货数量}+\text{本次进货数量}}$$

本次发出存货的成本=本次发出存货的数量×存货单位成本

本月月末库存存货的成本=本月月末库存存货的数量×存货单位成本

采用移动加权平均法能够使企业管理当局及时了解存货的结存情况，计算的平均单位成本以及发出和结存的存货成本比较客观。由于每次收货都要计算一次平均单价，计算工作量较大，比较适用于收发货不太频繁的企业。

实务案例2-8

【背景资料】浙江美华机械有限责任公司2024年5月A商品的收入、发出及购进单位成本具体见表2-6。

【要求】根据上述业务资料，采用移动加权平均法，确定公司5月份A商品收入、发出与结存情况。

【分析提示】

$$\text{5月5日购入存货后的平均单位成本}=\frac{150\times10+100\times12}{150+100}=10.8(\text{元})$$

$$\text{5月16日购入存货后的平均单位成本}=\frac{50\times10.8+200\times14}{50+200}=13.36(\text{元})$$

$$\text{5月23日购入存货后的平均单位成本}=\frac{150\times13.36+100\times15}{150+100}=14.016(\text{元})$$

具体见表2-9。

表2-9　　A商品购销明细账（移动加权平均法）　　金额单位：元；计量单位：件

日期		摘要	收入			发出			结存		
月	日		数量	单价	金额	数量	单价	金额	数量	单价	金额
5	1	期初余额							150	10	1 500
5	5	购入	100	12	1 200				250	10.8	2 700
5	11	销售				200	10.8	2 160	50	10.8	540
5	16	购入	200	14	2 800				250	13.36	3 340
5	20	销售				100	13.36	1 336	150	13.36	2 004
5	23	购入	100	15	1 500				250	14.016	3 504
5	27	销售				100	14.016	1 401.6	150	14.016	2 102.4
5	30	本期合计	400	—	5 500	400	—	4 897.6	150	14.016	2 102.4

各生产单位及有关部门领用的材料具有种类多、业务频繁等特点。为了简化核算，可以在月末根据“领料单”或“限额领料单”中有关领料的单位、部门等加以归类，编制“发料凭证汇总表”，据以编制记账凭证并登记入账。

票据百宝箱

领料单（具体见表2-10）是由领用材料的部门或者人员根据所需领用材料的信息填写的单据。领料单主要包括领料日期、领料单位、领料用途、物料名称、型号规格、单价、数量、金额等信息。

表2-10　　领料单

领料单位：　　　　领料日期：　　年　　月　　日

序号	物料名称	型号规格	计量单位	数量		总成本	
				请领	实发	单位成本	金额
用途							

发料核准人：　　　　发料人：　　　　领料部门负责人：　　　　领料人：

发出材料实际成本的确定，可以由企业从上述个别计价法、先进先出法、月末一次加权平均法、移动加权平均法等方法中选择。计价方法一经确定，不得随意变更。如需变更，应在附注中予以说明。具体核算原理见表2-11。

表2-11 原材料（实际成本法）核算原理-5

序号	业务内容	会计处理
1	发出材料	借：生产成本——基本生产成本 ——辅助生产成本 制造费用 管理费用 销售费用 贷：原材料

实务案例2-9

【背景资料】浙江美华机械有限责任公司发生相关经济业务如下：

2024年5月，公司根据“发料凭证汇总表”的记录，基本生产车间领用甲材料500 000元，辅助生产车间领用甲材料40 000元，车间管理部门领用甲材料5 000元，企业行政管理部门领用甲材料4 000元，共计549 000元。

【要求】根据上述业务资料，采用实际成本法，完成相关的会计处理。

【分析提示】会计分录如下：

借：生产成本——基本生产成本	500 000	
——辅助生产成本	40 000	
制造费用	5 000	
管理费用	4 000	
贷：原材料——甲材料		549 000

二、计划成本法

材料采购

原材料（计划成本法）

材料成本差异

材料采用计划成本核算时，材料的收发及结存，无论总分类核算还是明细分类核算，均按照计划成本计价，涉及的会计科目有“材料采购”“原材料”“材料成本差异”等。其中：“原材料”科目用于核算库存各种材料的收、发与结存的计划成本情况；“材料采购”科目用于核算各种材料采购发生的实际成本情况；“材料成本差异”科目反映企业已入库各种材料的实际成本与计划成本的差异。

月末，计算本月发出材料应负担的成本差异并进行分摊，根据领用材料的用途计入相关资产的成本或者当期损益，从而将发出材料的计划成本调整为实际成本。

（一）购入材料

视频

购入原材料核算——计划成本法

在计划成本法下，购入的材料无论是否验收入库，都需要先通过“材料采购”科目进行核算，以反映企业所购材料的实际成本，从而与“原材料”科目相比较，计算确定材料成本差异，通过“材料成本差异”科目核算。

1.货款已经支付，同时材料已验收入库

具体核算原理见表2-12。

表 2-12　　原材料（计划成本法）核算原理-1

<table>
<tr><th>序号</th><th colspan="2">业务内容</th><th>会计处理</th></tr>
<tr><td>1</td><td colspan="2">采购支付货款</td><td>借：材料采购
　　应交税费——应交增值税（进项税额）
　贷：银行存款</td></tr>
<tr><td rowspan="2">2</td><td rowspan="2">材料验收入库</td><td>实际成本<计划成本</td><td>借：原材料
　贷：材料成本差异（节约）
　　　材料采购</td></tr>
<tr><td>实际成本>计划成本</td><td>借：原材料
　　材料成本差异（超支）
　贷：材料采购</td></tr>
</table>

实务案例 2-10

【背景资料】浙江美华机械有限责任公司发生相关经济业务如下：

业务 1：2024 年 6 月 5 日，公司购入乙材料一批，增值税专用发票上注明的货款为 100 000 元、增值税为 13 000 元，发票账单已收到，计划成本为 120 000 元，已验收入库，全部款项以银行存款支付。

业务 2：2024 年 6 月 17 日，公司购入甲材料一批，增值税专用发票上注明的货款为 50 000 元、增值税为 6 500 元，发票账单已收到，计划成本为 45 000 元，已验收入库，全部款项以银行存款支付。

【要求】根据上述业务资料，采用计划成本法，完成相关的会计处理。

【分析提示】会计分录如下：

业务 1：2024 年 6 月 5 日，采购业务：

● 购买材料时：

借：材料采购——乙材料　　100 000
　　应交税费——应交增值税（进项税额）　　13 000
　贷：银行存款　　113 000

● 验收入库时：

借：原材料——乙材料　　120 000
　贷：材料采购——乙材料　　100 000
　　　材料成本差异——乙材料　　20 000

业务 2：2024 年 6 月 17 日，采购业务：

● 购买材料时：

借：材料采购——甲材料　　50 000
　　应交税费——应交增值税（进项税额）　　6 500
　贷：银行存款　　56 500

● 验收入库时：

借：原材料——甲材料　　45 000
　　材料成本差异——甲材料　　5 000
　贷：材料采购——甲材料　　50 000

2. 货款已经支付，材料尚未验收入库

具体核算原理见表2-13。

表2-13 原材料（计划成本法）核算原理-2

序号	业务内容	会计处理
1	货款已支付，材料尚未验收入库	借：材料采购 　　应交税费——应交增值税（进项税额） 　贷：银行存款

实务案例2-11

【背景资料】浙江美华机械有限责任公司发生相关经济业务如下：

2024年6月15日，公司采用汇兑结算方式购入甲材料一批，增值税专用发票上注明的货款为300 000元、增值税为39 000元，发票账单已收到，计划成本为310 000元，材料尚未验收入库，全部款项以银行存款支付。

【要求】根据上述业务资料，采用计划成本法，完成相关的会计处理。

【分析提示】会计分录如下：

借：材料采购——甲材料　　300 000
　　应交税费——应交增值税（进项税额）　　39 000
　贷：银行存款　　339 000

3. 货款尚未支付，材料已经验收入库

具体核算原理见表2-14。

表2-14 原材料（计划成本法）核算原理-3

<table>
<tr><th>序号</th><th colspan="2">业务内容</th><th>会计处理</th></tr>
<tr><td>1</td><td colspan="2">采购材料，货款未支付</td><td>借：材料采购
　　应交税费——应交增值税（进项税额）
　贷：应付账款</td></tr>
<tr><td rowspan="2">2</td><td rowspan="2">材料验收入库</td><td>实际成本<计划成本</td><td>借：原材料
　贷：材料成本差异（节约）
　　　材料采购</td></tr>
<tr><td>实际成本>计划成本</td><td>借：原材料
　　材料成本差异（超支）
　贷：材料采购</td></tr>
</table>

实务案例2-12

【背景资料】浙江美华机械有限责任公司发生相关经济业务如下：

业务1：2024年6月17日，公司采用商业承兑汇票支付方式购入甲材料一批，增值税专用发票上记载的货款为400 000元、增值税为52 000元，发票账单已收到，计划成本为390 000元，材料已验收入库。

业务2：2024年6月28日，公司购入丙材料一批，材料已验收入库，6月30日发票账单仍未到，按照计划成本500 000元估价入账。

【要求】根据上述业务资料，采用计划成本法，完成相关的会计处理。

【分析提示】会计分录如下：

业务1：2024年6月17日，采购业务：

● 购买材料时：

借：材料采购——甲材料 400 000

　　应交税费——应交增值税（进项税额） 52 000

　贷：应付票据 452 000

● 材料验收入库时：

借：原材料——甲材料 390 000

　　材料成本差异——甲材料 10 000

　贷：材料采购——甲材料 400 000

业务2：2024年6月28日，采购业务：

● 月末，按计划成本暂估入账：

借：原材料——丙材料 500 000

　贷：应付账款——暂估应付账款 500 000

● 下月初作相同的红字会计分录予以冲回：

借：原材料——丙材料 500 000

　贷：应付账款——暂估应付账款 500 000

（二）发出材料

月末，企业根据领料单等编制“发料凭证汇总表”结转发出材料的计划成本，应当根据所发出材料的用途，按计划成本分别记入“生产成本”“制造费用”“销售费用”“管理费用”等科目，同时结转相关的材料成本差异。具体核算原理见表2-15。

表2-15 原材料（计划成本法）核算原理-4

序号	业务内容		会计处理
1	发出材料		借：生产成本——基本生产成本 　　　　　　——辅助生产成本 　　制造费用 　　管理费用 　　销售费用 　贷：原材料
2	结转材料成本差异	超支差异结转	借：生产成本——基本生产成本 　　　　　　——辅助生产成本 　　制造费用 　　管理费用 　　销售费用 　贷：材料成本差异
		节约差异结转	借：生产成本——基本生产成本（用红字表示） 　　　　　　——辅助生产成本（用红字表示） 　　制造费用（用红字表示） 　　管理费用（用红字表示） 　　销售费用（用红字表示） 　贷：材料成本差异（用红字表示）

发出材料应负担的成本差异应当按期（月）分摊，不得在季末或年末一次计算。具体计算公式如下：

$$本期材料成本差异率=\frac{期初结存材料的成本差异+本期验收入库材料的成本差异}{期初结存材料的计划成本+本期验收入库材料的计划成本}\times 100\%$$

发出材料应负担的成本差异=发出材料的计划成本×本期材料成本差异率

如果企业的材料成本差异率各期之间是比较均衡的，也可以采用期初材料成本差异率分摊本期的材料成本差异。年度终了，应对材料成本差异率进行核实调整。具体计算公式如下：

期初材料成本差异率=期初结存材料的成本差异÷期初结存材料的计划成本×100%

发出材料应负担的成本差异=发出材料的计划成本×期初材料成本差异率

实务案例2-13

【背景资料】浙江美华机械有限责任公司发生相关经济业务如下：

2024年6月，公司根据“发料凭证汇总表”的记录，甲材料的消耗（计划成本）为：基本生产车间领用240 000元，辅助生产车间领用60 000元，车间管理部门领用35 000元，企业行政管理部门领用7 500元。6月初结存甲材料的计划成本为300 000元，成本差异为节约20 000元。本月购入甲材料的计划成本为200 000元，成本差异为超支10 000元。

【要求】根据上述业务资料，采用计划成本法，完成相关的会计处理。

【分析提示】会计分录如下：

● 结转计划成本：

借：生产成本——基本生产成本	240 000	
——辅助生产成本	60 000	
制造费用	35 000	
管理费用	7 500	
贷：原材料——甲材料		342 500

● 结转材料成本差异：

$$材料成本差异率=\frac{-20\ 000+10\ 000}{300\ 000+200\ 000}\times 100\%=-2\%$$

借：生产成本——基本生产成本	4 800	
——辅助生产成本	1 200	
制造费用	700	
管理费用	150	
贷：材料成本差异——甲材料		6 850

拓展训练
计划成本法

任务3 周转材料业务

任务3
周转材料业务

周转材料是指企业能够多次使用、逐渐转移其价值但仍保持原有形态不确认为固定资产的材料，主要包括包装物和低值易耗品。

一、包装物

（一）包装物的内容

包装物是指为了包装本企业商品而储备的各种包装容器，如桶、箱、瓶、坛、袋等，主要包括：

（1）在生产过程中，用于包装产品作为产品组成部分的包装物；

（2）在销售过程中，随同商品出售而不单独计价的包装物；

（3）在销售过程中，随同商品出售而单独计价的包装物；

（4）在销售过程中，出租或出借给购买单位使用的包装物。

同时，值得注意的是，下列物资不属于包装物核算的范围：

（1）各种包装材料，如纸、绳、铁丝、铁皮等（应在“原材料——辅助材料”账户核算）；

（2）用于储存和保管商品、材料而不对外出售的包装物（应按其价值大小和使用年限长短，分别作为固定资产或低值易耗品进行管理和核算）；

（3）单独列作企业商品、产品的自制包装物（应作为库存商品进行核算）。

票据百宝箱

发料凭证汇总表（具体见表2-16）是企业根据领料单进行汇总，明确各个部门领用材料的种类、名称、数量、单价、金额等信息。发料凭证汇总表是企业产品成本计算的重要单据。

表2-16 **发料凭证汇总表**

年　月　日

部门	材料种类	材料名称	领用数量	材料单价	金额

财务主管：　　　　　　　　制表人：

（二）包装物的账务处理

为了反映和监督包装物的增减变动及其价值损耗、结存等情况，企业应当设置“周转材料——包装物”科目进行核算。

包装物的日常收发及结存，可以采用实际成本核算，也可以采用计划成本核算。

周转材料——包装物

1.生产领用包装物

生产领用的包装物，其属于产品的内包装，作为产品的组成部分，具体核算原理见表2-17。

表2-17 **包装物核算原理-1**

序号	业务内容	会计处理
1	生产领用包装物（实际成本）	借：生产成本 　贷：周转材料——包装物
2	生产领用包装物（计划成本）	借：生产成本 　贷：周转材料——包装物 　　　材料成本差异（节约差用红字在贷方结转）

实务案例2-14

【背景资料】浙江美华机械有限责任公司发生相关经济业务如下：

业务1：2024年5月15日，生产产品领用包装物的实际成本为14 500元。假设公司采用实际成本法核算。

业务2：2024年5月27日，生产产品领用包装物的计划成本为100 000元，材料成本差异率为-3%。假设公司采用计划成本法核算。

【要求】根据上述业务资料，完成相关的会计处理。

【分析提示】会计分录如下：

业务1：2024年5月15日，生产领用包装物时：

借：生产成本　　14 500

　贷：周转材料——包装物　　14 500

业务2：2024年5月27日，生产领用包装物时：

借：生产成本　　97 000

　贷：周转材料——包装物　　100 000

　　　材料成本差异　　[3 000]

2.随同商品出售包装物

随同商品出售包装物可以根据使用用途，划分为随同商品出售单独计价和不单独计价两种情况，具体核算原理见表2-18。

表2-18　包装物核算原理-2

序号	业务内容	会计处理
1	随同商品出售不单独计价的包装物	借：销售费用 　贷：周转材料——包装物 　　　材料成本差异（计划成本法下，节约差用红字）
2	随同商品出售单独计价的包装物	借：银行存款 　贷：其他业务收入 　　　应交税费——应交增值税（销项税额） 同时： 借：其他业务成本 　贷：周转材料——包装物 　　　材料成本差异（计划成本法下，节约差用红字）

实务案例2-15

【背景资料】浙江美华机械有限责任公司发生相关经济业务如下：

业务1：2024年5月7日，公司在销售商品时，领用不单独计价包装物的成本为35 500元。

业务2：2024年5月23日，公司销售商品领用单独计价包装物的实际成本为40 000元，销售收入为50 000元、增值税为6 500元，款项已存入银行。

【要求】根据上述业务资料，采用实际成本法，完成相关的会计处理。

【分析提示】会计分录如下：

业务1：2024年5月7日，领用不单独计价包装物时：

借：销售费用	35 500	
贷：周转材料——包装物		35 500

业务2：2024年5月23日，领用单独计价包装物时：

●出售单独计价包装物时：

借：银行存款	56 500	
贷：其他业务收入		50 000
应交税费——应交增值税（销项税额）		6 500

●结转所售单独计价包装物成本时：

借：其他业务成本	40 000	
贷：周转材料——包装物		40 000

实务案例2-16

【背景资料】浙江美华机械有限责任公司发生相关经济业务如下：

业务1：2024年6月12日，公司销售商品领用不单独计价包装物的计划成本为50 000元。材料成本差异率为-3%。

业务2：2024年6月17日，公司销售商品领用单独计价包装物的计划成本为80 000元，销售收入为100 000元，增值税为13 000元，款项已存入银行。该包装物的材料成本差异率为3%。

【要求】根据上述业务资料，采用计划成本法，完成相关的会计处理。

【分析提示】会计分录如下：

业务1：2024年6月12日，领用不单独计价包装物时：

借：销售费用	48 500	
贷：周转材料——包装物		50 000
材料成本差异		1 500（红字）

业务2：2024年6月17日，领用单独计价包装物时：

●出售单独计价包装物时：

借：银行存款	113 000	
贷：其他业务收入		100 000
应交税费——应交增值税（销项税额）		13 000

●结转所售单独计价包装物成本时：

借：其他业务成本	82 400	
贷：周转材料——包装物		80 000
材料成本差异		2 400

3.出租包装物

企业出租包装物时，为督促使用单位安全使用并及时归还，应收取一定数额的押金。同时，为了补偿包装物租用中的价值损耗及修理费用等，企业应向使用单位收取一定数额的租金，具体核算原理见表2-19。

表 2-19　　包装物核算原理-3

序号	业务内容		会计处理
1	出租包装物	实际成本法	借：周转材料——包装物（出租包装物） 　贷：周转材料——包装物（库存包装物）
		计划成本法	借：周转材料——包装物（出租包装物） 　贷：周转材料——包装物（库存包装物） 　借/贷：材料成本差异
2	收取押金		借：库存现金/银行存款 　贷：其他应付款——存入保证金
3	收到租金		借：银行存款/其他应收款等 　贷：其他业务收入 　　应交税费——应交增值税（销项税额）
4	出租包装物摊销		借：其他业务成本 　贷：周转材料——包装物（包装物摊销）
5	出租包装物修理费用		借：其他业务成本 　贷：库存现金/银行存款 　　原材料/应付职工薪酬
6	退回押金		借：其他应付款——存入保证金 　贷：库存现金/银行存款
7	包装物明细科目抵销	实际成本法	借：周转材料——包装物（包装物摊销） 　　——包装物（库存包装物） 　贷：周转材料——包装物（出租包装物）
		计划成本法	借：周转材料——包装物（包装物摊销） 　　——包装物（库存包装物） 　贷：周转材料——包装物（出租包装物） 　借/贷：材料成本差异

实务案例 2-17

【背景资料】浙江美华机械有限责任公司发生相关经济业务如下：

2024年5月12日，随货出租给杭州群群公司包装物一批，实际成本900元，同时收取现金押金1 500元。6月11日，使用期满后，租入方退还包装物，收到租金收入1 130元（其中含销项税额130元）。该包装物采用一次摊销法进行摊销。

【要求】根据上述业务资料，采用实际成本法，完成相关的会计处理。

【分析提示】会计分录如下：

●2024年5月12日，出租包装物领用时：

借：周转材料——包装物（出租包装物）　　900

　贷：周转材料——包装物（库存包装物）　　900

●2024年5月12日，收到押金时：

借：库存现金　　1 500

　贷：其他应付款——存入保证金（杭州群群公司）　　1 500

●2024年6月11日，收到租金时：

借：库存现金　　1 130

　贷：其他业务收入　　1 000

贷：应交税费——应交增值税（销项税额） 130

●2024年6月11日，摊销出租包装物时：

借：其他业务成本 900

贷：周转材料——包装物（包装物摊销） 900

●2024年6月11日，退回押金时：

借：其他应付款——存入保证金（杭州群群公司） 1 500

贷：库存现金 1 500

●2024年6月11日，抵销包装物明细科目时：

借：周转材料——包装物（包装物摊销） 900

贷：周转材料——包装物（出租包装物） 900

4.出借包装物

企业因销售产品将其包装物借给购货单位暂时使用。出借时，应收取一定数额的押金；但包装物借用单位是无偿使用，为此，出借包装物不收取租金，不产生收益。具体核算原理见表2-20。

表2-20 包装物核算原理-4

序号	业务内容		会计处理
1	出借包装物	实际成本法	借：周转材料——包装物（出借包装物） 贷：周转材料——包装物（库存包装物）
		计划成本法	借：周转材料——包装物（出借包装物） 贷：周转材料——包装物（库存包装物） 借/贷：材料成本差异
2	收取押金		借：库存现金/银行存款 贷：其他应付款——存入保证金
3	出借包装物摊销		借：销售费用 贷：周转材料——包装物（包装物摊销）
4	出借包装物修理费用		借：销售费用 贷：库存现金/银行存款 原材料/应付职工薪酬
5	退回押金		借：其他应付款——存入保证金 贷：库存现金/银行存款
6	包装物明细科目抵销	实际成本法	借：周转材料——包装物（包装物摊销） ——包装物（库存包装物） 贷：周转材料——包装物（出借包装物）
		计划成本法	借：周转材料——包装物（包装物摊销） ——包装物（库存包装物） 贷：周转材料——包装物（出借包装物） 借/贷：材料成本差异

实务案例2-18

【背景资料】浙江美华机械有限责任公司发生相关经济业务如下：

2024年6月19日，领用包装物一批用于出借，实际成本1 800元。出借时，收到押金3 000元，假设该包装物采用一次摊销法。7月18日，收回出借包装物。

【要求】根据上述业务资料，采用实际成本法，完成相关的会计处理。

【分析提示】会计分录如下：

●2024年6月19日，出借包装物时：

借：周转材料——包装物（出借包装物）　　1 800

　贷：周转材料——包装物（库存包装物）　　1 800

●2024年6月19日，收到押金时：

借：库存现金　　3 000

　贷：其他应付款——存入保证金　　3 000

●2024年6月19日，摊销出借包装物时：

借：销售费用　　1 800

　贷：周转材料——包装物（包装物摊销）　　1 800

●2024年7月18日，退回押金时：

借：其他应付款——存入保证金　　3 000

　贷：库存现金　　3 000

●2024年7月18日，抵销包装物明细科目时：

借：周转材料——包装物（包装物摊销）　　1 800

　贷：周转材料——包装物（出借包装物）　　1 800

二、低值易耗品

拓展训练

包装物核算

（一）低值易耗品的内容

低值易耗品是指不能作为固定资产核算的各种用具物品，如工具、管理用具、玻璃器皿、劳动保护用品，以及在经营过程中周转使用的容器等。其特点是单位价值较低，或使用期限相对于固定资产较短，在使用过程中保持其原有实物形态基本不变。按照不同的用途，低值易耗品可以划分为以下几类：

（1）一般工具：是指生产中常用的工具，如刀具、量具、夹具等。

（2）专用工具：是指专门用于制造某一特定产品，或在某一特定工序上使用的工具、专用模具等。

（3）替换设备：是指容易磨损或为制造不同产品需要替换使用的各种设备。

（4）管理用具：是指在管理上使用的各种家具、用具，如办公用具等。

（5）劳动保护用品：是指为了安全生产而发给工人作为劳动保护用的工作服、工作鞋和各种防护用品等。

（6）其他：是指不属于上述各类的低值易耗品。

（二）低值易耗品的账务处理

为了反映和监督低值易耗品的增减变动及结存情况，企业应当设置“周转材料——低值易耗品”科目。低值易耗品的性质属于劳动资料，它可以多次参加生产经营周转而不改变其原有的实物形态，价值随着实物的不断磨损逐渐地转移到成本、费用中去；在使用过程中需要进行维修，报废时会有一定的残值，企业应当根据具体情况，采用一次摊销法或分次摊销法计入有关成本、费用。对于符合存货定义和条件的低值易耗品，按照使用次数分次计入成本费用。金额较小的可在领用时一次计入成本费用，以简化核算，但为加强实物管理，应当在备查簿上进行登记。

采用分次摊销法核算的低值易耗品，在领用时，摊销其单次平均摊销额。分次摊销法适用于可供多次反复使用的低值易耗品。在采用分次摊销法的情况下，需要单独设置“周转材料——低值易耗品（在用）”、“周转材料——低值易耗品（在库）”和“周转材料——低值易耗品（摊销）”等明细科目。具体核算原理见表2-21。

周转材料
——低值易耗品

表2-21　　　　低值易耗品核算原理

序号	业务内容		会计处理
1	一次摊销法		借：制造费用等 　贷：周转材料——低值易耗品
2	分次摊销法 （以分两次摊销为例）	领用 （摊销50%的价值）	借：周转材料——低值易耗品（在用） 　贷：周转材料——低值易耗品（在库） 同时： 借：制造费用等 　贷：周转材料——低值易耗品（摊销）
		报废 （摊销50%的价值）	借：制造费用等 　贷：周转材料——低值易耗品（摊销） 同时： 借：周转材料——低值易耗品（摊销） 　贷：周转材料——低值易耗品（在用）

实务案例2-19

【背景资料】浙江美华机械有限责任公司发生相关经济业务如下：

业务1：2024年5月12日，公司生产车间领用一般工具一批，实际成本为2 800元。采用一次摊销法。

业务2：2024年6月18日，公司生产车间领用专用工具一批，实际成本为50 000元，该专用工具不符合固定资产定义，专用工具估计使用次数为2次，采用分次摊销法进行摊销。

【要求】根据上述业务资料，采用实际成本法，完成相关的会计处理。

【分析提示】会计分录如下：

业务1：2024年5月12日，生产车间领用一般工具时：

借：制造费用　　　　2 800

　贷：周转材料——低值易耗品　　　　2 800

业务2：2024年6月18日，生产车间领用专用工具时：

● 领用专用工具时：

借：周转材料——低值易耗品（在用）　　50 000

　贷：周转材料——低值易耗品（在库）　　50 000

● 第一次使用摊销其价值的一半时：

借：制造费用　　25 000

　贷：周转材料——低值易耗品（摊销）　　25 000

● 第二次使用摊销其价值的一半时：

借：制造费用　　25 000

　贷：周转材料——低值易耗品（摊销）　　25 000

同时：

借：周转材料——低值易耗品（摊销）　　50 000

　贷：周转材料——低值易耗品（在用）　　50 000

拓展训练

低值易耗品核算

任务 4 委托加工物资业务

任务4

委托加工物资业务

委托加工物资是指企业委托外单位加工的各种材料、商品等物资。企业委托外单位加工物资的成本包括加工中实际耗用物资的成本、支付的相关税费、支付的加工费用及应负担的运杂费等。

票据百宝箱

材料入库单（具体见表2-22）主要用于登记验收入库的各类材料，包括材料名称、计量单位、规格型号、数量、单价、总金额等相关信息。材料入库单是企业进行存货管理的重要单据。

表 2-22　材料入库单

购货单位：　　　　年　月　日　　　　材料类别：

发票号码：　　　　　　　　　　　　　仓库：

材料名称	计量单位	规格型号	数量		实际成本	
			应收	实收	总金额	单价
合计						

采购：　　检验：　　保管：　　仓库主管：　　财务：

为了反映和监督委托加工物资增减变动及其结存情况，企业应当设置“委托加工物资”科目，委托加工物资也可以采用计划成本或售价进行核算，其方法与库存商品相似，在此不再赘述。

委托加工物资

委托加工物资业务主要包括发出委托加工物资，支付加工费、运杂费，加工完成验收入库等环节，具体核算原理见表2-23。

表2-23　　委托加工物资核算原理

序号	业务内容		会计处理
1	发出委托加工物资或商品		借：委托加工物资 　贷：原材料 　　　库存商品 　　　材料成本差异（计划成本法下，节约差用红字）
2	支付加工费、运杂费等		借：委托加工物资 　　应交税费——应交增值税（进项税额） 　贷：银行存款
3	支付消费税等相关税费	收回后直接销售的物资	借：委托加工物资 　贷：银行存款
		收回后用于继续生产应税消费品	借：应交税费——应交消费税 　贷：银行存款
4	委托加工物资验收入库		借：原材料 　　库存商品 　贷：委托加工物资 　借/贷：材料成本差异（计划成本法下）

实务案例2-20

【背景资料】浙江美华机械有限责任公司发生相关经济业务如下：

业务1：2024年9月1日，公司委托杭州星星制造厂加工YY材料一批，发出甲材料一批，实际成本50 000元。9月15日，通过银行转账支付上述材料的加工费8 000元、增值税1 040元。9月20日，收回杭州星星制造厂加工的材料，以银行存款支付运费1 500元、增值税135元。同日，该批材料已验收入库。

业务2：2024年10月12日，公司委托杭州星星制造厂加工ZZ材料一批（属于应税消费品），发出乙材料的实际成本为80 000元。10月25日，支付加工费28 000元、增值税3 640元。11月15日，收回委托加工的ZZ材料，用于连续生产应税消费品。ZZ材料适用的消费税税率为10%，均用银行存款支付。

两家公司均为一般纳税人，适用的增值税税率为13%。

【要求】根据上述业务资料，采用实际成本法，完成相关的会计处理。

【分析提示】会计分录如下：

业务1：委托加工业务（实际成本法）

● 2024年9月1日，发出材料时：

借：委托加工物资　　　　50 000

　贷：原材料——甲材料　　　　50 000

●2024年9月15日，支付加工费时：

借：委托加工物资 8 000

　　应交税费——应交增值税（进项税额） 1 040

　　贷：银行存款 9 040

●2024年9月20日，支付运费时：

借：委托加工物资 1 500

　　应交税费——应交增值税（进项税额） 135

　　贷：银行存款 1 635

●2024年9月20日，材料入库时：

委托加工物资的实际成本=50 000+8 000+1 500=59 500（元）

借：原材料——YY材料 59 500

　　贷：委托加工物资 59 500

业务2：委托加工业务（实际成本法）

●2024年10月12日，发出待加工的材料时：

借：委托加工物资 80 000

　　贷：原材料——乙材料 80 000

●2024年10月25日，支付加工费时：

借：委托加工物资 28 000

　　应交税费——应交增值税（进项税额） 3 640

　　贷：银行存款 31 640

●2024年10月25日，支付消费税时：

消费税组成计税价格=（80 000+28 000）÷（1−10%）=120 000（元）

应交消费税=120 000×10%=12 000（元）

借：应交税费——应交消费税 12 000

　　贷：银行存款 12 000

●2024年11月15日，材料入库时：

ZZ材料实际成本=80 000+28 000=108 000（元）

借：原材料——ZZ材料 108 000

　　贷：委托加工物资 108 000

实务案例2-21

【背景资料】浙江美华机械有限责任公司发生相关经济业务如下：

业务1：2024年10月7日，公司委托阳光量具厂加工一批量具，发出材料一批，计划成本为70 000元，材料成本差异率为4%；以银行存款支付运费2 200元、增值税198元。10月15日，公司以银行存款支付上述量具的加工费20 000元、增值税2 600元。10月22日，公司收回由阳光量具厂代加工的量具，验收入库，其计划成本为110 000元。

业务2：2024年11月2日，公司委托希望公司加工商品一批（属于应税消费品）100 000件，计划成本为6 000 000元，产品成本差异率为−3%。11月20日，支付商品加工费120 000元、增值税15 600元，支付消费税660 000元，该商品收回后用于连续生产应税消费品。12月4日，用银行存款支付往返运费10 000元，适用的增值税税率为9%。12月5日，上述商品

100 000件（每件计划成本65元）加工完毕，公司已办理验收入库手续。

三家公司均为一般纳税人，适用的增值税税率为13%。

【要求】根据上述业务资料，采用计划成本法，完成相关的会计处理。

【分析提示】会计分录如下：

业务1：委托加工业务（计划成本法）

●2024年10月7日，发出材料时：

借：委托加工物资 72 800
　贷：原材料 70 000
　　材料成本差异 2 800

●2024年10月7日，支付运费时：

借：委托加工物资 2 200
　应交税费——应交增值税（进项税额） 198
　贷：银行存款 2 398

●2024年10月15日，支付加工费用时：

借：委托加工物资 20 000
　应交税费——应交增值税（进项税额） 2 600
　贷：银行存款 22 600

●2024年10月22日，量具已验收入库时：

借：周转材料——低值易耗品 110 000
　贷：委托加工物资 95 000
　　材料成本差异 15 000

业务2：委托加工业务（计划成本法）

●2024年11月2日，发出委托加工材料时：

借：委托加工物资 5 820 000
　贷：原材料 6 000 000
　　产品成本差异 180 000

●2024年11月20日，支付商品加工费时：

借：委托加工物资 120 000
　应交税费——应交消费税 660 000
　　——应交增值税（进项税额） 15 600
　贷：银行存款 795 600

●2024年12月4日，支付往返运费时：

借：委托加工物资 10 000
　应交税费——应交增值税（进项税额） 900
　贷：银行存款 10 900

●2024年12月5日，办理验收入库手续时：

借：库存商品 6 500 000
　贷：委托加工物资 5 950 000
　　产品成本差异 550 000

拓展训练

委托加工物资核算

任务5 库存商品业务

库存商品是指企业已完成全部生产过程并已验收入库、合乎标准规格和技术条件，可以按照合同规定的条件送交订货单位，或可以作为商品对外销售的产品以及外购或委托加工完成验收入库用于销售的各种商品。

任务5

库存商品业务

库存商品具体包括库存产成品、外购商品、存放在门市部准备出售的商品、发出展览的商品、寄存在外的商品、接受来料加工制造的代制品和为外单位加工修理的代修品等。已完成销售手续、但购买单位在月末未提取的产品，不应作为企业的库存商品，而应作为代管商品处理，单独设置代管商品备查簿进行登记。

账户

库存商品

为了反映和监管库存商品的增减变动及其结存情况，企业应当设置“库存商品”科目。

一、生产型企业库存商品业务

库存商品可以采用实际成本核算，也可以采用计划成本核算，其方法与原材料核算相似。采用计划成本核算时，库存商品实际成本与计划成本的差异，可单独设置“产品成本差异”科目核算。具体核算原理见表2-24。

表2-24 库存商品核算原理

序号	业务内容	会计处理
1	验收入库商品	借：库存商品 贷：生产成本 借/贷：产品成本差异（计划成本法下）
2	销售发出商品	借：主营业务成本 贷：库存商品 产品成本差异（计划成本法下，节约差用红字）

票据百宝箱

产品入库单（具体见表2-25）主要用于登记生产完工验收入库的库存商品信息，包括：品名、型号、单位、交付数量、实收数量、生产日期、检验单号、金额等相关信息。产品入库单是企业计算完工产品成本的重要单据。

表2-25 产品入库单

交库单位：　　　　年　月　日　　　　编号：

品名	型号	单位	交付数量	实收数量	生产日期	检验单号	金额

车间负责人：　　检验：　　仓库：　　交库：

实务案例2-22

【背景资料】浙江美华机械有限责任公司发生相关经济业务如下：

业务1：公司“产品入库汇总表”记载，2024年10月已验收入库E产品100台，实际单位成本7 500元，共计750 000元；F产品200台，实际单位成本5 000元，共计1 000 000元。

业务2：公司2024年10月末，汇总当月发出的商品，其中：已实现销售的E产品有50台，F产品有100台。该月E产品的实际单位成本7 500元，F产品的实际单位成本5 000元，结转其销售成本。

【要求】根据上述业务资料，采用实际成本法，完成相关的会计处理。

【分析提示】会计分录如下：

业务1：借：库存商品——E产品　　750 000

　　　　　　　　——F产品　　1 000 000

　　　贷：生产成本——基本生产成本（E产品）　　750 000

　　　　　　　　——基本生产成本（F产品）　　1 000 000

业务2：借：主营业务成本　　875 000

　　　贷：库存商品——E产品　　375 000

　　　　　　　　——F产品　　500 000

二、商品流通企业库存商品业务

商品流通企业的库存商品还可以采用毛利率法和售价金额核算法进行日常核算。

（一）毛利率法

毛利率法是指根据本期销售净额乘以上期实际（或本期计划）毛利率匡算本期销售毛利，并据以计算发出存货和期末存货成本的一种方法。具体计算公式如下：

毛利率=销售毛利÷销售净额×100%

销售净额=商品销售收入-销售退回与折让

销售毛利=销售净额×毛利率

销售成本=销售净额-销售毛利

或者：

销售成本=销售净额×（1-毛利率）

期末存货成本=期初存货成本+本期购货成本-本期销售成本

毛利率法是商品流通企业，尤其是商品批发企业常用的计算本期商品销售成本和期末库存商品成本的方法。商品流通企业由于经营商品的品种繁多，如果分品种计算商品成本，工作量将大大增加，而且一般来讲，商品流通企业同类商品的毛利率大致相同，采用这种存货计价方法既能减轻工作量，也能满足对存货管理的需要。

实务案例2-23

【背景资料】浙江美华机械有限责任公司发生相关经济业务如下：

公司下属的第一家用电器商场，2024年7月1日库存商品1 000万元，本月购进库存商品4 000万元，本月库存商品销售收入4 500万元，销售折扣与折让300万元。上季度该家用电器商场的毛利率为15%。

【要求】根据上述业务资料，采用毛利率法，计算月末库存商品的成本。

【分析提示】本月已销商品和月末库存商品的成本计算如下：

本月销售净额=4 500−300=4 200（万元）

本月销售毛利=4 200×15%=630（万元）

本月销售成本=4 200−630=3 570（万元）

库存商品成本=1 000+4 000−3 570=1 430（万元）

拓展训练 毛利率法

（二）售价金额核算法

售价金额核算法是指平时商品的购入、加工收回、销售均按售价记账，售价与进价的差额通过“商品进销差价”科目核算。

账户 商品进销差价

期末，将商品进销差价在本期已销商品和结存商品之间进行分摊，据以确定本期已销商品的成本和结存商品的成本。具体计算公式如下：

$$商品进销差价率=\frac{期初库存商品进销差价+本期购入商品进销差价}{期初库存商品售价+本期购入商品售价}\times 100\%$$

本期销售商品应分摊的商品进销差价=本期商品销售收入×商品进销差价率

本期销售商品的成本=本期商品销售收入−本期销售商品应分摊的商品进销差价

期末结存商品的成本=期初库存商品的进价成本+本期购进商品的进价成本−本期销售商品的成本

如果企业的商品进销差价率各期之间是比较均衡的，也可以采用上期商品进销差价率分摊本期的商品进销差价。年度终了，应对商品进销差价进行核实调整。

对于从事商业零售业务的企业（如百货公司、超市等），由于经营的商品种类、品种、规格等繁多，而且要求按商品零售价格标价，采用其他成本计算结转方法均较困难，比较适于采用售价金额核算法。

实务案例 2-24

【背景资料】浙江美华机械有限责任公司发生相关经济业务如下：

公司下属的第三家用电器商场，2024年10月1日，库存商品的进价成本为1 000万元，售价总额为1 250万元，本月购进该商品的进价成本为4 500万元，售价总额为6 750万元，本月销售收入为6 400万元。

【要求】根据上述业务资料，采用售价金额核算法，计算月末库存商品的成本。

【分析提示】本期销售商品和月末库存商品的成本计算如下：

商品进销差价率=（250+2 250）÷（1 250+6 750）×100%=31.25%

已销商品应分摊的商品进销差价=6 400×31.25%=2 000（万元）

本月销售商品的实际成本=6 400−2 000=4 400（万元）

月末结存商品的实际成本=1 000+4 500−4 400=1 100（万元）

拓展训练 售价金额核算法

任务6 存货清查业务

存货清查是指通过对存货的实地盘点，确定存货的实有数量，并与账面结存数核对，从而确定存货实存数与账面结存数是否相符的一种专门方法。

任务6 存货清查业务

由于存货种类繁多、收发频繁，在日常收发过程中可能发生计量错误、计算错误、自然损耗，还可能发生损坏变质以及贪污、盗窃等情况，造成账实不符，形成存货的盘盈盘亏。对于存货的盘盈盘亏，应填写“存货盘点表”，及时查明原因，按照规定程序报批处理。

票据百宝箱

存货盘点表（具体见表2−26），又称盘存表，是记录盘点日财产物资实有数的原始凭证，通常一式两份，一份由实物保管人留存，一份送交会计部门与账面记录核对。

表 2-26 存货盘点表

存货名称： 年 月 日 金额单位：

序号	名称及规格型号	单位	盘点数量	单重	盘点重量	盘点日至基准日新入库重量	盘点日至基准日新出库重量	基准日重量	备注

主管： 监盘人： 盘点人：

为了反映企业在财产清查中查明的各种存货的盘盈、盘亏和毁损情况，企业应当设置“待处理财产损溢”科目。企业清查的各种存货损溢，应在期末结账前处理完毕，期末处理后，本科目应无余额。

待处理财产损溢

一、存货盘盈业务

存货盘盈是指存货的实存数大于账存数。存货盘盈的原因有很多，如收发计量或核算上的错误，具体核算原理见表2-27。

表 2-27 存货盘盈核算原理

序号	业务内容	会计处理
1	发生存货盘盈	借：原材料/库存商品 　贷：待处理财产损溢
2	按管理权限报经批准后	借：待处理财产损溢 　贷：管理费用等

实务案例 2-25

【背景资料】浙江美华机械有限责任公司发生相关经济业务如下：

2024年8月，公司在财产清查中盘盈甲材料800千克，实际单位成本50元，经查属于材料收发计量方面的错误。

【要求】根据上述业务资料，完成相关的会计处理。

【分析提示】会计分录如下：

● 批准处理前：

借：原材料——甲材料 40 000

　贷：待处理财产损溢 40 000

● 批准处理后：

借：待处理财产损溢 40 000

　贷：管理费用 40 000

二、存货盘亏、毁损业务

存货盘亏是指存货的实存数小于账存数。存货毁损是指由于自然灾害、人为过失等所造成的毁损。存货盘亏、毁损的原因有很多，如自然损耗产生的定额内合理盘亏、过失人的责任、超定额损耗以及意外灾害的非常损失等，具体核算原理见表2-28。

表2-28 存货盘亏核算原理

序号	业务内容		会计处理
1	发生存货盘亏及损毁	进项税额不予抵扣	借：待处理财产损溢 贷：原材料/库存商品 应交税费——应交增值税（进项税额转出）
		进项税额予以抵扣	借：待处理财产损溢 贷：原材料/库存商品
2	按管理权限报经批准后		借：管理费用（一般损失） 营业外支出（非常损失） 其他应收款（责任人赔偿） 贷：待处理财产损溢

现行税法规定，对非正常损失的购进货物的进项税额和非正常损失的在产品、产成品所耗用的购进货物或应税劳务的进项税额不准予从销项税额中抵扣，非正常损失只限于因管理不善造成被盗、丢失、霉烂变质的损失。

而属于非正常损失中的自然灾害损失和其他非正常损失（如盘亏、购货短缺有赔偿的部分）则允许作为进项税额抵扣，但是要求必须提供由外单位或鉴定单位出具的损失证明，才能允许企业将所产生的损失部分的进项税额加以抵扣。

实务案例2-26

【背景资料】浙江美华机械有限责任公司发生相关经济业务如下：

业务1：2024年9月，公司在财产清查中发现盘亏乙材料300千克，实际单位成本200元，经查属于一般经营损失。经相关部门鉴定相关进项税额可以抵扣。

业务2：2024年9月，公司在财产清查中发现毁损丙材料100千克，实际单位成本50元，经查属于材料保管员的过失造成，按规定由其个人赔偿2 000元，残料已办理入库手续，价值500元。不予抵扣的增值税进项税额为650元。

业务3：2024年11月，公司因台风造成一批库存丁材料毁损，实际成本80 000元，根据保险责任范围及保险合同的规定，应由保险公司赔偿60 000元。经相关部门鉴定相关进项税额可以抵扣。

【要求】根据上述业务资料，完成相关的会计处理。

【分析提示】会计分录如下：

业务1：材料盘亏业务

● 批准处理前：

借：待处理财产损溢　　60 000

　贷：原材料——乙材料　　60 000

● 批准处理后：

借：管理费用　　60 000

　贷：待处理财产损溢　　60 000

业务2：材料毁损业务

● 批准处理前：

借：待处理财产损溢　　5 650

　贷：原材料——丙材料　　5 000

　　应交税费——应交增值税（进项税额转出）　　650

● 批准处理后：

借：其他应收款　　2 000

　原材料　　500

　管理费用　　3 150

　贷：待处理财产损溢　　5 650

业务3：材料毁损业务

● 批准处理前：

借：待处理财产损溢　　80 000

　贷：原材料——丁材料　　80 000

● 批准处理后：

借：其他应收款　　60 000

　营业外支出——非常损失　　20 000

　贷：待处理财产损溢　　80 000

拓展训练

存货清查

任务7 存货减值业务

任务7

存货减值业务

资产负债表日，存货应当按照成本与可变现净值孰低计量。其中：成本是指期末存货的实际成本，即采用先进先出法、加权平均法等存货计价方法，对发出存货（或期末存货）进行计价所确定的期末存货账面成本。如果存货的日常核算采用计划成本法、售价金额核算法等简化核算方法，则期末存货的实际成本是指通过差异调整而确定的存货成本。可变现净值是指在日常活动中，存货的估计售价减去至完工时估计将要发生的成本、估计的销售费用以及相关税费后的金额。可变现净值不是指存货的预计售价或合同价，而是指存货的预计未来净现金流入量。

一、存货减值的判断依据

企业对存货进行定期检查时，如果存在下列情况之一，表明存货的可变现净值低于成本：

①该存货的市场价格持续下跌，并且在可预见的未来无回升的希望；

②企业使用该项原材料生产的产品成本高于产品的销售价格；

③企业因产品更新换代，原有库存原材料已不适应新产品的需要，而该原材料的市场价格又低于其账面成本；

④因企业所提供的商品或劳务过时或消费者偏好改变而使市场的需求发生变化，导致市场价格逐渐下跌；

⑤其他足以证明该项存货实质上已经发生减值的情形。

存在下列情形之一的，表明存货的可变现净值为零：

①已霉烂变质的存货；

②已过期且无转让价值的存货；

③生产中已不再需要，并且已无使用价值和转让价值的存货；

④其他足以证明已无使用价值和转让价值的存货。

票据百宝箱

存货成本与可变现净值比较表（具体见表2-29）是用于各类存货项目的成本与可变现净值的比较，计算相应的存货跌价准备的工作表格。

表2-29　**存货成本与可变现净值比较表**

年　　月　　日

<table>
<tr><th rowspan="2" colspan="2">存货项目</th><th rowspan="2">数量</th><th rowspan="2">计量单位</th><th colspan="2">成本</th><th colspan="2">可变现净值</th><th rowspan="2">应计提存货跌价准备</th></tr>
<tr><th>单价</th><th>金额</th><th>单价</th><th>金额</th></tr>
<tr><td rowspan="3"></td><td></td><td></td><td></td><td></td><td></td><td></td><td></td><td></td></tr>
<tr><td></td><td></td><td></td><td></td><td></td><td></td><td></td><td></td></tr>
<tr><td></td><td></td><td></td><td></td><td></td><td></td><td></td><td></td></tr>
<tr><td colspan="2">合　计</td><td></td><td></td><td></td><td></td><td></td><td></td><td></td></tr>
</table>

仓库主管：　　　　记账：　　　　复核：　　　　保管员：

二、存货减值的账务处理

为了反映和监督存货跌价准备的计提、转回和转销情况，企业应当设置“存货跌价准备”科目，反映企业已计提但尚未转销的存货跌价准备。

存货跌价准备

当存货成本低于可变现净值时，存货按成本计价；当存货成本高于可变现净值时，存货按可变现净值入账。当存货成本高于其可变现净值时，表明存货可能发生损失，应在存货销售之前提前确认这一损失，计入当期损益，并相应减少存货的账面价值。以前减记存货价值的影响因素已经消失的，减记的金额应当予以恢复，并在原已计提的存货跌价准备金额内转回，转回的金额计入当期损益。具体核算原理见表2-30。

表2-30　**存货跌价准备核算原理**

序号	业务内容	会计处理
1	计提存货跌价准备	借：资产减值损失——计提的存货跌价准备 　贷：存货跌价准备
2	转回存货跌价准备	借：存货跌价准备 　贷：资产减值损失——计提的存货跌价准备
3	转销存货跌价准备	借：存货跌价准备 　贷：主营业务成本 　　　其他业务成本

实务案例2-27

【背景资料】浙江美华机械有限责任公司发生相关经济业务如下：

2024年11月30日，公司甲材料的账面金额为466 000元，由于市场价格下跌，预计可变现净值为450 000元。

2024年12月31日，由于市场价格有所上升，使得甲材料的预计可变现净值为460 000元。

【要求】根据上述业务资料，完成相关的会计处理。

【分析提示】会计分录如下：

●2024年11月30日，应计提的存货跌价准备为16 000元（466 000−450 000）。

借：资产减值损失——计提的存货跌价准备　　16 000

　贷：存货跌价准备　　16 000

●2024年12月31日，应转回的存货跌价准备为10 000元（16 000−（466 000−460 000））。

借：存货跌价准备　　10 000

　贷：资产减值损失——计提的存货跌价准备　　10 000

同步测验

拓展训练

存货减值

一、单项选择题

1. 甲企业为增值税小规模纳税人，2024年10月9日购入材料一批，取得的增值税专用发票上注明的价款为10 000元、增值税为1 300元。材料入库前的挑选整理费为100元，材料已验收入库。则该企业取得的该材料的入账价值应为（　　）元。

A.11 300　　B.11 800　　C.10 000　　D.10 100

2. 甲企业是商品流通企业，为增值税一般纳税人，2024年8月10日采购A商品100件，每件售价2万元，取得的增值税专用发票上注明的增值税为26万元，另支付采购费用10万元、增值税1.3万元。该企业采购的该批商品的单位成本为（　　）万元。

A.2　　B.2.1　　C.2.26　　D.2.36

3. 甲企业为增值税一般纳税人，购入材料一批，增值税专用发票上标明的价款为25万元、增值税为3.25万元；支付材料的保险费2万元、增值税0.12万元；支付包装物押金2万元。该批材料的采购成本为（　　）万元。

A.27　　B.29　　C.29.25　　D.31

4. 甲企业采用先进先出法计算发出原材料的成本。2024年9月1日，甲材料结存200千克，每千克实际成本为300元；9月7日购入甲材料350千克，每千克实际成本为310元；9月21日购入甲材料400千克，每千克实际成本为290元；9月28日发出甲材料500千克。9月份甲材料发出成本为（　　）元。

A.145 000　　B.150 000　　C.153 000　　D.155 000

5. 甲企业采用月末一次加权平均法计算发出材料成本。2024年3月1日结存甲材料200件，单位成本40元；3月15日购入甲材料400件，单位成本35元；3月20日购入甲材料400件，单位成本38元；当月共发出甲材料500件。3月发出甲材料的成本为（　　）元。

A.18 500　　B.18 600　　C.19 000　　D.20 000

6. 甲企业材料采用计划成本核算。月初结存材料计划成本为130万元，材料成本差异为节约20万元。当月购入材料一批，实际成本110万元，计划成本120万元，领用材料的计划成本为100万元。该企业当月领用材料的实际成本为（　　）万元。

A.88　　B.96　　C.100　　D.112

7.企业对随同商品出售而不单独计价的包装物进行会计处理时，该包装物的实际成本应结转到（　　）。

A.“制造费用”科目　　B.“销售费用”科目

C.“管理费用”科目　　D.“其他业务成本”科目

8.甲公司为增值税一般纳税人，委托外单位加工一批应交消费税的商品，以银行存款支付加工费200万元、增值税26万元、消费税30万元，该加工商品收回后将直接用于销售。甲公司支付上述相关款项时，应编制的会计分录是（　　）。

A.借：委托加工物资　256
　贷：银行存款　256

B.借：委托加工物资　230
　　应交税费　26
　贷：银行存款　256

C.借：委托加工物资　200
　　应交税费　56
　贷：银行存款　256

D.借：委托加工物资　256
　贷：银行存款　200
　　应交税费　56

9.甲、乙公司均为增值税一般纳税人，甲公司委托乙公司加工一批应交消费税的半成品，收回后用于连续生产应税消费品。甲公司发出原材料实际成本210万元，支付加工费6万元、增值税0.78万元、消费税24万元。假定不考虑其他相关税费，甲公司收回该半成品的入账价值为（　　）万元。

A.216　　B.216.78　　C.240　　D.240.78

10.甲公司为增值税一般纳税人，因暴雨等自然灾害毁损库存原材料一批，其成本为200万元，相关的增值税为26万元；收回残料价值8万元，收到保险公司赔偿款112万元。假定不考虑其他因素，经批准企业确认该材料毁损净损失的会计分录是（　　）。

A.借：营业外支出　112
　贷：待处理财产损溢　112

B.借：管理费用　112
　贷：待处理财产损溢　112

C.借：营业外支出　80
　贷：待处理财产损溢　80

D.借：管理费用　80
　贷：待处理财产损溢　80

二、多项选择题

1.下列项目中，一般纳税人应计入存货成本的有（　　）。

A.购入存货支付的消费税　　B.商品流通企业采购过程中发生的保险费

C.委托加工材料发生的增值税　　D.自制存货生产过程中发生的直接费用

2.下列各项中，构成企业委托加工物资成本的有（　　）。

A.加工中实际耗用物资的成本　　B.支付的加工费用和保险费

C.收回后直接销售物资的代收代缴消费税　　D.收回后继续加工物资的代收代缴消费税

3.下列各项关于企业存货的表述中，正确的有（　　）。

A.存货应按照成本进行初始计量

B.存货成本包括采购成本、加工成本和其他成本

C.存货期末计价应按照成本与可变现净值孰低计量

D.存货采用计划成本核算的，期末应将计划成本调整为实际成本

4.下列各项中，应记入“其他业务成本”科目的有（　　）。

A.出借包装物成本的摊销　　B.出租包装物成本的摊销

C.随同产品出售单独计价的包装物成本　　D.随同产品出售不单独计价的包装物成本

5.一般纳税人企业委托其他单位加工材料收回后直接对外销售的，其发生的下列支出中，应计入委托加工物资成本的有（　　）。

A.加工费　　B.支付的增值税税额

C.发出材料的实际成本　　D.受托方代收代缴的消费税

6.企业进行材料清查时，对于盘亏的材料，应先记入“待处理财产损溢”账户，待期末或报经批准后，根据不同的原因可分别转入（　　）。

A.其他应付款　　B.管理费用　　C.营业外支出　　D.其他应收款

7.下列会计处理中，正确的有（　　）。

A.由于管理不善造成的存货净损失计入管理费用

B.非正常原因造成的存货净损失计入营业外支出

C.购入存货运输途中发生的合理损耗应计入管理费用

D.为特定客户设计产品发生的可直接确定的设计费用计入相关产品成本

8.下列各项存货中，属于周转材料的有（　　）。

A.委托加工物资　　B.包装物　　C.低值易耗品　　D.委托代销商品

9.计划成本法下，下列项目中应记入“材料成本差异”账户贷方的有（　　）。

A.购入材料时，实际成本大于计划成本的差额　　B.购入材料时，实际成本小于计划成本的差额

C.发出材料时，应转出的材料超支差异　　D.发出材料时，应转出的材料节约差异

10.下列项目中，应作为销售费用处理的有（　　）。

A.随同商品出售不单独计价的包装物的成本　　B.出租包装物的摊销价值

C.随同商品出售单独计价的包装物的成本　　D.出借包装物的摊销价值

三、判断题

1.商品流通企业在采购商品过程中发生的运杂费等进货费用，应当计入存货采购成本。进货费用数额较小的，也可以在发生时直接计入当期费用。（　　）

2.企业采用计划成本对材料进行日常核算，应按月分摊发出材料应负担的成本差异，不应在季末或年末一次计算分摊。（　　）

3.委托加工的物资收回后用于连续生产的，应将受托方代收代缴的消费税计入委托加工物资的成本。（　　）

4.售价金额核算法核算库存商品时，期末结存商品的实际成本为本期商品销售收入乘以商品进销差价率。（　　）

5.已经支付货款，但尚未验收入库的在途材料属于购货方存货。（　　）

6.企业购货时所取得的现金折扣应冲减销售费用。（　　）

7.企业采用计划成本进行材料日常核算时，月末分摊材料成本差异时，超支差异记入“材料成本差异”科目的借方，节约差异记入“材料成本差异”的贷方。（　　）

8.属于非常损失造成的存货毁损，应按该存货的实际成本计入营业外支出。（　　）

9.企业在财产清查时发现的存货盘亏、盘盈，应当于年末结账前处理完毕，如果确实尚未报经批准的，可先保留在“待处理财产损溢”科目中，待批准后再处理。（　　）

10.企业采用月末一次加权平均法计量发出材料的成本，在本月有材料入库的情况下，物价上涨时，当月月初发出材料的单位成本小于月末发出材料的单位成本。（　　）

四、计算分析题

1.甲公司2024年7月1日结存甲材料100千克，每千克实际成本1 000元。本月发生有关业务如下：

（1）3日，购入甲材料50千克，每千克实际成本1 050元，材料已验收入库。

（2）5日，发出甲材料80千克。

（3）7日，购入甲材料70千克，每千克实际成本980元，材料已验收入库。

（4）12日，发出甲材料130千克。

（5）20日，购入甲材料80千克，每千克实际成本1 100元，材料已验收入库。

（6）25日，发出甲材料30千克。

要求：（1）假定公司原材料采用实际成本核算，发出材料采用先进先出法，请根据上述资料，计算5日、25日发出材料的成本以及期末结存的成本。

（2）假定公司原材料采用实际成本核算，发出材料采用月末一次加权平均法，请根据上述资料计算公司当月发出材料的实际成本和结存材料的实际成本。（小数点后保留两位）

2.甲公司为增值税一般纳税人，材料按计划成本计价核算。甲材料计划单位成本为每千克10元。该公司2024年11月份有关资料如下：

（1）“原材料”账户月初余额40 000元，“材料成本差异”账户月初借方余额500元 。

（2）11月5日，公司发出100千克甲材料委托南方公司加工一批新物资。

（3）11月15日，从外地北方公司购入甲材料6 000千克，增值税专用发票注明的材料价款为61 000元、增值税为7 930元，企业已用银行存款支付上述款项，材料尚未到达。

（4）11月20日，从北方公司购入的甲材料到达，验收入库时发现短缺20千克，经查明为途中定额内自然损耗。按实收数量验收入库。

（5）11月30日，汇总本月发料凭证，本月共发出甲材料5 000千克，全部用于产品生产。

要求：根据上述业务编制相关的会计分录，并计算本月材料成本差异率、本月发出材料应负担的成本差异及月末库存材料的实际成本。

3.甲公司属于商品流通企业，为增值税一般纳税人，售价中不含增值税。公司采用毛利率法对发出的A类商品计价，季度内各月份的毛利率根据上季度实际毛利率确定。该公司2024年第一季度、第二季度A类商品有关的资料如下：

（1）2024年第一季度累计销售收入为600万元、销售成本为510万元，3月末库存商品实际成本为400万元。

（2）2024年第二季度购进A类商品成本880万元。

（3）2024年4月份实现商品销售收入300万元。

（4）2024年5月份实现商品销售收入500万元。

（5）假定2024年6月末按一定方法计算的结存库存商品实际成本为420万元。

要求：根据上述资料计算下列指标：

（1）计算公司A类商品2024年第一季度的实际毛利率。

（2）分别计算公司A类商品2024年4月份、5月份、6月份的商品销售成本。

（答案中的金额单位用万元表示）

4.甲公司为增值税一般纳税人。2024年7月1日，库存乙材料100吨，价值77 905元，当月购入乙材料4 000吨，收到的增值税专用发票上注明的单价为每吨800元，增值税为416 000元。另发生运输费用50 000元、增值税4 500元；装卸费用12 000元、增值税720元；途中保险费用13 900元、增值税为834元。上述款项均以银行存款支付。乙材料验收入库时发现运输途中发生合理损耗5吨。本月生产A产品领用乙材料2 000吨，生产B产品领用乙材料1 600吨，本企业建筑房屋工程领用400吨。

要求：（1）计算购入乙材料的入账价值及单位采购成本。

（2）编制购入乙材料的会计分录。

（3）计算乙材料的加权平均单价。

（4）编制领用乙材料的会计分录。

5.甲公司委托北方公司加工收回材料后用于连续生产应税消费品。两家公司均为增值税一般纳税人，适用的增值税税率为13%，适用的消费税税率为5%。甲公司对材料采用计划成本法核算。有关资料如下：

（1）甲公司发出材料一批，计划成本为70 000元，材料成本差异率为2%。

（2）按合同规定甲公司用银行存款支付北方公司加工费用4 600元（不含增值税），以及相应的增值税和消费税。

（3）甲公司用银行存款支付往返运杂费600元（不考虑增值税进项税额）。

（4）甲公司委托北方公司加工完成后的材料计划成本为80 000元，该批材料已验收入库。

要求：（1）计算甲公司应支付的增值税和消费税。

（2）编制甲公司委托加工材料发出、支付有关税费和入库有关的会计分录。

6.甲公司为增值税一般纳税人，适用的增值税税率为13%。公司存货期末采用成本与可变现净值孰低计量。2024年12月1日存货的期初余额为20 000元，2024年12月公司发生下列业务：

（1）12月1日，从外地购入甲材料2 000千克，增值税专用发票上注明的价款为80 000元、增值税为10 400元。另发生运费1 200元、增值税108元；装卸费800元、增值税48元。运输途中发生合理损耗10千克，各种款项已用银行存款支付，材料已验收入库。

（2）12月8日，从本市购入甲材料800千克，增值税专用发票上注明的价款为32 800元、增值税为4 264元；另支付运输费1 000元，取得增值税专用发票，并且税法规定可以按照9%的税率抵扣增值税进项税额，款项尚未支付。

（3）12月15日，接受环球公司投资，收到乙材料1 200千克，投资各方确认的公允价值为49 200元（含税），投资方未提供增值税专用发票。按投资协议规定，接受的环球公司投资占投资后甲公司注册资本400万元的1%。

（4）甲公司委托北方企业加工一批KM材料（属于应税消费品）。原材料成本为10 000元，支付的加工费为5 000元（不含增值税），两家公司均为增值税一般纳税人，适用的增值税税率为13%。北方公司代扣代缴消费税2 000元，KM材料加工完成并已验收入库，继续生产应税消费品，加工费用等已经支付。

（5）本月生产领用12月1日购入的甲材料1 990千克，用于生产产品。

（6）本月销售乙材料600千克，销售价款30 000元，开具增值税专用发票，款项已通过银行转账收到。

（7）期末存货的可变现净值为160 000元，存货跌价准备的期初余额为1 000元。

要求：（1）编制资料（1）~（6）中关于材料的会计分录。

（2）测试存货是否发生了减值，如果发生减值请作出相关的账务处理。

项目三　固定资产岗位

学习目标

- 理解固定资产岗位的相关会计规范要求
- 掌握固定资产初始计量的会计核算方法
- 掌握固定资产折旧的会计核算方法
- 掌握固定资产后续计量的会计核算方法
- 掌握固定资产处置的会计核算方法
- 掌握固定资产清查的会计核算方法
- 掌握固定资产减值的会计核算方法
- 掌握固定资产岗位的账务处理

岗位工作导图

固定资产岗位工作导图如图3-1所示。

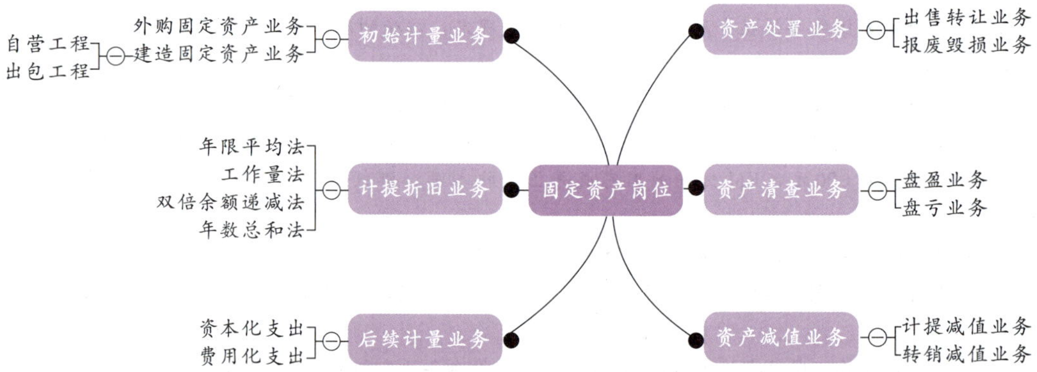

图3-1　固定资产岗位工作导图

任务1　固定资产初始计量业务

任务1

固定资产初始计量业务

固定资产是指同时具有以下特征的有形资产：第一，为生产商品、提供劳务、出租或经营管理而持有；第二，使用寿命超过一个会计年度。

一、固定资产的特征

企业的固定资产根据其定义应具备以下两个特征：

第一，企业持有固定资产的目的，是为了生产商品、提供劳务、出租或经营管理的需要，而不像商品一样为了对外出售。这一特征是固定资产区别于商品等流动资产的重要标志。

第二，企业使用固定资产的期限较长，使用寿命一般超过一个会计年度。这一特征表明企业的固定资产属于非流动资产，其给企业带来的收益期超过一年，能在一年以上的时间里为企业创造经济利益。

二、固定资产的确认条件

固定资产在同时满足以下两个条件时，才能予以确认：

其一，与该固定资产有关的经济利益很可能流入企业。在实务中，判断固定资产包含的经济利益是否很可能流入企业，主要依据与该固定资产所有权相关的风险和报酬是否转移给了企业。其中：与固定资产所有权相关的风险是指由于经营情况变化造成的相关收益的变动，以及由于资产闲置、技术陈旧等原因造成的损失。与固定资产所有权相关的报酬，是指在固定资产使用期内直接使用该资产而获得的收入以及处置该项资产所实现的利得等。如融资租赁方式下租入的固定资产，企业（承租人）虽然不拥有该项固定资产的所有权，但企业能够控制与该固定资产有关的经济利益流入企业，与该项固定资产所有权相关的风险和报酬实质上已转移到企业。

其二，该固定资产的成本能够可靠地计量。要确认固定资产，企业取得该固定资产所发生的支出必须能够可靠地计量。在实务中，对固定资产进行确认时，还需要注意以下两个问题：一是固定资产的各组成部分具有不同使用寿命或者以不同方式为企业提供经济利益，适用不同折旧率或折旧方法的，应当分别将各组成部分确认为单项固定资产。二是与固定资产有关的后续支出，满足固定资产确认条件的，应当计入固定资产成本；不满足固定资产确认条件的，应当在发生时计入当期损益。

三、固定资产的分类

企业的固定资产种类繁多、规格不一，为加强管理，便于组织会计核算，有必要对其进行科学、合理的分类。根据不同的管理需要和核算要求以及不同的分类标准，可以对固定资产进行不同的分类，主要包括以下几种分类方法：

1.按经济用途分类

按固定资产的经济用途分类，可分为生产经营用固定资产和非生产经营用固定资产（具体如图3-2所示）。生产经营用固定资产，是指直接服务于企业生产、经营过程的各种固定资产，如生产经营用的房屋、建筑物、机器、设备、器具、工具等。

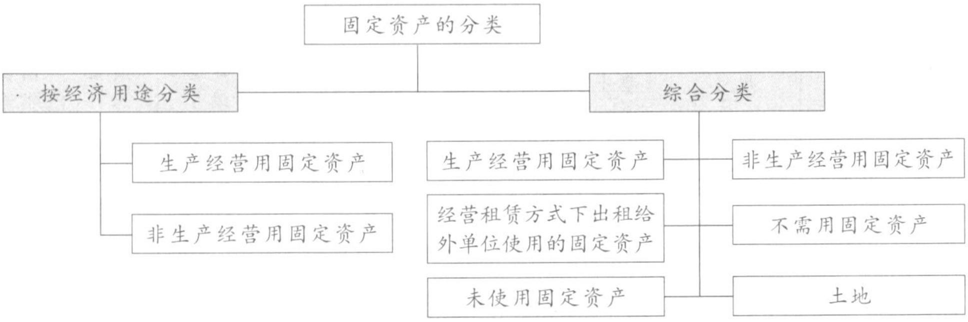

图3-2　固定资产分类结构图

非生产经营用固定资产，是指不直接服务于生产、经营过程的各种固定资产，如职工宿舍等使用的房屋、设备和其他固定资产等。

按照固定资产的经济用途分类，可以归类反映和监督企业生产经营用固定资产和非生产经营用固定资产之间，以及生产经营用各类固定资产之间的组成和变化情况，借以考核和分析固定资产的利用情况，促使企业合理地配备固定资产，充分发挥其效用。

2.综合分类

根据固定资产的经济用途和使用情况等综合分类（具体如图3-2所示），可把企业的固定资产划分为七大类：①生产经营用固定资产。②非生产经营用固定资产。③租出固定资产（指在经营租赁方式下出租给外单位使用的固定资产）。④不需用固定资产。⑤未使用固定资产。⑥土地（指过去已经估价单独入账的土地；因征地而支付的补偿费，应计入与土地有关的房屋、建筑物的价值内，不单独作为土地价值入账；企业取得的土地使用权，应作为无形资产管理，不作为固定资产管理）。

由于企业的经营性质不同，经营规模各异，对固定资产的分类不可能完全一致。但实际工作中，企业大多采用综合分类的方法作为编制固定资产目录、进行固定资产核算的依据。

四、固定资产初始计量的账务处理

为了核算固定资产的初始计量，企业一般需要设置“固定资产”“在建工程”“工程物资”等科目，核算固定资产初始计量的相关情况。

固定资产

其中：“固定资产”科目核算企业固定资产的原价。企业应当设置“固定资产登记簿”和“固定资产卡片”，按固定资产类别、使用部门和每项固定资产进行明细核算。

在建工程

“在建工程”科目核算企业基建、更新改造等在建工程发生的支出。

“工程物资”科目核算企业为在建工程而准备的各种物资的实际成本。

（一）外购固定资产

外购固定资产的初始计量，应按实际支付的购买价款、相关税费、使固定资产达到预定可使用状态前所发生的可归属于该项资产的运输费、装卸费、安装费和专业人员服务费等，作为固定资产成本。

工程物资

票据百宝箱

固定资产交接（验收）单（具体见表3-1）是对外购、自建等方式取得的固定资产验收入库的业务单据。固定资产交接（验收）单是固定资产登记入账的重要凭证之一。

表3-1 固定资产交接（验收）单

年 月 日

固定资产编号	名称	规格	型号	计量单位	数量	建造单位	建造编号	资金来源	附属技术资料
总价（净值）	土建工程费	设备费	安装费	运杂费	包装费	其他	合计	预计年限	净残值率
附属设备或建筑						原值		已提折旧	
验收意见				验收人签章			保管使用人签章		

1.购入不需要安装的固定资产

企业购入不需要安装的固定资产，是指企业购入的固定资产不需要安装就可以直接交付使用。企业应按实际支付的归属于该固定资产的实际成本，作为固定资产成本。具体核算原理见表3–2。

表3–2　购入固定资产核算原理（不需要安装）

序号	业务内容	会计处理
1	购入不需要安装的固定资产	借：固定资产 　应交税费——应交增值税（进项税额） 　贷：银行存款

实务案例3–1

【背景资料】浙江美华机械有限责任公司发生相关经济业务如下：

2024年7月11日，公司购入一台不需要安装的生产设备，取得的增值税专用发票上注明的设备价款为30 000元、增值税为3 900元；另支付运费等相关费用700元、增值税63元，上述款项以银行存款支付。

【要求】根据上述业务资料，完成相关的会计处理。

【分析提示】会计分录如下：

固定资产的成本=30 000+700=30 700（元）

借：固定资产　30 700

　应交税费——应交增值税（进项税额）　3 963

　贷：银行存款　34 663

2.购入需要安装的固定资产

购入需要安装的固定资产，应在购入的固定资产取得成本的基础上加上安装调试成本等，作为购入固定资产的成本。具体核算原理见表3–3。

表3–3　购入固定资产核算原理（需要安装）

序号	业务内容	会计处理
1	购入需要安装设备	借：在建工程 　应交税费——应交增值税（进项税额） 　贷：银行存款
2	支付安装费	借：在建工程 　贷：银行存款
3	设备安装完毕交付使用	借：固定资产 　贷：在建工程

实务案例3–2

【背景资料】浙江美华机械有限责任公司发生相关经济业务如下：

2024年8月15日，公司用银行存款购入一台需要安装的生产设备，增值税专用发票上注明的设备买价为200 000元、增值税为26 000元。支付运费10 000元、增值税900元。

支付安装费30 000元、增值税3 900元。

【要求】根据上述业务资料，完成相关的会计处理。

【分析提示】会计分录如下：

● 购入需要安装的设备时：

借：在建工程　　210 000

　　应交税费——应交增值税（进项税额）　　26 900

　贷：银行存款　　236 900

● 支付安装费时：

借：在建工程　　30 000

　　应交税费——应交增值税（进项税额）　　3 900

　贷：银行存款　　33 900

● 设备安装完毕交付使用时：

固定资产的成本–210 000+30 000=240 000（元）

借：固定资产　　240 000

　贷：在建工程　　240 000

3.购入多项无单独标价的固定资产

企业基于产品价格等因素的考虑，可能以一笔款项购入多项没有单独标价的固定资产。如果这些资产均符合固定资产的定义，并满足固定资产的确认条件，则应将各项资产单独确认为固定资产，并按各项固定资产公允价值的比例对总成本进行分配，分别确定各项固定资产的成本。

拓展训练

固定资产初始计量-1

实务案例3-3

【背景资料】浙江美华机械有限责任公司发生相关经济业务如下：

2024年9月22日，公司一次购进了三台不同型号且具有不同生产能力的设备A、B、C，共支付价款100 000 000元、增值税13 000 000元；支付包装费750 000元、增值税97 500元，全部以银行存款转账支付。假定设备A、B、C均满足固定资产的定义及确认条件，公允价值分别为45 000 000元、38 500 000元、16 500 000元；不考虑其他相关税费。

【要求】根据上述业务资料，完成相关的会计处理。

【分析提示】会计分录如下：

● 确定应计入固定资产成本的总成本：

固定资产总成本=100 000 000+750 000=100 750 000（元）

● 确定设备A、B、C的价值分配比例：

A设备应分配的固定资产价值比例=45 000 000÷（45 000 000+38 500 000+16 500 000）×100%=45%

B设备应分配的固定资产价值比例=38 500 000÷（45 000 000+38 500 000+16 500 000）×100%=38.5%

C设备应分配的固定资产价值比例=16 500 000÷（45 000 000+38 500 000+16 500 000）×100%=16.5%

● 确定设备A、B、C各自的成本：

A设备的成本=100 750 000×45%=45 337 500（元）

B设备的成本=100 750 000×38.5%=38 788 750（元）

C设备的成本=100 750 000×16.5%=16 623 750（元）

借：固定资产——A设备　　45 337 500
　　　　　　——B设备　　38 788 750
　　　　　　——C设备　　16 623 750
　　应交税费——应交增值税（进项税额）　　13 097 500
　贷：银行存款　　113 847 500

（二）建造固定资产

建造固定资产的初始计量，应按建造该项资产达到预定可使用状态前所发生的必要支出，作为固定资产的成本。自建固定资产应先通过“在建工程”科目核算，工程达到预定可使用状态时，再从“在建工程”科目转入“固定资产”科目。企业自建固定资产，主要有自营和出包两种方式，由于采用的建设方式不同，其会计处理也不同。

1. 自营工程

自营工程是指企业自行组织工程物资采购、自行组织施工人员施工的建筑工程和安装工程。具体核算原理见表3-4。

表3-4　建造固定资产核算原理（自营工程）

序号	业务内容	会计处理
1	购入工程物资	借：工程物资 　　应交税费——应交增值税（进项税额） 　贷：银行存款
2	领用工程物资	借：在建工程 　贷：工程物资
3	领用本企业原材料	借：在建工程 　贷：原材料
4	领用本企业生产的商品	借：在建工程 　贷：库存商品
5	分配工程人员工资	借：在建工程 　贷：应付职工薪酬
6	支付工程发生的其他费用	借：在建工程 　贷：银行存款
7	工程完工转入固定资产	借：固定资产 　贷：在建工程

实务案例3-4

【背景资料】浙江美华机械有限责任公司发生相关经济业务如下：

2024年2月10日，公司自建厂房一幢，购入为工程准备的各种物资500 000元，增值税为65 000元；2月18日，工程物资全部用于工程建设；4月5日，工程领用本公司生产的产品一批，实际成本为80 000元，税务部门确定的计税价格为100 000元，增值税税率为13%；4月28日，计提工程人员应计工资100 000元；5月27日，支付该工程的其他费用30 000元；6月28日，工程完工并达到预定可使用状态。

【要求】根据上述业务资料，完成相关的会计处理。

【分析提示】会计分录如下：

● 2024年2月10日，购入工程物资时：

借：工程物资　　500 000
　　应交税费——应交增值税（进项税额）　　65 000

贷：银行存款 565 000

●2024年2月18日，工程领用工程物资时：

借：在建工程 500 000

贷：工程物资 500 000

●2024年4月5日，工程领用本企业生产的产品时：

借：在建工程 80 000

贷：库存商品 80 000

●2024年4月28日，计提工程人员工资时：

借：在建工程 100 000

贷：应付职工薪酬 100 000

●2024年5月27日，支付工程发生的其他费用时：

借：在建工程 30 000

贷：银行存款等 30 000

●2024年6月28日，工程完工并达到预定可使用状态时：

工程完工转入固定资产成本=500 000+80 000+100 000+30 000=710 000（元）

借：固定资产 710 000

贷：在建工程 710 000

拓展训练

固定资产初始计量-2

2.出包工程

出包工程是指企业通过招标方式将工程项目发包给建造承包商，由建造承包商组织施工的建筑工程和安装工程。企业采用出包方式进行的固定资产工程，其工程的具体支出主要由建造承包商核算，出包方的“在建工程”科目主要是企业与建造承包商办理工程价款的结算科目，主要核算企业支付给建造承包商的工程价款等工程成本。具体核算原理见表3-5。

表3-5 建造固定资产核算原理（出包工程）

序号	业务内容	会计处理
1	按合理估计的发包工程进度和合同规定向建造承包商公司结算进度款	借：在建工程 贷：银行存款
2	工程完工，按合同规定补付工程款	借：在建工程 贷：银行存款
3	工程达到预定可使用状态	借：固定资产 贷：在建工程

注：不考虑相关税费。

实务案例3-5

【背景资料】浙江美华机械有限责任公司发生相关经济业务如下：

2024年公司将一台设备的建造工程出包给建工公司承建，6月15日，按合理估计的发包工程进度和合同规定向建工公司结算进度款6 000 000元、增值税780 000元。11月15日，工程完工后，收到建工公司有关工程结算单据，补付工程款4 000 000元、增值税520 000元，工程完工并达到预定可使用状态。

【要求】根据上述业务资料，完成相关的会计处理。

【分析提示】会计分录如下：

●2024年6月15日，按发包工程进度和合同规定支付结算进度款时：

借：在建工程　　6 000 000
　　应交税费——应交增值税（进项税额）　　780 000
　贷：银行存款　　6 780 000

●2024年11月15日，补付工程款时：

借：在建工程　　4 000 000
　　应交税费——应交增值税（进项税额）　　520 000
　贷：银行存款　　4 520 000

●工程完工并达到预定可使用状态时：

借：固定资产　　10 000 000
　贷：在建工程　　10 000 000

任务2　固定资产折旧业务

任务2
固定资产折旧业务

企业应当在固定资产的使用寿命内，按照确定的方法对应计提折旧额进行系统分摊。应计提折旧额是指应当计提折旧的固定资产原价扣除其预计净残值、固定资产减值准备的累计金额后的金额。

一、固定资产折旧的影响因素

企业应根据固定资产的性质和使用情况，合理确定固定资产的使用寿命和预计净残值。固定资产的使用寿命、预计净残值一经确定，不得随意变更。影响折旧的因素主要有以下几个方面：

①固定资产原价。固定资产原价是指固定资产的成本。

②预计净残值。预计净残值是指假定固定资产预计使用寿命已满并处于使用寿命终了的预期状态时，企业从该项资产处置中获得的扣除预计处置费用后的金额。

③固定资产减值准备。固定资产减值准备是指固定资产已计提的固定资产减值准备累计金额。

④固定资产的使用寿命。固定资产的使用寿命是指企业使用固定资产的预计期间，或者是该固定资产所能生产产品或提供劳务的数量。企业确定固定资产使用寿命时，应当考虑下列因素：该项资产预计生产能力或实物产量、预计有形损耗或无形损耗以及法律或者类似规定对该项资产使用的限制。

拓展训练
固定资产折旧-1

二、固定资产计提折旧的范围

除以下情况外，企业应当对所有固定资产计提折旧：

①已提足折旧仍继续使用的固定资产；

②单独计价入账的土地。

确定计提折旧的范围时，还应注意以下几点：

①固定资产应当按月计提折旧，当月增加的固定资产，当月不计提折旧，从下月起计提折旧；当月减少的固定资产，当月仍计提折旧，从下月起不计提折旧。

②固定资产提足折旧后，不论能否继续使用，均不再计提折旧；提前报废的固定资产，也不再补提折旧。所谓提足折旧是指已经提足该项固定资产的应计提折旧额。

③已达到预定可使用状态但尚未办理竣工决算的固定资产，应当按照估计价值确定其成本，并计提折旧；待办理竣工决算后，再按实际成本调整原来的暂估价值，但不需要调整原已计提的折旧额。

票据百宝箱

固定资产折旧计算汇总表（具体见表3-6）是根据固定资产的使用部门、类别，分别、汇总计算本月固定资产计提折旧的金额。具体公式如下：

本月应计提的折旧额 = 上月应计提的折旧额 + 上月增加的固定资产应计提的折旧额 − 上月减少的固定资产应计提的折旧额

表3-6 固定资产折旧计算汇总表

年 月 日 单位：

使用部门	固定资产类别	上月应计提的折旧额	上月增加的固定资产应计提的折旧额	上月减少的固定资产应计提的折旧额	本月应计提的折旧额
	小计				
	小计				
	小计				
合计					

企业至少应当于每年年度终了，对固定资产的使用寿命、预计净残值和折旧方法进行复核。使用寿命预计数与原先估计数有差异的，应当调整固定资产使用寿命。预计净残值预计数与原先估计数有差异的，应当调整预计净残值。与固定资产有关的经济利益预期实现方式有重大改变的，应当改变固定资产折旧方法。固定资产使用寿命、预计净残值和折旧方法的改变应当作为会计估计变更。

三、固定资产的折旧方法

企业应当根据与固定资产有关的经济利益的预期消耗方式，合理选择固定资产的折旧方法。可选用的折旧方法包括年限平均法、工作量法、双倍余额递减法和年数总和法等。

（一）年限平均法

视频
固定资产折旧方法

年限平均法又称直线法，是指将固定资产的应计提折旧额均衡地分摊到固定资产预计使用寿命内的一种方法。采用这种方法计算的每期折旧额相等。

年折旧率=（1−预计净残值率）÷预计使用寿命（年）×100%

月折旧率=年折旧率÷12

月折旧额=固定资产原价×月折旧率

实务案例3−6

【背景资料】浙江美华机械有限责任公司发生相关经济业务如下：

公司拥有厂房一幢，原价为5 000 000元，预计可使用20年，预计报废时的净残值率为2%。采用年限平均法计提折旧。

【要求】根据上述业务资料，计算厂房的折旧率和月折旧额。

【分析提示】计算过程如下：

年折旧率=（1−2%）÷20×100%=4.9%

月折旧率=4.9%÷12=0.41%

月折旧额=5 000 000×0.41%=20 500（元）

（二）工作量法

工作量法是根据实际工作量计算每期应计提折旧额的一种方法。

单位工作量折旧额=固定资产原价×（1−预计净残值率）÷预计总工作量

某项固定资产月折旧额=该项固定资产当月工作量×单位工作量折旧额

实务案例3−7

【背景资料】浙江美华机械有限责任公司发生相关经济业务如下：

公司一辆运货卡车的原价为600 000元，预计总行驶里程为500 000千米，预计报废时的净残值率为5%。2024年6月行驶4 000千米，采用工作量法计提折旧。

【要求】根据上述业务资料，计算运货卡车6月份应计提的折旧额。

【分析提示】计算过程如下：

单位里程折旧额=600 000×（1−5%）÷500 000=1.14（元/千米）

本月折旧额=4 000×1.14=4 560（元）

（三）双倍余额递减法

双倍余额递减法是加速折旧法的一种，该方法是用直线法折旧率的两倍作为固定的折旧率，乘以逐年递减的固定资产期初净值，得出各年应计提折旧额的方法。

年折旧率=2÷预计使用寿命（年）×100%

月折旧率=年折旧率÷12

月折旧额=每月月初固定资产账面净值×月折旧率

双倍余额递减法最后两年改用直线法计提折旧。

实务案例3−8

【背景资料】浙江美华机械有限责任公司发生相关经济业务如下：

公司一台机器设备的原价为1 000 000元，预计使用年限为5年，预计净残值为4 000

元。采用双倍余额递减法计提折旧。

【要求】根据上述业务资料，计算该项机器设备每年应计提的折旧额。

【分析提示】每年应计提的折旧额计算过程如下：

年折旧率=2÷5×100%=40%

第1年应计提的折旧额=1 000 000×40%=400 000（元）

第2年应计提的折旧额=（1 000 000−400 000）×40%=240 000（元）

第3年应计提的折旧额=（600 000−240 000）×40%=144 000（元）

从第4年起改用年限平均法（直线法）计提折旧。

第4年、第5年分别应计提的年折旧额=［（360 000−144 000）−4 000］÷2

=106 000（元）

每年各月折旧额根据年折旧额除以12来计算。

拓展训练

固定资产折旧-2

（四）年数总和法

年数总和法，又称年限合计法，是固定资产加速折旧法的一种。它是将固定资产的原值减去预计净残值后的净额乘以一个逐年递减的分数计算确定固定资产折旧额的一种方法。

年折旧率=尚可使用年限÷预计使用寿命的年数总和×100%

$$=\frac{\text{预计使用寿命}-\text{已使用年限}}{\text{预计使用寿命}\times\dfrac{\text{预计使用寿命}+1}{2}}\times 100\%$$

月折旧率=年折旧率÷12

月折旧额=（固定资产原价−预计净残值）×月折旧率

实务案例3-9

【背景资料】浙江美华机械有限责任公司发生相关经济业务如下：

公司一台机器设备的原价为1 000 000元，预计使用年限为5年，预计净残值为4 000元，采用年数总和法计提折旧。

【要求】根据上述业务资料，计算机器设备每年应计提的折旧额。

【分析提示】每年应计提的折旧额计算过程见表3-7。

表3-7 固定资产折旧计算表（年数总和法） 金额单位：元

年份	尚可使用年限	原价−净残值	变动折旧率	年折旧额	累计折旧
1	5	996 000	5 / 15	332 000	332 000
2	4	996 000	4 / 15	265 600	597 600
3	3	996 000	3 / 15	199 200	796 800
4	2	996 000	2 / 15	132 800	929 600
5	1	996 000	1 / 15	66 400	996 000

四、固定资产折旧的账务处理

“累计折旧”科目属于“固定资产”的调整科目，核算企业固定资产的累计折旧额。

固定资产应当按月计提折旧，计提的折旧应当记入“累计折旧”科目，并根据用途计入相关的资产成本或者当期损益。具体核算原理见表3-8。

累计折旧

表 3-8 固定资产折旧核算原理

序号	业务内容	会计处理
1	在建工程使用的固定资产计提折旧	借：在建工程 　贷：累计折旧
2	生产车间使用的固定资产计提折旧	借：制造费用 　贷：累计折旧
3	管理部门使用的固定资产计提折旧	借：管理费用 　贷：累计折旧
4	销售部门使用的固定资产计提折旧	借：销售费用 　贷：累计折旧
5	经营租出的固定资产计提折旧	借：其他业务成本 　贷：累计折旧

实务案例 3-10

【背景资料】浙江美华机械有限责任公司发生相关经济业务如下：

2024年9月份，公司固定资产计提折旧情况如下：车间厂房计提折旧3 800 000元，机器设备计提折旧4 500 000元；管理部门房屋建筑物计提折旧6 500 000元，运输工具计提折旧2 400 000元；销售部门房屋建筑物计提折旧3 200 000元，运输工具计提折旧2 630 000元。当月新购置机器设备一台，价值为5 400 000元，预计使用寿命为10年，该公司同类设备计提折旧采用年限平均法。

【要求】根据上述业务资料，完成相关的会计处理。

【分析提示】会计分录如下：

借：制造费用　　8 300 000
　　管理费用　　8 900 000
　　销售费用　　5 830 000
　贷：累计折旧——厂房　　3 800 000
　　　　　　　——机器设备　　4 500 000
　　　　　　　——房屋建筑物　　9 700 000
　　　　　　　——运输工具　　5 030 000

拓展训练
固定资产折旧-3

任务3 固定资产后续计量业务

任务3
固定资产后续计量业务

固定资产的后续支出是指固定资产在使用过程中发生的更新改造支出、修理费用等。企业的固定资产投入使用后，由于各个组成部分耐用程度不同或者使用条件不同，因而往往发生固定资产的局部损坏。为了保持固定资产的正常运转和使用，充分发挥其使用效能，就必须对其进行必要的后续支出。

一、固定资产后续计量的核算原则

固定资产的更新改造等后续支出，满足固定资产确认条件的，应当计入固定资产成本，如有被替换的部分，应同时将被替换部分的账面价值从该固定资产原账面价值中扣除；不满足固定资产确认条件的固定资产修理费用等，应当在发生时计入当期损益。

票据百宝箱

工程施工验收单（具体见表3-9）是用于验收工程施工项目的业务单据之一，主要包括项目名称、地点、施工单位、项目内容、项目工期、验收时间、完成情况以及验收意见等信息。

表3-9 工程施工验收单

项目名称		地点	
施工单位			
项目内容			
项目工期		验收时间	
完成情况			
验收意见			
使用部门 验收人： 年 月 日	主管部门 验收人： 年 月 日	验收部门 验收人： 年 月 日	施工单位 验收人： 年 月 日

二、固定资产后续支出的资本化处理

固定资产后续支出的资本化处理，通过“在建工程”科目核算。固定资产发生可资本化的后续支出后，企业应将该固定资产的原价、已计提的累计折旧和减值准备转销，将固定资产的账面价值转入“在建工程”科目。在固定资产发生的后续支出完工并达到预定可使用状态时，从“在建工程”科目转入“固定资产”科目。具体核算原理见表3-10。

表3-10 固定资产后续支出核算原理（资本化支出）

序号	业务内容	会计处理
1	转出固定资产价值	借：在建工程 累计折旧 固定资产减值准备 贷：固定资产
2	发生相关后续支出	借：在建工程 应交税费——应交增值税（进项税额） 贷：银行存款 原材料 应付职工薪酬
3	扣除被替换部分的账面价值	借：营业外支出 贷：在建工程
4	完工后结转入固定资产	借：固定资产 贷：在建工程

实务案例3-11

【背景资料】浙江美华机械有限责任公司发生相关经济业务如下：

公司下属航空公司2015年12月购入一架飞机总计花费8 000万元（含发动机），发动机当时的购价为500万元。公司未将发动机作为一项单独的固定资产进行核算。2024年年初，公司开辟新航线，航程增加。为延长飞机的空中飞行时间，公司决定更换一部性能更为先进的发动机。新发动机的购价为700万元、增值税为91万元；另需支付安装费用3万元、增值税0.39万元。假定飞机的年折旧率为3%，不考虑预计净残值的影响，未计提减值准备。

【要求】根据上述业务资料，完成相关的会计处理。

【分析提示】会计分录如下：

●将固定资产转入在建工程时：

2024年年初飞机的累计折旧金额=80 000 000×3%×8=19 200 000（元）

借：在建工程　　60 800 000
　　累计折旧　　19 200 000
　贷：固定资产　　80 000 000

●安装新发动机时：

借：在建工程　　7 030 000
　　应交税费——应交增值税（进项税额）　　913 900
　贷：工程物资　　7 910 000
　　　银行存款　　33 900

●终止确认老发动机的账面价值时：

2024年年初老发动机的账面价值=5 000 000−5 000 000×3%×8=3 800 000（元）

借：营业外支出　　3 800 000
　贷：在建工程　　3 800 000

●发动机安装完毕，投入使用时：

固定资产的入账价值=60 800 000+7 030 000−3 800 000=64 030 000（元）

借：固定资产　　64 030 000
　贷：在建工程　　64 030 000

三、固定资产后续支出的费用化处理

企业生产车间（部门）和行政管理部门等发生的固定资产修理费用等后续支出，记入“管理费用”等科目；企业发生的与专设销售机构相关的固定资产修理费用等后续支出，记入“销售费用”等科目。具体核算原理见表3-11。

表3-11　固定资产后续支出核算原理（费用化支出）

序号	业务内容	会计处理
1	生产车间（部门）和行政管理部门等发生的固定资产修理费用	借：管理费用 　　应交税费——应交增值税（进项税额） 　贷：银行存款 　　　原材料 　　　应付职工薪酬
2	专设销售机构发生的固定资产修理费用	借：销售费用 　　应交税费——应交增值税（进项税额） 　贷：银行存款 　　　原材料 　　　应付职工薪酬

实务案例3-12

【背景资料】浙江美华机械有限责任公司发生相关经济业务如下：

业务1：2024年6月1日，公司对现有的一台生产用设备进行日常修理，修理过程中发生的材料费为100 000元，应支付的维修人员工资为20 000元。

业务2：2024年8月1日，公司对其现有的一台销售部门使用的设备进行修理，修理过程中发生的应支付维修人员工资为5 000元。

【要求】根据上述业务资料，完成相关的会计处理。

【分析提示】会计分录如下：

业务1：2024年6月1日，进行日常修理时：

借：管理费用　　120 000

　贷：原材料　　100 000

　　　应付职工薪酬　　20 000

业务2：2024年8月1日，进行设备修理时：

借：销售费用　　5 000

　贷：应付职工薪酬　　5 000

拓展训练
固定资产后续计量

任务4 固定资产处置业务

任务4
固定资产处置业务

企业在生产经营过程中，可能将不适用或不需用的固定资产对外出售转让，或因磨损、技术进步等原因对固定资产进行报废，或因遭受自然灾害而对毁损的固定资产进行处理。

一、固定资产处置的核算原则

固定资产处置包括固定资产的出售、转让、报废、毁损、对外投资、非货币性资产交换、债务重组等。对于上述事项在进行会计处理时，应当按规定的程序办理有关手续，结转固定资产的账面价值，计算有关的清理收入、清理费用及残料价值等。

票据百宝箱

"固定资产清理损益计算表"（具体见表3-12）主要用于计算固定资产清理损益，主要包括：清理项目、清理原因、固定资产清理借方发生额、固定资产清理贷方发生额以及固定资产清理净损益等相关信息。

表3-12 固定资产清理损益计算表

年　月　日

清理项目		清理原因	
固定资产清理借方发生额		固定资产清理贷方发生额	
清理支出内容	金额	清理收入内容	金额
固定资产净值		出售固定资产价款	
借方合计		贷方合计	
固定资产清理　净收益/净损失　金额：			

复核　　　　制单

二、固定资产处置的账务处理

固定资产处置应通过“固定资产清理”科目核算。实务中，固定资产处置具体环节主要包括：

固定资产清理

第一，固定资产转入清理。企业因出售、转让、报废、毁损、对外投资、非货币性资产交换、债务重组等转出固定资产账面价值。

第二，发生清理费用等。固定资产清理过程中可能支付相关税费及其他费用。

第三，收回出售固定资产的价款、残料价值和变价收入等。

第四，保险赔偿等的处理。保险赔偿主要包括责任人的赔偿、保险公司的赔偿等。

第五，清理净损益的处理。固定资产清理完成后，分别根据生产经营期间的正常处理损失、自然灾害等非正常原因造成的损失进行会计处理。具体核算原理见表3-13。

表3-13 固定资产处置核算原理

<table>
<tr><th>序号</th><th colspan="2">业务内容</th><th>会计处理</th></tr>
<tr><td>1</td><td colspan="2">固定资产转入清理</td><td>借：固定资产清理
累计折旧
固定资产减值准备
贷：固定资产</td></tr>
<tr><td>2</td><td colspan="2">发生清理费用</td><td>借：固定资产清理
应交税费——应交增值税（进项税额）
贷：银行存款</td></tr>
<tr><td>3</td><td colspan="2">收回出售价款、残料价值、变价收入等</td><td>借：银行存款
原材料
贷：固定资产清理
应交税费——应交增值税（销项税额）</td></tr>
<tr><td>4</td><td colspan="2">确定保险公司或责任人的赔偿</td><td>借：其他应收款
贷：固定资产清理</td></tr>
<tr><td rowspan="2">5</td><td rowspan="2">确定固定资产清理净损益</td><td>处置净损失</td><td>借：营业外支出/资产处置损益
贷：固定资产清理</td></tr>
<tr><td>处置净收益</td><td>借：固定资产清理
贷：营业外收入/资产处置损益</td></tr>
</table>

注：出售固定资产而产生的利得或损失、债务重组中因处置固定资产产生的利得或损失，以及非货币性资产交换产生的利得或损失等在“资产处置损益”科目核算；其他情形记入“营业外收入”或“营业外支出”科目。

实务案例3-13

【背景资料】浙江美华机械有限责任公司发生相关经济业务如下：

公司2024年8月出售自建的建筑物一栋，该建筑物系公司2023年6月建成并投入使用，原价为2 000 000元，已计提折旧100 000元，未计提减值准备。取得相关建筑物销售收入为1 200 000元，适用的增值税税率为9%，增值税为108 000元，上述款项已经通过网银收妥入账。

【要求】根据上述业务资料，完成相关的会计处理。

【分析提示】会计分录如下：

●将出售的固定资产转入清理时：

借：固定资产清理　　1 900 000

　　累计折旧　　100 000

　贷：固定资产　　2 000 000

●收回出售固定资产的价款时：

借：银行存款　　1 308 000

　贷：固定资产清理　　1 200 000

　　　应交税费——应交增值税（销项税额）　　108 000

●结转出售固定资产实现的损益时：

借：资产处置损益　　700 000

　贷：固定资产清理　　700 000

实务案例3-14

【背景资料】浙江美华机械有限责任公司发生相关经济业务如下：

公司2024年10月因遭受水灾而毁损一座仓库，该仓库原价4 000 000元，已计提折旧1 000 000元，未计提减值准备。其残料估计价值50 000元，残料已办理入库。发生清理费用20 000元、增值税2 600元，以银行存款支付。经保险公司核定应赔偿损失1 500 000元，尚未收到赔款。假设不考虑其他相关税费。

【要求】根据上述业务资料，完成相关的会计处理。

【分析提示】会计分录如下：

●将毁损的仓库转入清理时：

借：固定资产清理　　3 000 000

　　累计折旧　　1 000 000

　贷：固定资产　　4 000 000

●残料入库时：

借：原材料　　50 000

　贷：固定资产清理　　50 000

●支付清理费用时：

借：固定资产清理　　20 000

　　应交税费——应交增值税（进项税额）　　2 600

　贷：银行存款　　22 600

●确定应由保险公司理赔的损失时：

借：其他应收款　　1 500 000

　贷：固定资产清理　　1 500 000

●结转毁损固定资产发生的损失时：

借：营业外支出——非常损失　　1 470 000

　贷：固定资产清理　　1 470 000

拓展训练

固定资产处置

任务5　固定资产清查业务

任务5
固定资产清查业务

企业应定期或者至少于每年年末对固定资产进行清查盘点，以保证固定资产核算的真实性，充分挖掘企业现有固定资产的潜力。

一、固定资产清查的核算原则

在固定资产清查过程中，如果发现盘盈、盘亏的固定资产，应填制“固定资产盘盈/盘亏报告表”。清查出的固定资产损溢，应及时查明原因，并按照规定程序报批处理。

票据百宝箱

“固定资产盘盈/盘亏报告表”（具体见表3-14）是用于登记固定资产清查的相关情况的表格。其主要包括固定资产的名称、规格型号、盘盈资产情况、盘亏资产情况、原因以及处理意见等内容。

表3-14　固定资产盘盈/盘亏报告表

年　月　日

<table>
<tr><td rowspan="2">固定资产名称</td><td rowspan="2">固定资产规格型号</td><td colspan="3">盘盈</td><td colspan="4">盘亏</td><td rowspan="2">原因</td></tr>
<tr><td>数量</td><td>重置价值</td><td>估计已提折旧</td><td>数量</td><td>原始价值</td><td>已提折旧</td><td>已提减值准备</td></tr>
<tr><td></td><td></td><td></td><td></td><td></td><td></td><td></td><td></td><td></td><td></td></tr>
<tr><td></td><td></td><td></td><td></td><td></td><td></td><td></td><td></td><td></td><td></td></tr>
<tr><td rowspan="2">处理意见</td><td>清查小组</td><td colspan="3">设备部门</td><td colspan="3">财务部门</td><td colspan="2">领导审批</td></tr>
<tr><td>签章：　年　月　日</td><td colspan="3">签章：　年　月　日</td><td colspan="3">签章：　年　月　日</td><td colspan="2">签章：　年　月　日</td></tr>
</table>

复核：　　　　　　　　　　制表：

企业在财产清查中盘盈的固定资产，作为前期差错处理，在按管理权限报经批准处理前应先通过“以前年度损益调整”科目核算。企业在财产清查中盘亏的固定资产，在按管理权限报经批准处理前应先通过“待处理财产损溢”科目核算。

二、固定资产盘盈的账务处理

账户
以前年度损益调整

企业在财产清查中盘盈的固定资产，应按重置成本确认“以前年度损益调整”科目的入账价值。按管理权限报经批准后，根据处理意见，记入“盈余公积”“利润分配”等科目。具体核算原理见表3-15。

表3-15　固定资产盘盈核算原理

序号	业务内容	会计处理
1	发现盘盈固定资产	借：固定资产 　贷：以前年度损益调整
2	报经批准转销固定资产	借：以前年度损益调整 　贷：盈余公积 　　利润分配——未分配利润

实务案例3-15

【背景资料】浙江美华机械有限责任公司发生相关经济业务如下：

2024年1月20日公司在财产清查过程中，发现2023年12月购入的一台设备尚未入账，重置成本为30 000元（假定与其计税基础不存在差异）。根据《企业会计准则第28号——会计政策、会计估计变更和差错更正》的规定，该盘盈固定资产作为前期差错进行处理。假定公司按净利润的10%计提法定盈余公积，不考虑相关税费及其他因素的影响。

【要求】根据上述业务资料，完成相关的会计处理。

【分析提示】会计分录如下：

● 盘盈固定资产时：

借：固定资产　30 000

　贷：以前年度损益调整　30 000

● 计提留存收益时：

公司应计提的法定盈余公积=30 000×10%=3 000（元）

借：以前年度损益调整　30 000

　贷：盈余公积——法定盈余公积　3 000

　　　利润分配——未分配利润　27 000

拓展训练

固定资产清查

三、固定资产盘亏的账务处理

企业在财产清查中盘亏的固定资产，应按固定资产账面价值确认“待处理财产损溢”科目的入账价值。按管理权限报经批准后，根据处理意见，扣除相关责任人赔偿后，计入当期损益。具体核算原理见表3-16。

表3-16　固定资产盘亏核算原理

序号	业务内容	会计处理
1	发现盘亏固定资产	借：待处理财产损溢 　　累计折旧 　　固定资产减值准备 　贷：固定资产
2	报经批准转销固定资产	借：营业外支出——盘亏损失 　　其他应收款 　贷：待处理财产损溢

实务案例3-16

【背景资料】浙江美华机械有限责任公司发生相关经济业务如下：

2024年6月30日，公司进行财产清查时发现短缺一台笔记本电脑，原价为10 000元，已计提折旧7 000元，未计提减值准备。假设不考虑相关税费及其他因素的影响。经批准转销计入营业外支出。

【要求】根据上述业务资料，完成相关的会计处理。

【分析提示】会计分录如下：

● 盘亏固定资产时：

借：待处理财产损溢　3 000

　　累计折旧　7 000

　贷：固定资产　10 000

● 报经批准转销时：

借：营业外支出——盘亏损失 3 000

　贷：待处理财产损溢 3 000

任务 6 固定资产减值业务

任务 6

固定资产减值业务

固定资产的初始入账价值是历史成本，由于固定资产使用年限较长，市场条件和经营环境的变化、科学技术的进步以及企业经营管理不善等原因，都可能导致固定资产创造未来经济利益的能力大大下降。因此，固定资产的真实价值有可能低于账面价值，在期末必须对固定资产减值损失进行确认。

一、固定资产减值的核算原则

固定资产在资产负债表日存在可能发生减值的迹象时，其可收回金额低于账面价值的，企业应当将该固定资产的账面价值减记至可收回金额，减记的金额确认为减值损失，计入当期损益，同时计提相应的资产减值准备。

票据百宝箱

固定资产减值审批表（具体见表 3-17）主要是用于计提固定资产减值准备的明细表。其主要包括固定资产计提减值的基本信息、提取减值准备的主要原因以及各个管理部门的审批意见等。

表 3-17 固定资产减值审批表

填报单位（部门）： 年 月 日 金额单位：元

固定资产计提减值的基本信息			
资产编码		出厂日期	
资产名称		投产日期	
规格型号		停产日期	
计量单位		效用年限	
数量		已用年限	
原值		累计折旧	
已提减值准备金额		可收回金额	
折现率		拟提减值准备金额	
提取减值准备的主要原因			
资产管理部门意见	审批人：	经办人：	年 月 日
技术部门意见	审批人：	经办人：	年 月 日
生产部门意见	审批人：	经办人：	年 月 日
财务部门意见	审批人：	经办人：	年 月 日
公司管理层意见	审批人：	经办人：	年 月 日

二、固定资产减值的账务处理

固定资产减值通过“固定资产减值准备”科目进行核算。固定资产减值损失一经确认，在以后会计期间不得转回。具体核算原理见表3-18。

账户
固定资产减值准备

表3-18 固定资产减值核算原理

序号	业务内容	会计处理
1	可收回金额低于账面价值	借：资产减值损失——计提的固定资产减值准备 　贷：固定资产减值准备
2	可收回金额高于账面价值	不做会计处理

实务案例3-17

【背景资料】浙江美华机械有限责任公司发生相关经济业务如下：

2024年12月31日，公司的生产线存在可能发生减值的迹象。经计算，该生产线的可收回金额合计为1 230 000元，账面价值为1 400 000元，以前年度对该生产线计提的减值准备为50 000元。

拓展训练
固定资产减值

【要求】根据上述业务资料，完成相关的会计处理。

【分析提示】会计分录如下：

生产线应计提固定资产减值准备=1 400 000-1 230 000=170 000（元）

生产线实际计提固定资产减值准备=170 000-50 000=120 000（元）

借：资产减值损失——计提的固定资产减值准备　　120 000

　贷：固定资产减值准备　　120 000

同步测验

一、单项选择题

1.甲公司是增值税一般纳税人，2024年公司自建仓库一座，购入工程物资200万元，增值税为26万元，已全部用于建造仓库；耗用库存材料50万元，应负担的增值税为6.5万元；支付建筑工人工资36万元。该仓库建造完成并达到预定可使用状态，其入账价值为（　　）万元。

A.250　　B.292.5　　C.286　　D.318.5

2.2024年12月31日，甲公司购入一台设备并投入使用，其成本为25万元，预计使用年限5年，预计净残值1万元，采用双倍余额递减法计提折旧。假定不考虑其他因素，2025年度该设备应计提的折旧为（　　）万元。

A.4.8　　B.8　　C.9.6　　D.10

3.甲公司为增值税一般纳税人，2023年12月31日购入不需要安装的生产设备一台，当日投入使用。该设备价款为360万元，增值税为46.8万元，预计使用寿命为5年，预计净残值为零，采用年数总和法计提折旧。该设备2024年应计提的折旧为（　　）万元。

A.72　　B.120　　C.140.4　　D.168.48

4.甲企业对一座建筑物进行改建。该建筑物的原价为100万元，已提折旧为60万元。改建过程中发生支出30万元。被替换部分固定资产的账面价值为5万元。该建筑物改建后的入账价值为（　　）万元。

A.65　　B.70　　C.125　　D.130

5.甲企业出售一台设备（不考虑相关税金），原价160 000元，已提折旧45 000元，出售设备时发生各种清理费用3 000元，出售设备所得价款113 000元。该设备出售净损益为（　　）元。

A.-2 000　　B.2 000　　C.5 000　　D.-5 000

6.甲企业2023年12月31日购入一台设备，入账价值为200万元，预计使用寿命为10年，预计净残值为20万元，采用年限平均法计提折旧。2024年12月31日该设备存在减值迹象，经测试预计可收回金额为120万元。2024年12月31日该设备账面价值应为（　　）万元。

A.120　　B.160　　C.180　　D.182

7.2024年12月20日，甲公司购入一台不需要安装的机器设备，价款100 000元、增值税13 000元。另支付运费2 000元、增值税180元；支付包装费1 000元、增值税130元，款项均以银行存款支付。甲公司购入设备时的入账价值为（　　）元。

A.120 000　　B.102 000　　C.101 000　　D.103 000

8.甲公司为一家制造业企业。2024年4月1日，为降低采购成本，向乙公司一次购进了三套不同型号且有不同生产能力的设备X、Y和Z。甲公司以银行存款支付货款880 000元、包装费20 000元、增值税117 000元。X设备在安装过程中领用生产用原材料的账面成本为20 000元，增值税为2 600元；支付安装费30 000元、增值税3 900元。假定设备X、Y和Z分别满足固定资产的定义及其确认条件，公允价值分别为300 000元、250 000元、450 000元。假设不考虑其他相关税费，则X设备的入账价值为（　　）元。

A.320 000　　B.324 590　　C.350 000　　D.327 990

9.2024年3月31日，甲公司采用出包方式对某固定资产进行改良，该固定资产账面原价为3 600万元，预计使用年限为5年，已使用3年，预计净残值为零，采用年限平均法计提折旧。甲公司支付出包工程款96万元。2024年8月31日，改良工程达到预定可使用状态并投入使用，预计尚可使用4年，预计净残值为零，采用年限平均法计提折旧。2024年度该固定资产应计提的折旧为（　　）万元。

A.128　　B.180　　C.308　　D.384

10.企业出售固定资产应交的增值税，应借记的会计科目是（　　）。

A.税金及附加　　B.固定资产清理　　C.营业外支出　　D.其他业务成本

二、多项选择题

1.在采用自营方式建造固定资产的情况下，下列项目中应计入固定资产取得成本的有（　　）。

A.工程项目耗用的工程物资

B.在建工程人员工资

C.生产车间为工程提供的水、电等费用

D.企业行政管理部门为组织和管理生产经营活动而发生的费用

2.下列各项中，应计提固定资产折旧的有（　　）。

A.生产用设备　　B.季节性停用的设备

C.已投入使用但未办理竣工决算的厂房　　D.已达到预定可使用状态但未投产的生产线

3.下列关于固定资产计提折旧的表述中，正确的有（　　）。

A.提前报废的固定资产不再补提折旧

B.固定资产折旧方法一经确定不得改变

C.已提足折旧但仍继续使用的固定资产不再计提折旧

D.自行建造的固定资产应自办理竣工决算时开始计提折旧

4.下列各项固定资产，应当计提折旧的有（　　）。

A.闲置的固定资产　　B.单独计价入账的土地

C.经营租出的固定资产　　D.已提足折旧仍继续使用的固定资产

5.关于固定资产的使用寿命、预计净残值和折旧方法，下列说法中正确的有（　　）。

A.企业至少应当于每年年度终了，对固定资产的使用寿命、预计净残值和折旧方法进行复核

B.使用寿命预计数与原先估计数有差异的，应当调整固定资产使用寿命

C.预计净残值预计数与原先估计数有差异的，应当调整预计净残值

D.固定资产折旧方法的改变应当作为会计政策变更

6.企业计提固定资产折旧时，下列会计分录中，正确的有（　　）。

A.计提行政管理部门固定资产折旧：借记“管理费用”科目，贷记“累计折旧”科目

B.计提生产车间固定资产折旧：借记“制造费用”科目，贷记“累计折旧”科目

C.计提专设销售机构固定资产折旧：借记“销售费用”科目，贷记“累计折旧”科目

D.计提自建工程使用的固定资产折旧：借记“在建工程”科目，贷记“累计折旧”科目

7.下列各项中，影响固定资产清理净损益的有（　　）。

A.清理固定资产发生的税费　　B.清理固定资产的变价收入

C.清理固定资产的账面价值　　D.清理固定资产耗用的材料成本

8.购入的固定资产，其入账价值包括（　　）。

A.买价　　B.安装成本　　C.包装费　　D.进口关税

9.下列关于固定资产的说法中，正确的有（　　）。

A.购置的不需要经过建造过程即可使用的固定资产，按实际支付的买价、包装费、运输费、安装成本、交纳的有关税金等，作为入账价值

B.自行建造的固定资产，按建造该项资产达到预定可使用状态前所发生的必要支出，作为入账价值

C.投资者投入的固定资产，按投资方原账面价值作为入账价值

D.如果有迹象表明以前期间据以计提固定资产减值的各种因素发生变化，使得固定资产的可收回金额大于其账面价值，则以前期间已计提的减值损失应当转回，但转回的金额不应超过原已计提的固定资产减值准备

10.下列项目中，影响固定资产计提折旧的因素有（　　）。

A.固定资产原价　　B.预计净残值

C.固定资产减值准备　　D.固定资产的使用寿命

三、判断题

1.企业外购的固定资产，应按实际支付的购买价款、相关税费、使固定资产达到预定可使用状态前所发生的可归属于该项资产的运输费、装卸费、安装费、专业人员服务费等，作为固定资产的取得成本。（　　）

2.企业以一笔款项购入多项没有单独标价的固定资产时，应按各项固定资产账面价值的比例对总成本进行分配，分别确定各项固定资产的成本。（　　）

3.企业管理部门以经营租赁方式将一台固定资产出租给其他单位使用，该固定资产的所有权尚未转移。企业对该固定资产仍应计提折旧，计提折旧时应记入“管理费用”账户。（　　）

4.已达到预定可使用状态但尚未办理竣工决算的固定资产，应当按照估计价值确定其成本，并计提折旧；待办理竣工决算后，再按实际成本调整原来的暂估价值，但不需要调整原已计提的折旧额。（　　）

5.与固定资产有关的后续支出，无论金额大小，均应当计入固定资产成本。（　　）

6.对固定资产的不同组成部分，如果各部分给企业带来经济利益的预期实现方式不同，就应分别作为单项固定资产处理。（　　）

7.企业至少应当于每年年度终了，对固定资产的使用寿命、预计净残值和折旧方法进行复核。与固定资产有关的经济利益预期实现方式有重大改变的，应当改变固定资产折旧方法。（　　）

8.盘盈的固定资产通过“待处理财产损溢”科目核算，其净收益计入当期营业外收入。（　　）

9.企业对固定资产进行更新改造时，应当将该固定资产账面价值转入在建工程，并按被替换部件的变价收入冲减在建工程。（　　）

10.固定资产减值损失一经确认，在以后会计期间不得转回。（　　）

四、计算分析题

1.甲公司系增值税一般纳税人，对机器设备采用双倍余额递减法计提折旧。2024年12月20日，公司购入一台不需要安装的机器设备，价款117 000元、增值税15 210元，另支付保险费2 000元，包装费1 000元，相关增值税250元，款项均以银行存款支付。该设备即日起投入基本生产车间使用，预计可使用5年，预计净残值为5 000元，假定不考虑固定资产减值因素，每年年末计提折旧。

要求：（1）编制甲公司购入设备时的会计分录。

（2）分别计算甲公司2025年度至2026年度每年的折旧额。

（3）编制甲公司2025年年末计提折旧时的会计分录。

2.甲公司2024年11月份固定资产增减业务如下：

（1）购买一台设备供一车间使用，采用工作量法计提折旧。该设备原价120万元，预计总工作时数200 000小时，预计净残值10万元。该设备2024年12月份工作量为4 000小时。

（2）厂部新办公楼交付使用，采用年限平均法计提折旧。该办公楼原价1 240万元，预计使用年限20年，预计净残值40万元。

（3）公司总部的一辆轿车使用期满予以报废。该轿车原价74万元，预计使用年限6年，预计净残值2万元，采用年限平均法计提折旧。

假定2024年12月份未发生固定资产增减业务，不考虑其他固定资产的折旧。

要求：（1）计算甲公司2024年11月份应计提的折旧额。

（2）编制甲公司2024年12月份计提折旧的会计分录。

（答案中的金额单位用万元表示）

3.甲公司于2024年9月5日对一条生产线进行改扩建，改扩建前该生产线的原价为900万元，已提折旧200万元，已提减值准备50万元。在改扩建过程中领用工程物资300万元，领用生产用原材料58.5万元（不含增值税）。发生改扩建人员工资80万元，用银行存款支付其他费用61.5万元。该生产线于2024年12月20日达到预定可使用状态。该企业对改扩建后的固定资产采用年限平均法计提折旧，预计尚可使用年限为10年，预计净残值为50万元。2026年12月31日该生产线的可收回金额为690万元。假定固定资产按年计提折旧，固定资产计提减值准备不影响固定资产的预计使用年限和预计净残值。

要求：（1）编制上述与固定资产改扩建有关业务的会计分录；计算改扩建后固定资产的入账价值。

（2）计算改扩建后的生产线2025年和2026年每年应计提的折旧额。

（3）2026年12月31日该生产线是否应计提减值准备，若计提减值准备，编制相关会计分录。

（4）计算该生产线2027年和2028年每年应计提的折旧额。

（答案中的金额单位用万元表示）

4.甲公司自建厂房一幢，购入为工程准备的各种物资500 000元，支付的增值税为65 000元，全部用于工程建设。领用本企业生产的水泥一批，实际成本为80 000元，税务部门确定的计税价格为100 000元，增值税税率13%；工程人员应计工资200 000元，支付的其他费用50 000元。工程完工并达到预定可使用状态。

要求：编制上述经济业务的会计分录。

5.甲公司是一家从事印刷业的企业，有关业务资料如下：

（1）2021年12月，该公司自行建成了一条印刷生产线，建造成本为568 000元，采用年限平均法计提折旧，预计净残值率为固定资产原价的3%。预计使用年限为6年。

（2）2022年12月31日，由于生产的产品适销对路，现有生产线的生产能力已难以满足公司生产发展的需要，但因新建生产线成本过高，周期过长，于是公司决定对现有生产线进行改扩建，以提高其生产能力。

（3）2022年12月31日至2023年3月31日，经过三个月的改扩建，完成了对这条印刷生产线的改扩建工程，共发生支出268 900元，全部以银行存款支付。

（4）该生产线改扩建工程完工达到预定可使用状态后，大大提高了生产能力，预计将其使用年限延长了4年，即为10年。假定改扩建后的生产线的预计净残值率为改扩建后固定资产账面价值的3%，折旧方法仍为年限平均法。

假定整个过程不考虑其他相关税费，公司按年计提固定资产折旧。改扩建后的固定资产的入账价值不能超过其可收回金额。

要求：（1）若改扩建工程完工达到预定可使用状态后，该生产线预计能给企业带来的可收回金额为700 000元，编制固定资产改扩建过程的全部会计分录并计算2023年和2024年计提的折旧额。

（2）若改扩建工程完工达到预定可使用状态后，该生产线预计能给企业带来的可收回金额为600 000元，计算2023年和2024年计提的折旧额。

6.甲公司为增值税一般纳税人，增值税税率为13%。2024年发生固定资产业务如下：

（1）1月20日，企业管理部门购入一台不需安装的A设备，取得的增值税专用发票上注明的设备价款为478万元、增值税为62.14万元，另发生运杂费2万元，款项均以银行存款支付。

（2）A设备经过调试后，于1月22日投入使用，预计使用10年，净残值为23万元，决定采用双倍余额递减法计提折旧。

（3）7月15日，企业生产车间购入一台需要安装的B设备，取得的增值税专用发票上注明的设备价款为600万元、增值税为78万元，另发生保险费10万元，款项均以银行存款支付。

（4）8月19日，将B设备投入安装，以银行存款支付安装费10万元。B设备于8月25日达到预定可使用状态，并投入使用。

（5）B设备采用工作量法计提折旧，预计净残值为20万元，预计总工时为20 000小时。9月，B设备实际使用工时为200小时。

假定购入上述设备的增值税可以作为进项税额抵扣。除上述资料外，不考虑其他因素。

要求：（1）编制甲企业2024年1月20日购入A设备的会计分录。

（2）计算甲企业2024年2月A设备的折旧额并编制会计分录。

（3）编制甲企业2024年7月15日购入B设备的会计分录。

（4）编制甲企业2024年8月安装B设备及其投入使用的会计分录。

（5）计算甲企业2024年9月B设备的折旧额并编制会计分录。

（答案中的金额单位用万元表示）

项目四　无形资产及其他资产岗位

学习目标

- 理解无形资产岗位的相关会计规范要求
- 掌握无形资产业务的会计核算方法
- 掌握无形资产岗位的账务处理
- 理解投资性房地产岗位的相关会计规范要求
- 掌握投资性房地产业务的会计核算方法
- 掌握投资性房地产岗位的账务处理
- 理解其他资产岗位的相关会计规范要求
- 掌握其他资产业务的会计核算方法
- 掌握其他资产岗位的账务处理

岗位工作导图

无形资产及其他资产岗位工作导图如图4-1所示。

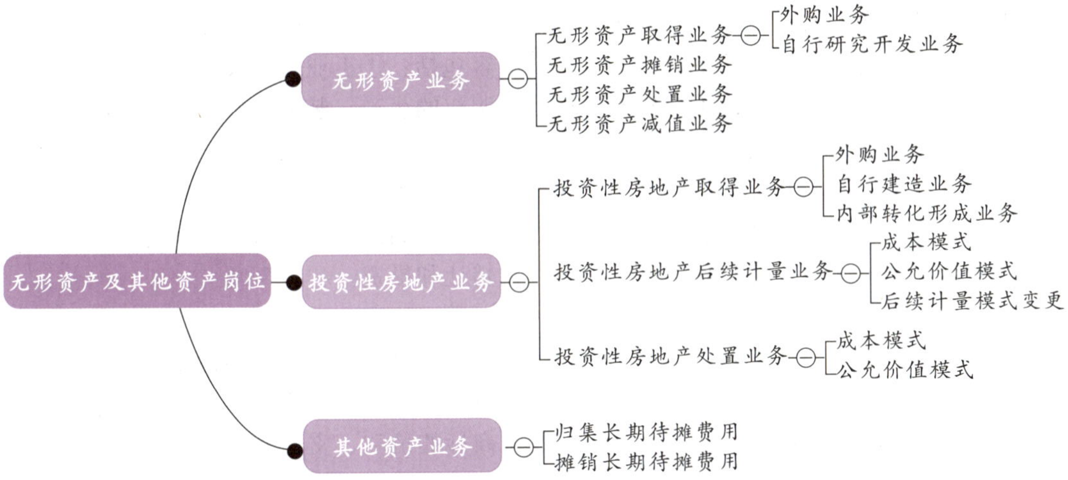

图4-1　无形资产及其他资产岗位工作导图

任务1　无形资产业务

无形资产是指企业拥有或者控制的没有实物形态的可辨认非货币性资产。无形资产主要包括专利权、非专利权技术、商标权、著作权、土地使用权和特许权等。

任务1

无形资产业务

一、无形资产的基本特征

1.不具有实物形态

无形资产是不具有实物形态的非货币资产，它不像固定资产、存货等有形资产具有实物形态。

2.具有可辨认性

资产满足下列条件之一的，符合无形资产定义中的可辨认性标准：

①能够从企业中分离或者划分出来，并能单独或者与相关合同、资产或负债一起，用于出售、转让、授予许可、租赁或者交换。

②源自合同性权利或其他法定权利，无论这些权利是否可以从企业或其他权利和义务中转移或者分离。

如商誉的存在无法与企业自身分离，不具有可辨认性，不属于无形资产的核算范畴。

3.属于非货币性长期资产

无形资产属于非货币性资产且能够在多个会计期间为企业带来经济利益。无形资产的使用年限在一年以上，其价值将在各个受益期间逐渐摊销。

二、无形资产的内容

（一）专利权

专利权是指国家专利主管机关依法授予发明创造专利申请人对其发明创造在法定期限内所享有的专有权利，包括发明专利权、实用新型专利权和外观设计专利权。它给予持有者独家使用或控制某项发明的特殊权利。

（二）非专利技术

非专利技术即专有技术，或技术秘密、技术诀窍，是指先进的、未公开的、未申请专利、可以带来经济效益的技术及诀窍。其主要内容包括：①工业专有技术，即在生产上已经采用，仅限于少数人知道，不享有专利权或发明权的生产、装配、修理、工艺等加工方法的技术知识；②商业（贸易）专有技术，即具有保密性质的市场情报、原材料价格情报以及用户、竞争对象的情况和有关知识；③管理专有技术，即生产组织的经营方式、管理方式、培训职工方法等保密知识。非专利技术并不是专利法的保护对象，专有技术所有人依靠自我保密的方式来维持其独占权，可以用于转让和投资。

（三）商标权

商标是用来辨认特定的商品或劳务的标记。商标权是指专门在某类指定的商品或产品上使用特定的名称或图案的权利。经商标局核准注册的商标为注册商标，商标注册人享有商标专用权，受法律的保护。企业可以根据购入商标的价款、支付的手续费及有关费用作为商标的成本。

（四）著作权

著作权又称版权，指作者对其创作的文学、科学和艺术作品依法享有的某些特殊权利。著作权包括两方面的权利，即精神权利（人身权利）和经济权利（财产权利）。前者指作品署名、发表作品、确认作者身份、保护作品的完整性、修改已经发表的作品等各项权利，包括作品署名权、发表权、修改权和保护作品完整权；后者指以出版、表演、广播、展览、录制唱片、摄制影片等方式使用作品，以及因授权他人使用作品而获得经济利益的权利。

（五）土地使用权

土地使用权是指国家准许某一企业或单位在一定期间内对国有土地享有开发、使用、经营的权利。根据我国土地管理法规定，我国土地实行公有制，任何单位和个人不得侵占、买卖或者以其他形式非法转让。企业取得土地使用权，应将取得时发生的支出资本化，作为土地使用权的成本进行核算。

（六）特许权

特许权又称经营特许权、专营权，指企业在某一地区经营或销售某种特定商品的权利或是一家企业接受另一家企业使用其商标、商号、技术秘密等的权利。前者一般是由政府机构授权，准许企业使用或在一定地区享有经营某种业务的特权，如水、电、邮电通信等专营权以及烟草专卖权等；后者是指企业间依照签订的合同，有限期或无限期地使用另一家企业的某些权利，如连锁店分店使用总店的名称等。

无形资产

累计摊销

三、无形资产的账务处理

为了核算无形资产的取得、摊销和处置等情况，企业应当设置“无形资产”“累计摊销”“研发支出”等科目。其中：“无形资产”科目核算企业持有的无形资产，本科目应按无形资产设置明细账，进行明细账核算。“累计摊销”科目属于“无形资产”的调整科目，核算企业对使用寿命有限的无形资产计提的累计摊销。“研发支出”科目核算企业进行研究与开发无形资产过程中发生的各项支出，企业可以设置“费用化支出”“资本化支出”等明细科目。此外，企业无形资产发生减值的，还应当设置“无形资产减值准备”科目进行核算。

研发支出

无形资产减值准备

（一）无形资产的取得

无形资产应当按照成本进行初始计量。企业取得无形资产的主要方式有外购、自行研究开发等。取得的方式不同，其会计处理也有所差别。

1.外购无形资产

外购无形资产的成本包括购买价款、相关税费以及直接归属于使该项资产达到预定用途所发生的其他支出。具体核算原理见表4-1。

表4-1　无形资产取得核算原理（外购）

序号	业务内容	会计处理
1	外购无形资产	借：无形资产 　　应交税费——应交增值税（进项税额） 　贷：银行存款

实务案例4-1

【背景资料】浙江美华机械有限责任公司发生相关经济业务如下：

2024年10月公司购入一项非专利技术用于新产品的开发，支付的相关买价为900 000元、增值税为54 000元，上述款项通过银行存款转账支付。

【要求】根据上述业务资料，完成相关的会计处理。

【分析提示】会计分录如下：

借：无形资产——非专利技术　　900 000

　　应交税费——应交增值税（进项税额）　　54 000

　贷：银行存款　　954 000

拓展训练

外购无形资产

2. 自行研究开发无形资产

企业内部研究开发项目所发生的支出应区分研究阶段支出和开发阶段支出，企业自行开发无形资产发生的研究支出，不满足资本化条件的，记入“研发支出——费用化支出”科目；满足资本化条件的，记入“研发支出——资本化支出”科目。研究开发项目达到预定用途形成无形资产的，应将“研发支出——资本化支出”科目的余额转入“无形资产”科目。期（月）末，应将“研发支出——费用化支出”科目归集的金额转入“管理费用”科目。如果无法可靠区分研究阶段的支出和开发阶段的支出，应将其所发生的研发支出全部费用化，计入当期损益。具体核算原理见表4-2。

视频

自行研发无形资产核算

表4-2　无形资产取得核算原理（自行研究开发）

序号	业务内容		会计处理
1	研究阶段		归集研发费用： 借：研发支出——费用化支出 　贷：原材料 　　　银行存款 　　　应付职工薪酬 期末结转研发费用： 借：管理费用 　贷：研发支出——费用化支出
2	开发阶段	不符合资本化条件	归集不符合资本化条件的研发费用： 借：研发支出——费用化支出 　贷：原材料 　　　银行存款 　　　应付职工薪酬 期末结转不符合资本化条件的研发费用： 借：管理费用 　贷：研发支出——费用化支出
		符合资本化条件	归集符合资本化条件的研发费用： 借：研发支出——资本化支出 　贷：原材料 　　　银行存款 　　　应付职工薪酬 达到预定用途转出的无形资产价值： 借：无形资产 　贷：研发支出——资本化支出

实务案例4-2

【背景资料】浙江美华机械有限责任公司发生相关经济业务如下：

公司自行研究、开发一项技术，截至2023年12月31日，发生研发支出合计2 000 000元，全部用银行存款支付。经测试，该项研发活动完成了研究阶段工作，从2024年1月1日开始进入开发阶段。2024年发生支出300 000元，全部用银行存款支付。假定符合《企业会计准则第6号——无形资产》规定的开发支出资本化的条件。2024年6月30日，该项研发活动结束，最终开发出一项非专利技术，假设不考虑相关税费。

【要求】根据上述业务资料，完成相关的会计处理。

【分析提示】会计分录如下：

●2023年发生研发支出时：

借：研发支出——费用化支出　　2 000 000

　贷：银行存款　　2 000 000

●2023年12月31日，结转研究阶段的支出时：

借：管理费用　　2 000 000

　贷：研发支出——费用化支出　　2 000 000

●2024年发生开发支出并满足资本化确认条件时：

借：研发支出——资本化支出　　300 000

　贷：银行存款　　300 000

●2024年6月30日，该技术研发完成并形成无形资产时：

借：无形资产　　300 000

　贷：研发支出——资本化支出　　300 000

拓展训练

自行研发无形资产

（二）无形资产的摊销

企业应当于取得无形资产时，分析判断其使用寿命。使用寿命有限的无形资产应进行摊销，使用寿命不确定的无形资产不应摊销。使用寿命有限的无形资产，通常其残值视为零。对于使用寿命有限的无形资产应当自可使用（即其达到预定用途）当月起开始摊销，处置当月不再摊销。

票据百宝箱

无形资产摊销明细表（具体见表4-3）是用于记录无形资产摊销明细资料的工作表格，具体内容主要包括：待摊原值、开始摊销月份、结束摊销月份、摊销月数、月摊销额、已摊月份、本月摊销额、累计摊销额、未摊销净额等信息。

表4-3　　无形资产摊销明细表

公司：　　　　年　月　　　　单位：元

项目	待摊原值	开始摊销月份	结束摊销月份	摊销月数	月摊销额	已摊月份	本月摊销额	累计摊销额	未摊销净额
合计									

审批人：　　　　复核人：　　　　制表人：

无形资产摊销方法包括直线法、生产总量法等。企业选择的无形资产摊销方法，应当反映与该项无形资产有关的经济利益的预期消耗方式。无法可靠确定预期消耗方式的，应当采用直线法摊销。企业应当按月对无形资产进行摊销，无形资产的摊销额一般应当计入当期损益。具体核算原理见表4-4。

表4-4 无形资产摊销核算原理

序号	业务内容	会计处理
1	自用无形资产摊销	借：管理费用 　　制造费用 　贷：累计摊销
2	出租无形资产摊销	借：其他业务成本 　贷：累计摊销

实务案例4-3

【背景资料】浙江美华机械有限责任公司发生相关经济业务如下：

2024年1月1日，公司将其自行开发完成的非专利技术出租给环球公司，该非专利技术成本为3 600 000元，双方约定的租赁期限为10年，非专利技术的剩余使用年限为10年，采用直线法对该项无形资产进行摊销。

【要求】根据上述业务资料，完成相关的会计处理。

【分析提示】会计分录如下：

公司每月摊销额=3 600 000÷10÷12=30 000（元）

借：其他业务成本　　30 000

　贷：累计摊销　　30 000

（三）无形资产的处置

企业处置无形资产，应当将取得的价款扣除该无形资产账面价值以及出售相关税费后的差额记入“资产处置损益”科目。具体核算原理见表4-5。

表4-5 无形资产处置核算原理

序号	业务内容	会计处理
1	处置产生净收益	借：银行存款 　　累计摊销 　　无形资产减值准备 　贷：资产处置损益 　　　无形资产 　　　应交税费——应交增值税（销项税额）
2	处置产生净亏损	借：银行存款 　　累计摊销 　　无形资产减值准备 　　资产处置损益 　贷：无形资产 　　　应交税费——应交增值税（销项税额）

实务案例 4-4

【背景资料】浙江美华机械有限责任公司发生相关经济业务如下：

2024年12月公司将其购买的一项专利权转让给星星科技公司，该专利权的成本为500 000元，已摊销220 000元，未计提相关的减值准备。实际取得的转让价款为400 000元，支付的增值税为24 000元，款项已存入银行。

【要求】根据上述业务资料，完成相关的会计处理。

【分析提示】会计分录如下：

借：银行存款　　400 000

　　累计摊销　　220 000

　贷：无形资产　　500 000

　　　应交税费——应交增值税（销项税额）　　24 000

　　　资产处置损益　　96 000

拓展训练

无形资产处置

（四）无形资产的减值

无形资产在资产负债表日存在可能发生减值的迹象时，其可收回金额低于账面价值的，企业应当将无形资产的账面价值减记至可收回金额，减记的金额确认为减值损失，计入当期损益，同时计提相应的资产减值准备。无形资产减值损失一经确认，在以后会计期间不得转回。具体核算原理见表4-6。

表4-6　无形资产减值核算原理

序号	业务内容	会计处理
1	可收回金额低于账面价值	借：资产减值损失——计提的无形资产减值准备 　贷：无形资产减值准备
2	可收回金额高于账面价值	不做会计处理

实务案例 4-5

【背景资料】浙江美华机械有限责任公司发生相关经济业务如下：

2024年12月31日，市场上利用新技术生产的产品销售势头较好，已对公司产品的销售产生重大不利影响。公司外购的专利技术的账面价值为800 000元，剩余摊销年限为4年，经减值测试，该专利技术的可收回金额为750 000元。以前年度未计提相关减值准备。

【要求】根据上述业务资料，完成相关的会计处理。

【分析提示】会计分录如下：

无形资产应确认的减值损失=800 000-750 000=50 000（元）

借：资产减值损失——计提的无形资产减值准备　　50 000

　贷：无形资产减值准备　　50 000

拓展训练

无形资产减值

任务2　投资性房地产业务

投资性房地产是指为赚取租金或资本增值，或者两者兼有而持有的房地产。其主要包括已出租的土地使用权、持有并准备增值后转让的土地使用权和已出租的建筑物。

任务2

投资性房地产业务

一、投资性房地产的确认标准

投资性房地产应当能够单独计量和出售。在符合投资性房地产定义的前提下，同时满足下列两项条件的，才能确认为投资性房地产：①与该投资性房地产有关的经济利益很可能流入企业；②该投资性房地产的成本能够可靠地计量。

（一）投资性房地产的核算范围

1.已出租的土地使用权

已出租的土地使用权是指企业通过出让或转让方式取得，并以经营租赁方式出租的土地使用权。企业计划用于出租但尚未出租的土地使用权，不属于此类。

2.持有并准备增值后转让的土地使用权

持有并准备增值后转让的土地使用权是指企业取得的、准备增值后转让的土地使用权。这类土地使用权很可能给企业带来资本增值收益，符合投资性房地产的定义。按照国家有关规定认定的闲置土地，不属于持有并准备增值后转让的土地使用权，也就不属于投资性房地产。

3.已出租的建筑物

已出租的建筑物是指企业拥有产权的、以经营租赁方式出租的建筑物，包括自行建造或开发活动完成后用于出租的建筑物。已出租的建筑物是企业已经与其他方签订了租赁协议，约定以经营租赁方式出租的建筑物。一般应自租赁协议规定的租赁期开始日起，经营租出的建筑物才属于已出租的建筑物。通常情况下，对企业持有以备经营出租的空置建筑物（企业新购入、自行建造或开发完成但尚未使用的建筑物，以及不再用于日常生产经营活动且经整理后达到可经营出租状态的建筑物），如董事会或类似机构作出书面决议，明确表明将其用于经营出租且持有意图短期内不再发生变化的，即使尚未签订租赁协议，也应视为投资性房地产。

实务案例4-6

【背景资料】浙江美华机械有限责任公司发生相关经济业务如下：

业务1：公司与广恒公司签署了土地使用权经营租赁协议，公司将其拥有的10万平方米土地使用权，以年租金100万元出租给广恒公司，租期5年。

业务2：公司为实施企业环保战略，决定将其电镀车间搬迁至郊区，原在市区的电镀车间厂房占用的土地使用权停止自用。公司管理层决定继续持有这部分土地使用权，待其增值后转让以赚取增值收益。

业务3：公司与恒翔公司签订了一项经营租赁合同，将租用恒翔公司持有产权的办公楼一栋，租期10年。1年后，公司又将该办公楼转租给泉盛公司，以赚取租金差价，租期5年。

【要求】根据上述业务资料，判断公司是否可以将其确认为投资性房地产。

【分析提示】

业务1：公司的该项土地使用权以出租为目的，自租赁协议约定的租赁期开始日起，确认为投资性房地产。

业务2：公司市区车间厂房的土地使用权，以赚取增值收益为目的，应确认为投资性房地产。

业务3：公司因其不拥有该栋楼的产权，其转租的办公楼不应确定为投资性房地产。

拓展训练

投资性房地产核算范围

（二）不属于投资性房地产的核算范围

1.自用房地产

自用房地产是指为生产商品、提供劳务或者经营管理而持有的房地产。如企业生产经营用的厂房和办公楼属于固定资产；企业生产经营用的土地使用权属于无形资产。

2.作为存货的房地产

作为存货的房地产，通常是指房地产开发企业在正常经营过程中销售的或为销售而正开发的商品房和土地。这部分房地产属于房地产开发企业的存货，其生产、销售构成企业的主营业务活动，产生的现金流量也与企业的其他资产密切相关。因此，具有存货性质的房地产不属于投资性房地产。

票据百宝箱

增值税普通发票是相对于增值税专用发票而言的。任何单位和个人在购销商品、提供或接受服务以及从事其他经营活动中，除增值税一般纳税人开具和收取的增值税专用发票之外，所开具和收取的各种收付款凭证均为普通发票。增值税普通发票一式两联，第一联记账联用于销售方记账，第二联发票联用于购货方记账。增值税普通发票没有抵扣联。纸质增值税普通发票如图4-2所示。

浙江增值税普通发票　NO.

此联不作报销、扣税凭证使用　　开票日期：

购买方	名　称： 纳税人识别号： 地址、电话： 开户行及账号：				密码区			
货物或应税劳务、服务名称	规格型号	单位	数量	单价	金额	税率	税额	
合　计								
价税合计（大写）					（小写）			
销售方	名　称： 纳税人识别号： 地址、电话： 开户行及账号：				备注			

第一联：记账联　销售方记账凭证

收款人：　复核：　开票人：　销售方：（章）

图4-2　增值税普通发票（纸质）

2015年，国家税务总局开始探索发票无纸化试点，迈出发票电子化改革的关键一步，自2015年起分步推行了增值税电子普通发票，发票印制规定如图4-3所示。

2021年12月1日，广东省、上海市和内蒙古自治区试点推行全面数字化电子发票

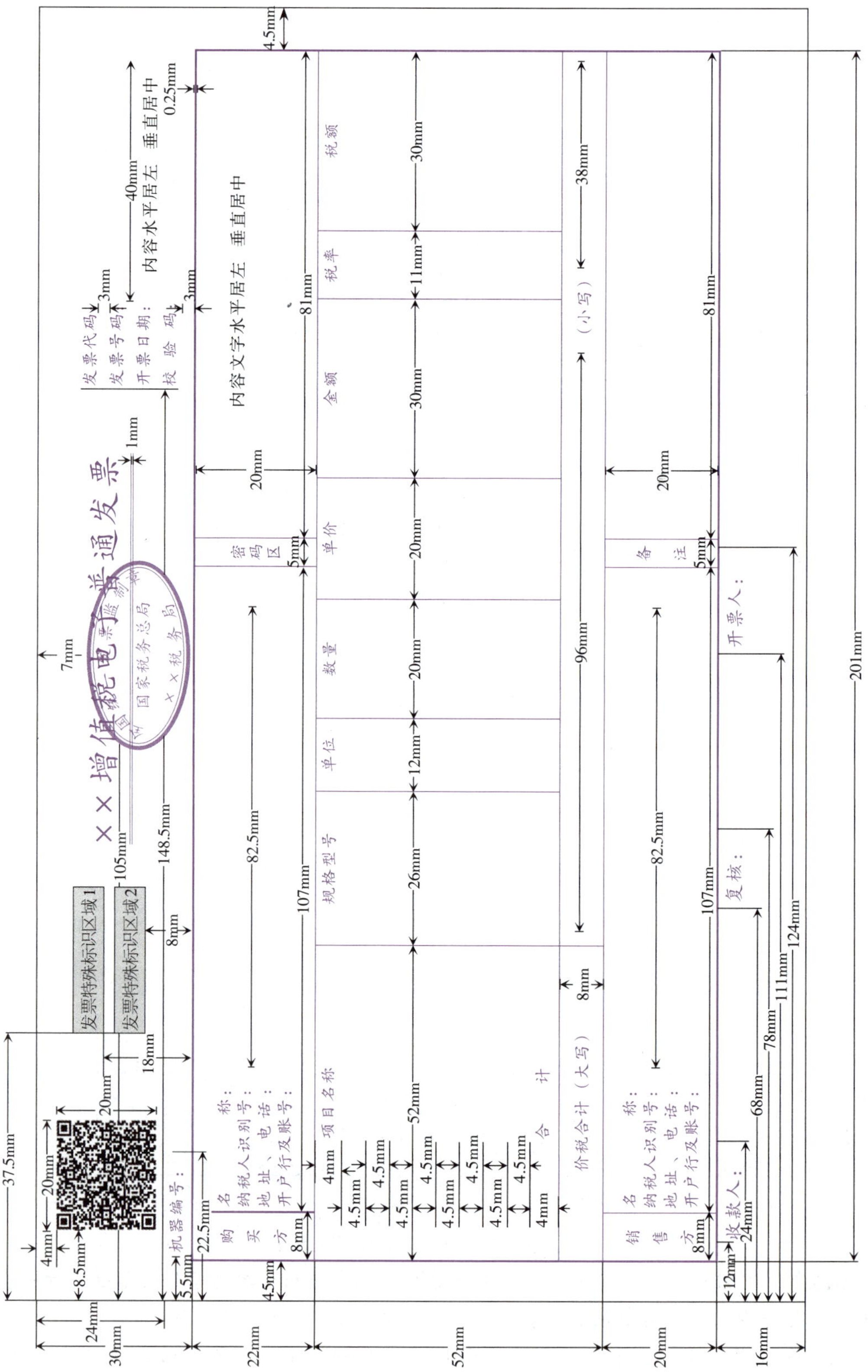

图 4-3 增值税电子普通发票印制规定

（简称“数电发票”），试点地区已逐步扩大至全国。2024年12月，数电发票在全国正式推广应用。数电发票与纸质发票具有同等法律效力。

数电发票为单一联次，以数字化形态存在，电子发票（普通发票）票样如图4-4所示。

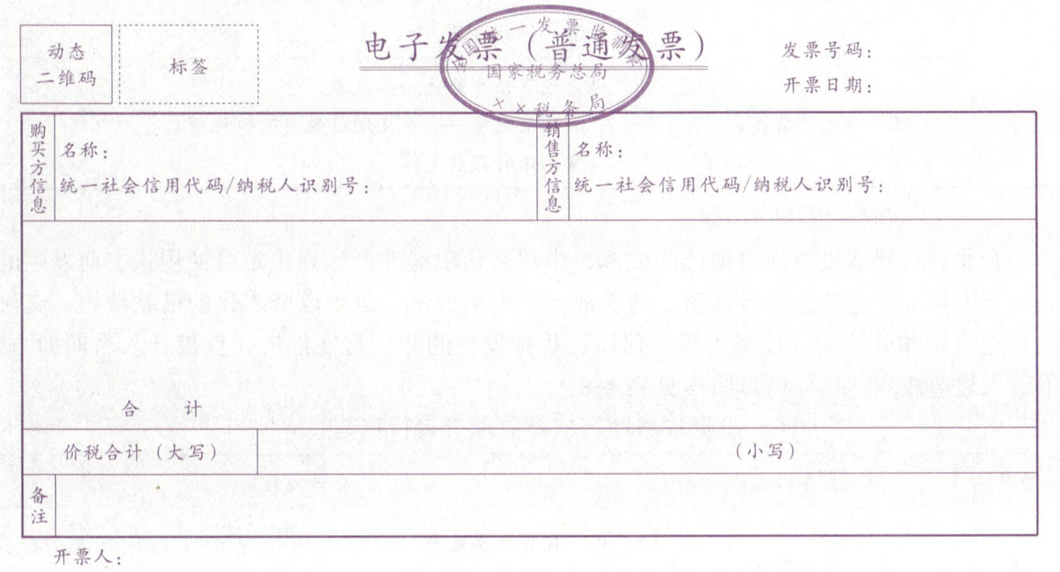
电子发票（普通发票）
动态二维码
标签
发票号码：
开票日期：
全国统一发票监制章
国家税务总局
××税务局
购买方信息　名称：
统一社会信用代码/纳税人识别号：
销售方信息　名称：
统一社会信用代码/纳税人识别号：
合　计
价税合计（大写）
（小写）
备注
开票人：

图4-4　数电发票——增值税普通发票

在实务中，存在某项房地产部分自用或作为存货出售、用于赚取租金或资本增值的情形。如某项投资性房地产不同用途的部分能够单独计量和出售的，应当分别确认为固定资产（或无形资产、存货）和投资性房地产。例如，房地产开发商建造了一栋商住两用楼盘，一层商铺出租给一家大型超市，已签订经营租赁合同；其余楼层均为普通住宅，正在公开销售中。这种情况下，如果一层商铺能够单独计量和出售，应当确认为企业的投资性房地产，其余楼层为企业的存货，即开发产品。

投资性房地产

二、投资性房地产的账务处理

为了反映和监督投资性房地产的取得、后续计量、处置等情况，企业应当设置“投资性房地产”“投资性房地产累计折旧/摊销”“投资性房地产减值准备”“公允价值变动损益”等科目。企业可以按照投资性房地产类别和项目进行明细核算。采用公允价值模式计量的投资性房地产，还应当分别设置“成本”“公允价值变动”等明细账进行核算。

投资性房地产累计折旧/摊销

投资性房地产减值准备

（一）投资性房地产的取得

企业取得的投资性房地产应当按照其取得时的成本进行计量，主要包括外购、自行建造和内部转换形成等三种情况。

1.外购的投资性房地产

外购投资性房地产的成本，包括购买价款、相关税费和可直接归属于该资产的其他支出。具体核算原理见表4-7。

公允价值变动损益

表 4-7　　投资性房地产核算原理（外购）

序号	业务内容	会计处理
1	成本模式	借：投资性房地产 　　应交税费——应交增值税（进项税额） 　贷：银行存款
2	公允价值模式	借：投资性房地产——成本 　　应交税费——应交增值税（进项税额） 　贷：银行存款

2. 自行建造的投资性房地产

企业自行建造投资性房地产的成本，由建造该项房地产达到预定可使用状态前发生的必要支出构成，包括土地开发费、建筑成本、安装成本、应予以资本化的借款费用、支付的其他费用和分摊的间接费用等。建造过程中发生的非正常性损失，直接计入当期损益，不计入建造成本。具体核算原理见表4-8。

表 4-8　　投资性房地产核算原理（自行建造）

序号	业务内容	会计处理
1	成本模式	借：投资性房地产 　贷：在建工程
2	公允价值模式	借：投资性房地产——成本 　贷：在建工程

3. 内部转换形成的投资性房地产

企业将作为存货的房地产、自用的建筑物等转换为投资性房地产，按照转换日该项转换资产的账面价值或公允价值确认为投资性房地产；按照转换资产的账面价值与投资性房地产入账价值的差额，借记“公允价值变动损益”（借方余额情况下）或贷记“其他综合收益”（贷方差额情况下）等科目；已计提的相关减值准备，同时一并予以结转。具体核算原理见表4-9、表4-10。

表 4-9　　投资性房地产核算原理（内部转换形成）-1

序号	业务内容		会计处理
1	将原作为存货的房地产转换为投资性房地产	成本模式	借：投资性房地产（账面价值） 　　存货跌价准备 　贷：开发产品
		公允价值模式	借：投资性房地产——成本（公允价值） 　　存货跌价准备 　　公允价值变动损益（借方差异） 　贷：开发产品 　　　其他综合收益（贷方差异）

视频
投资性房地产的转换

表 4-10　　　　投资性房地产核算原理（内部转换形成）-2

<table>
<tr><th>序号</th><th colspan="2">业务内容</th><th>会计处理</th></tr>
<tr><td rowspan="2">1</td><td rowspan="2">将自用建筑物转换为投资性房地产</td><td>成本模式</td><td>借：投资性房地产（账面价值）
　　累计折旧
　　固定资产减值准备
　贷：固定资产
　　　投资性房地产累计折旧
　　　投资性房地产减值准备</td></tr>
<tr><td>公允价值模式</td><td>借：投资性房地产——成本（公允价值）
　　累计折旧
　　固定资产减值准备
　　公允价值变动损益（借方差异）
　贷：固定资产
　　　其他综合收益（贷方差异）</td></tr>
</table>

实务案例 4-7

【背景资料】浙江美华机械有限责任公司发生相关经济业务如下：

业务1：2024年4月10日，公司董事会就将其开发的一栋写字楼不再出售改用作出租形成了书面决议。4月12日，公司与明祥贸易公司签订了租赁协议，将此写字楼整体出租给明祥贸易公司使用，租赁期开始日为2024年5月1日，租赁期为5年。2024年5月1日，该写字楼的账面余额为500 000 000元，未计提存货跌价准备，转换后采用成本模式进行后续计量。

业务2：2024年6月15日，公司董事会形成书面决议，将其开发的一栋写字楼用于出租。公司与明锐贸易公司签订了租赁协议，租赁开始日为2024年7月1日，租赁期为5年。2024年7月1日，该写字楼的账面余额为400 000 000元，公允价值为430 000 000元，转换后采用公允价值模式进行后续计量。（不考虑同一企业不得同时采用两种计量模式，下同）

【要求】根据上述业务资料，完成相关的会计处理。

【分析提示】会计分录如下：

业务1：2024年5月1日，将开发的写字楼确认为投资性房地产时：

借：投资性房地产——写字楼　　500 000 000

　贷：开发产品　　500 000 000

业务2：2024年7月1日，将开发的写字楼确认为投资性房地产时：

借：投资性房地产——写字楼（成本）　　430 000 000

　贷：开发产品　　400 000 000

　　　其他综合收益　　30 000 000

实务案例 4-8

【背景资料】浙江美华机械有限责任公司发生相关经济业务如下：

业务1：2024年5月10日，公司董事会就将其拥有的一栋办公楼用于出租形成了书面决议。2024年5月25日，公司与光辉广告公司签订了经营租赁协议，将这栋办公楼整体出租给光辉广告公司使用，租赁期开始日为2024年6月1日，租期为10年。2024年6月1日，该栋办公楼的账面原值为500 000 000元，已计提折旧5 000 000元，未计提固定资产减值准备。假设公司所在城市不存在活跃的房地产交易市场，转换后采用成本模式进行后续计量。

业务2：2024年8月，公司打算搬迁至新建的办公楼，由于原办公楼处于商业繁华地段，公司准备将其出租，以赚取租金收入，已经公司董事会批准形成书面决议。2024年12月底，公司完成搬迁工作，原办公楼停止自用。2025年1月1日，公司与红星投资公司签订了租赁协议，将其原办公楼租赁给红星投资公司使用，约定租赁期开始日为2025年1月1日，租赁期为5年。

该办公楼所在地房地产交易活跃，公司能够从市场上取得同类或类似房地产的市场价格及其他相关信息，公司对出租的该办公楼采用公允价值模式计量。2025年1月1日，该办公楼的公允价值为380 000 000元，其原值为550 000 000元，已提折旧150 000 000元，未计提固定资产减值准备。

【要求】根据上述业务资料，完成相关的会计处理。

【分析提示】会计分录如下：

业务1：2024年6月1日，将拥有的办公楼确认为投资性房地产时：

借：投资性房地产——办公楼　　500 000 000
　　累计折旧　　5 000 000
　贷：固定资产——办公楼　　500 000 000
　　　投资性房地产累计折旧　　5 000 000

业务2：2025年1月1日，将拥有的办公楼确认为投资性房地产时：

借：投资性房地产——办公楼（成本）　　380 000 000
　　公允价值变动损益　　20 000 000
　　累计折旧　　150 000 000
　贷：固定资产——办公楼　　550 000 000

拓展训练

投资性房地产取得

（二）投资性房地产的后续计量

投资性房地产的后续计量主要包括成本和公允价值两种模式，通常采用成本模式计量，满足特定条件时，可以采用公允价值模式计量。但是，同一企业只能采用一种模式对所有投资性房地产进行后续计量，不得同时采用两种计量模式。

1.投资性房地产成本模式

采用成本模式进行后续计量的投资性房地产，应当按照固定资产或无形资产的有关规定，按期（月）计提折旧或进行摊销；按期（月）确认租金收入；如果投资性房地产存在减值迹象的，经减值测试后确定发生减值的，应当计提减值准备。已经计提减值准备的投资性房地产，其减值损失在以后的会计期间不得转回。具体核算原理见表4-11。

表 4-11　　投资性房地产后续计量核算原理（成本模式）

序号	业务内容	会计处理
1	计提折旧	借：其他业务成本 　贷：投资性房地产累计折旧/摊销
2	取得租金	借：银行存款 　贷：其他业务收入 　　　应交税费——应交增值税（销项税额）
3	发生减值	借：资产减值损失 　贷：投资性房地产减值准备

实务案例 4-9

【背景资料】浙江美华机械有限责任公司发生相关经济业务如下：

2024年11月底，公司将一栋办公楼出租给南方公司使用，已确认为投资性房地产，采用成本模式进行后续计量。假设该栋办公楼的成本为1 200万元，按照直线法计提折旧，使用寿命为20年，预计净残值为零。按照经营租赁合同，南方公司每月支付租金6万元、增值税0.54万元。当年12月末，该栋办公楼发生减值迹象，经减值测试，其可收回金额为900万元，以前未计提相关的减值准备。

【要求】根据上述业务资料，完成相关的会计处理。

【分析提示】会计分录如下：

● 2024年12月末，计提折旧时：

每月计提的折旧=1 200÷20÷12=5（万元）

借：其他业务成本　　50 000

　贷：投资性房地产累计折旧　　50 000

● 2024年12月末，确认租金时：

借：银行存款　　65 400

　贷：其他业务收入　　60 000

　　　应交税费——应交增值税（销项税额）　　5 400

● 2024年12月末，计提减值准备时：

投资性房地产账面价值=1 200-5=1 195（万元）

应确认的投资性房地产减值准备=1 195-900=295（万元）

借：资产减值损失　　2 950 000

　贷：投资性房地产减值准备　　2 950 000

2.投资性房地产公允价值模式

企业有确凿证据表明其投资性房地产的公允价值能够持续可靠取得的，可以对投资性房地产采用公允价值模式进行后续计量。投资性房地产采用公允价值模式进行后续计量的，不计提折旧或进行摊销，企业应当以资产负债表日的公允价值为基础，调整其账面余额。同时，按期（月）确认租金收入。具体核算原理见表4-12。

表 4-12 投资性房地产后续计量核算原理（公允价值模式）

序号	业务内容		会计处理
1	期末公允价值变动	期末公允价值高于账面价值	借：投资性房地产——公允价值变动 　贷：公允价值变动损益
		期末公允价值低于账面价值	借：公允价值变动损益 　贷：投资性房地产——公允价值变动
2	取得租金		借：银行存款 　贷：其他业务收入 　　　应交税费——应交增值税（销项税额）

实务案例 4-10

【背景资料】浙江美华机械有限责任公司发生相关经济业务如下：

2024年8月，公司与南方会计咨询公司签订租赁协议，约定将其开发的一栋精装修的写字楼于开发完成的同时开始租赁给南方会计咨询公司使用，租赁期为1年，转换日该写字楼的公允价值与账面价值一致。当年10月1日，该写字楼开发完成并开始出租，写字楼的造价为1 000万元，同时收取租金12万元、增值税1.08万元。2024年10月31日，该写字楼的公允价值为1 200万元，采用公允价值模式计量。

【要求】根据上述业务资料，完成相关的会计处理。

【分析提示】会计分录如下：

● 2024年10月1日，确认投资性房地产时：

借：投资性房地产——写字楼（成本）　　10 000 000

　贷：开发产品　　10 000 000

● 2024年10月31日，确认租金收入时：

借：银行存款　　130 800

　贷：其他业务收入　　120 000

　　　应交税费——应交增值税（销项税额）　　10 800

● 2024年10月31日，以公允价值为基础调整其账面价值时：

公允价值变动金额=12 000 000-10 000 000=2 000 000（元）

借：投资性房地产——写字楼（公允价值变动）　　2 000 000

　贷：公允价值变动损益　　2 000 000

3.投资性房地产后续计量模式变更

拓展训练

投资性房地产后续计量

为保证会计信息的可比性，企业对投资性房地产的计量模式一经确定，不得随意变更。存在确凿证据表明投资性房地产的公允价值能够持续可靠取得、且能够满足采用公允价值模式条件的情况下，才允许企业对投资性房地产从成本模式计量变更为公允价值模式计量。成本模式转为公允价值模式的，应当作为会计政策变更处理，按计量模式变更时公允价值与账面价值之间的差额，调整期初留存收益。已采用公允价值模式计量的投资性房地产，不得从公允价值模式转为成本模式。具体核算原理见表4-13。

表 4-13　　投资性房地产后续计量模式变更核算原理

序号	业务内容	会计处理
1	成本模式变更为公允价值模式 （公允价值>账面价值）	借：投资性房地产——成本 　　投资性房地产累计折旧/摊销 　　投资性房地产减值准备 　贷：投资性房地产 　　　盈余公积 　　　利润分配——未分配利润
2	成本模式变更为公允价值模式 （公允价值<账面价值）	借：投资性房地产——成本 　　投资性房地产累计折旧/摊销 　　投资性房地产减值准备 　　盈余公积 　　利润分配——未分配利润 　贷：投资性房地产

实务案例 4-11

【背景资料】浙江美华机械有限责任公司发生相关经济业务如下：

假设公司的投资性房地产原采用成本模式进行后续计量。由于公司所在地的房地产市场现已比较成熟，房地产的公允价值能够持续可靠地取得，可以满足采用公允价值模式计量的条件，公司决定从2024年1月1日起，对投资性房地产采用公允价值模式进行后续计量。

假设公司作为投资性房地产核算的资产主要包括两项：一项是成本为15 600万元、累计已提折旧为2 100万元的写字楼；另一项是成本为3 800万元、累计已摊销金额为280万元的土地使用权。2024年1月1日，写字楼的公允价值为13 000万元，土地使用权的公允价值为4 000万元；公司按净利润的10%提取盈余公积。

【要求】根据上述业务资料，完成相关的会计处理。

【分析提示】会计分录如下：

●2024年1月1日，写字楼后续计量转为公允价值模式：

公司应调减盈余公积=［（15 600−2 100）−13 000］×10%=50（万元）

公司应调减未分配利润=［（15 600−2 100）−13 000］−50=450（万元）

借：投资性房地产——写字楼（成本）　　130 000 000
　　盈余公积　　500 000
　　利润分配——未分配利润　　4 500 000
　　投资性房地产累计折旧　　21 000 000
　贷：投资性房地产——写字楼　　156 000 000

●2024年1月1日，土地使用权后续计量转为公允价值模式：

公司应调增盈余公积=［4 000−（3 800−280）］×10%=48（万元）

公司应调增未分配利润=［4 000−（3 800−280）］−48=432（万元）

借：投资性房地产——土地使用权（成本）　　40 000 000
　　投资性房地产累计摊销　　2 800 000

拓展训练

投资性房地产模式转换

贷：投资性房地产——土地使用权 38 000 000
　　盈余公积 480 000
　　利润分配——未分配利润 4 320 000

（三）投资性房地产的处置

1.投资性房地产成本模式

企业采用成本模式计量的投资性房地产处置时，应当按实际收到金额，记入“其他业务收入”等科目；按照投资性房地产的账面价值，记入“其他业务成本”科目，具体核算原理见表4-14。

表4-14 投资性房地产处置核算原理（成本模式）

序号	业务内容	会计处理
1	确认处置收入	借：银行存款 　贷：其他业务收入 　　　应交税费——应交增值税（销项税额）
2	结转处置成本	借：其他业务成本 　　投资性房地产累计折旧/摊销 　　投资性房地产减值准备 　贷：投资性房地产

实务案例4-12

【背景资料】浙江美华机械有限责任公司发生相关经济业务如下：

公司将其出租的一栋写字楼确认为投资性房地产，采用成本模式进行后续计量。租赁期届满后，公司将该栋写字楼出售，取得的处置收入为15 000万元、增值税1 350万元；写字楼的成本为14 000万元，已计提折旧1 000万元。

【要求】根据上述业务资料，完成相关的会计处理。

【分析提示】会计分录如下：

●取得处置收入时：

借：银行存款 163 500 000
　贷：其他业务收入 150 000 000
　　　应交税费——应交增值税（销项税额） 13 500 000

●结转处置成本时：

借：其他业务成本 130 000 000
　　投资性房地产累计折旧 10 000 000
　贷：投资性房地产 140 000 000

2.投资性房地产公允价值模式

企业采用公允价值模式计量的投资性房地产处置时，应当按实际收到金额，记入“其他业务收入”等科目；按照投资性房地产的账面余额，记入“其他业务成本”科目。同时，结转投资性房地产累计公允价值变动，若存在原转换日计入其他综合收益的金额，也一并结转。具体核算原理见表4-15。

表 4-15　　投资性房地产处置核算原理（公允价值模式）

序号	业务内容		会计处理
1	确认处置收入		借：银行存款 　贷：其他业务收入 　　　应交税费——应交增值税（销项税额）
2	结转处置成本		借：其他业务成本 　　投资性房地产——公允价值变动（贷方余额） 　贷：投资性房地产——成本 　　　投资性房地产——公允价值变动（借方余额）
3	结转公允价值变动损益	结转“公允价值变动损益”借方余额	借：其他业务成本 　贷：公允价值变动损益
		结转“公允价值变动损益”贷方余额	借：公允价值变动损益 　贷：其他业务成本
4	结转其他综合收益		借：其他综合收益 　贷：其他业务成本

实务案例 4-13

【背景资料】浙江美华机械有限责任公司发生相关经济业务如下：

公司将其出租的一栋写字楼确认为投资性房地产，采用公允价值模式计量。租赁期届满后，公司将该栋写字楼出售给锦江公司，合同价款为 15 000 万元，增值税为 1 350 万元。锦江公司已用银行存款付清。出售时，该栋写字楼的成本为 12 000 万元，公允价值变动为借方余额 1 000 万元。

【要求】根据上述业务资料，完成相关的会计处理。

【分析提示】会计分录如下：

●取得处置收入时：

借：银行存款	163 500 000	
贷：其他业务收入		150 000 000
应交税费——应交增值税（销项税额）		13 500 000

●结转处置成本时：

借：其他业务成本	130 000 000	
贷：投资性房地产——成本		120 000 000
——公允价值变动		10 000 000

●结转公允价值变动损益时：

借：公允价值变动损益	10 000 000	
贷：其他业务成本		10 000 000

任务 3 其他资产业务

其他资产是指除货币资金、交易性金融资产、应收及预付款项、存货、债权投资、其他债权投资、长期股权投资、固定资产、无形资产等以外的资产，如长期待摊费用等。

任务 3
其他资产业务

票据百宝箱

长期待摊费用摊销表（具体见表 4-16）是用于反映长期待摊费用明细情况的工作表格，具体内容主要包括：项目名称、转入时间、摊销金额、摊销年限、月摊销额、剩余摊销额等信息。

表 4-16 长期待摊费用摊销表

年 月

项目名称	转入时间	摊销金额	摊销年限	月摊销额	剩余摊销额
合计					

部门负责人： 复核人： 制单人：

长期待摊费用是指企业已经发生但应当由本期和以后各期负担的分摊期限在一年以上的各项费用，如以租赁方式租入的固定资产发生的改良支出等。企业应设置“长期待摊费用”科目对此类项目进行核算，并可按费用项目进行明细核算。

长期待摊费用

长期待摊费用的账务处理，主要包括归集长期待摊费用、摊销长期待摊费用两个部分。具体核算原理见表 4-17。

表 4-17 长期待摊费用核算原理

序号	业务内容	会计处理
1	归集长期待摊费用	借：长期待摊费用 贷：银行存款 原材料 应付职工薪酬
2	摊销长期待摊费用	借：管理费用 销售费用 贷：长期待摊费用

实务案例 4-14

【背景资料】浙江美华机械有限责任公司发生相关经济业务如下：

2024年4月1日，公司对其以租赁方式租入的设备进行维修，发生以下有关支出：领用生产材料585 000元，购进该批原材料支付的增值税进项税额为76 050元；辅助生产车间为该装修工程提供的劳务支出为180 000元；有关人员工资等职工薪酬为435 000元。2024年11月30日，该设备修理完工，达到预定可使用状态并交付使用，按租赁期10年开始进行摊销。

【要求】根据上述业务资料，完成相关的会计处理。

【分析提示】会计分录如下：

● 维修领用原材料时：

借：长期待摊费用　　585 000

　贷：原材料　　585 000

● 辅助生产车间为维修工程提供劳务时：

借：长期待摊费用　　180 000

　贷：生产成本——辅助生产成本　　180 000

● 确认工程人员职工薪酬时：

借：长期待摊费用　　435 000

　贷：应付职工薪酬　　435 000

● 2024年12月摊销维修支出时：

该维修工程总支出=585 000+180 000+435 000=1 200 000（元）

2024年12月应摊销维修支出=1 200 000÷10÷12=10 000（元）

借：管理费用　　10 000

　贷：长期待摊费用　　10 000

拓展训练

长期待摊费用

同步测验

一、单项选择题

1.甲公司为增值税一般纳税人，2024年1月5日以2 700万元购入一项专利权，另支付相关税费120万元。为推广由该专利权生产的产品，甲公司发生广告宣传费60万元。该专利权预计使用5年，预计净残值为零，采用直线法摊销。假设不考虑其他因素，2024年12月31日该专利权的账面价值为（　　）万元。

A.2 160　　B.2 256　　C.2 304　　D.2 700

2.2024年8月1日，甲企业开始研究开发一项新技术，当月共发生研发支出800万元，其中：费用化的金额为650万元，符合资本化条件的金额为150万元。8月末，研发活动尚未完成。该企业2024年8月应计入当期利润总额的研发支出为（　　）。

A.0　　B.150万元　　C.650万元　　D.800万元

3.下列关于无形资产的后续计量的说法中，正确的是（　　）。

A.使用寿命不确定的无形资产应该按系统合理的方法摊销

B.使用寿命不确定的无形资产，其摊销金额应按10年摊销

C.企业无形资产摊销方法，应当反映与该项无形资产有关的经济利益的预期消耗方式

D.无形资产的摊销方法只有直线法

4.甲公司2022年年初开始进行新产品研究开发，2022年度投入研究费用300万元，2023年度投入开发费用600万元（假定均符合资本化条件），至2024年年初获得成功，并向国家专利局提出专利权申请且获得专利权，实际发生注册登记费等90万元。该项专利权法律保护年限为10年，预计使用年限为12年。

则甲公司对该项专利权2024年度应摊销的金额为（　　）万元。

A.55　　B.69　　C. 80　　D. 96

5. 甲企业转让一项专利权，该专利权的账面余额为50万元，已摊销20万元，计提资产减值准备5万元，取得转让价款28万元，应交增值税1.68万元。假设不考虑其他因素，该企业应确认的转让无形资产净收益为（　　）万元。

A.-2　　B.1.32　　C.3　　D. 8

6. 下列关于投资性房地产核算的表述中，正确的是（　　）。

A. 采用成本模式计量的投资性房地产不需确认减值损失

B. 采用成本模式计量的投资性房地产不需计提折旧

C. 采用公允价值模式计量的投资性房地产，公允价值的变动金额应计入资本公积

D. 采用公允价值模式计量的投资性房地产，公允价值变动应计入公允价值变动损益

7. 企业对以公允价值模式进行后续计量的投资性房地产取得的租金收入，应该贷记（　　）科目。

A. "其他业务收入"　　B. "管理费用"　　C. "营业外收入"　　D. "投资收益"

8. 甲企业采用成本模式对投资性房地产进行后续计量，2024年9月20日将达到预定可使用状态的自行建造的办公楼对外出租。该办公楼建造成本为5 200万元，预计使用年限为25年，预计净残值为200万元。在采用年限平均法计提折旧的情况下，2024年该办公楼应计提的折旧额为（　　）。

A.0　　B.50万元　　C.200万元　　D.100万元

9. 甲企业于2022年1月1日购入一项专利权，实际支付款项200万元，按10年的预计使用寿命采用直线法摊销。2023年年末，该无形资产的可收回金额为120万元；2024年1月1日，对无形资产的使用寿命和摊销方法进行复核，该无形资产的尚可使用寿命为5年，摊销方法仍采用直线法。该专利权2024年应摊销的金额为（　　）万元。

A.20　　B.24　　C.32　　D.30

10. 以租赁方式租入的固定资产发生的改良支出，应借记（　　）科目。

A. "固定资产"　　B. "在建工程"　　C. "长期待摊费用"　　D. "管理费用"

二、多项选择题

1. 下列各项中，属于投资性房地产的有（　　）。

A. 房地产企业持有的待售商品房　　B. 以经营租赁方式出租的商品房

C. 以经营租赁方式出租的土地使用权　　D. 以经营租赁方式租入后再转租的建筑物

2. 下列有关投资性房地产后续计量会计处理的表述中，正确的有（　　）。

A. 不同企业可以分别采用成本模式或公允价值模式

B. 满足特定条件时可以采用公允价值模式

C. 同一企业可以分别采用成本模式和公允价值模式

D. 同一企业不得同时采用成本模式和公允价值模式

3. 下列各项资产减值准备中，一经确认在相应资产持有期间内均不得转回的有（　　）。

A. 坏账准备　　B. 固定资产减值准备

C. 存货跌价准备　　D. 投资性房地产减值准备

4. 企业对使用寿命有限的无形资产进行摊销时，其摊销额应根据不同情况分别计入（　　）。

A. 管理费用　　B. 制造费用　　C. 财务费用　　D. 其他业务成本

5. 下列关于无形资产会计处理的表述中，正确的有（　　）。

A. 无形资产均应确定预计使用年限并分期摊销

B. 有偿取得的自用土地使用权应确认为无形资产

C. 内部研发项目开发阶段支出应全部确认为无形资产

D. 无形资产减值损失一经确认在以后会计期间不得转回

6.企业采用公允价值模式对投资性房地产进行后续计量，下列说法中正确的有（　　）。

A.企业应对已出租的建筑物计提折旧

B.企业应对已出租的土地使用权摊销

C.企业不应对已出租的土地使用权进行摊销

D.企业应当以资产负债表日投资性房地产的公允价值为基础调整其账面价值，公允价值与原账面价值之间的差额计入当期损益

7.关于内部研究开发费用的确认和计量，下列说法中正确的有（　　）。

A.企业研究阶段的支出应全部费用化，计入当期损益

B.企业开发阶段的支出，符合资本化条件的应资本化

C.企业开发阶段的支出应全部费用化，计入当期损益

D.企业开发阶段的支出应全部资本化，计入无形资产成本

8.下列有关无形资产会计处理的表述中，错误的有（　　）。

A.无形资产后续支出应当在发生时计入当期损益

B.不能为企业带来经济利益的无形资产的账面价值，应该全部转入当期的营业外支出

C.企业自用的、使用寿命确定的无形资产的摊销金额，应该全部计入当期管理费用

D.使用寿命有限的无形资产应当在取得当月起开始摊销

9.下列各项关于无形资产会计处理的表述中，错误的有（　　）。

A.内部产生的商誉应确认为无形资产

B.计提的无形资产减值准备在该资产价值恢复时应予转回

C.使用寿命不确定的无形资产账面价值均应按10年平均摊销

D.以支付土地出让金方式取得的自用土地使用权应单独确认为无形资产

10.下列各项中，会引起无形资产账面价值发生增减变动的有（　　）。

A.对无形资产计提减值准备

B.企业内部研究开发项目研究阶段发生的支出

C.摊销无形资产成本

D.企业内部研究开发项目开发阶段不满足无形资产资本化确认条件的支出

三、判断题

1.企业只能采用成本模式对投资性房地产进行后续计量，不得采用公允价值模式对投资性房地产进行后续计量。（　　）

2.采用成本模式进行后续计量的投资性房地产，其后续计量原则与固定资产或无形资产相同。（　　）

3.投资性房地产采用公允价值模式进行后续计量的，应按资产负债表日该资产的公允价值调整其账面价值。（　　）

4.采用公允价值模式进行后续计量的投资性房地产，应根据其预计使用寿命计提折旧或进行摊销。（　　）

5.无形资产是指企业拥有或控制的没有实物形态的非货币性资产，包括可辨认非货币性无形资产和不可辨认非货币性无形资产。（　　）

6.企业无法区分研究阶段和开发阶段支出的，应将其所发生的研发支出全部资本化计入无形资产成本。（　　）

7.以租赁方式租入的固定资产发生的改良支出等，企业应通过“长期待摊费用”科目核算。（　　）

8.投资性房地产，是指为赚取租金或资本增值，或两者兼有而持有的房地产。（　　）

9.自行建造投资性房地产的成本，由建造该项资产达到预定可使用状态前所发生的必要支出构成。（　　）

10. 投资性房地产只能由成本模式转换为公允价值模式，不能由公允价值模式转换为成本模式。（　）

四、计算分析题

1. 甲公司自行研究开发一项专利技术，与该项专利技术有关的资料如下：

（1）2024年1月，该项研发活动进入开发阶段，以银行存款支付开发费用280万元，其中满足资本化条件的为150万元。2024年7月1日，开发活动结束，并按法律程序申请取得专利权，供企业行政管理部门使用。假设不考虑相关税费。

（2）法律规定该项专利权有效期为5年，采用直线法摊销。

（3）2024年12月1日，将该项专利权转让，实际取得价款160万元、应交增值税9.6万元，款项已存入银行。

要求：（1）编制公司发生开发支出的会计分录。

（2）编制公司结转费用化开发支出的会计分录。

（3）编制公司取得专利权的会计分录。

（4）计算公司2024年7月专利权摊销金额并编制会计分录。

（5）编制公司转让专利权的会计分录。（金额单位用万元表示）

2. 甲公司为增值税一般纳税人，增值税税率为13%。公司对投资性房地产按照成本模式进行后续计量。假设不考虑其他相关税费。

（1）2024年5月1日，公司自行建造一栋办公楼，购入工程物资一批，增值税专用发票上注明的买价为400万元、增值税为52万元，工程物资已验收入库。

（2）工程领用全部工程物资，同时领用本公司自产产品一批，该批产品的实际成本为40万元，税务部门核定的计税价格为50万元，适用的增值税税率为13%。

（3）应付工程人员工资及福利费等共计1 200万元。

（4）2024年6月30日，工程达到预定可使用状态并交付使用。该办公楼预计使用年限为40年，预计净残值为零，采用直线法计提折旧。

（5）该公司于2024年年末将该建筑物作为投资性房地产对外出租，采用成本模式进行投资性房地产后续计量。2025年取得租金收入20万元，款项已收取。假设不考虑相关税费。

（6）2026年1月1日该项投资性房地产公允价值为600万元。公司认为对外出租的该项投资性房地产，其所在地的房地产交易市场比较成熟，具备了采用公允价值模式计量的条件，决定对该项投资性房地产从成本模式转换为公允价值模式计量。假定公司按净利润的10%计提法定盈余公积。

要求：（1）根据上述资料编制与固定资产相关的会计分录。

（2）编制公司将自有房地产转为采用成本模式计量的投资性房地产的相关会计分录。

（3）编制2026年1月1日会计政策变更的会计分录。

3. 甲公司2019年1月1日以银行存款300万元购入一项专利权。该项无形资产的预计使用年限为10年，2021年年末预计该项无形资产的可收回金额为100万元。该公司2020年1月内部研发成功并可供使用非专利技术账面价值为150万元，无法预见这一非专利技术为企业带来未来经济利益的期限，2021年年末预计其可收回金额为130万元，预计该非专利技术可以继续使用4年，该企业按年摊销无形资产。

要求：（1）计算2021年计提的减值准备，并作出会计分录。

（2）计算2023年无形资产的摊销金额，并作出会计分录。

4. 甲公司2019年至2024年无形资产业务有关的资料如下：

（1）2019年11月12日，以银行存款450万元购入一项无形资产，其中相关税费6万元。该无形资产的预计使用年限为10年。

（2）2022年12月31日，预计该无形资产的可收回金额为205万元。该无形资产发生减值后，原预计使用年限不变。

（3）2023年12月31日，预计该无形资产的可收回金额为70万元，调整该无形资产减值准备后，原预计使用年限不变。

（4）2024年12月31日，将该无形资产对外出售，取得不含税价款100万元并收存银行，增值税税率为6%。

要求：根据上述资料，完成相关会计处理。

5. 甲公司于2021年12月31日将一建筑物对外出租并采用成本模式计量，租期为3年，每年12月31日收取租金150万元。出租时，该建筑物的成本为2 800万元，已提折旧500万元，已提减值准备300万元，尚可使用年限为20年，公司对该建筑物采用年限平均法计提折旧，无残值。2022年12月31日，该建筑物的公允价值减去处置费用后的净额为2 000万元，预计未来现金流量现值为1 950万元。2023年12月31日，该建筑物的公允价值减去处置费用后的净额为1 650万元，预计未来现金流量现值为1 710万元。2024年12月31日，该建筑物的公允价值减去处置费用后的净额为1 650万元，预计未来现金流量现值为1 700万元，假定不考虑相关税费。

要求：根据上述资料，完成相关会计处理。（金额单位用万元表示）

6. 甲公司于2021年1月1日将一幢商品房对外出租并采用公允价值模式计量，租期为3年，每年12月31日收取租金100万元。出租时，该幢商品房的成本为2 000万元，公允价值为2 200万元；2021年12月31日，该幢商品房的公允价值为2 150万元；2022年12月31日，该幢商品房的公允价值为2 120万元；2023年12月31日，该幢商品房的公允价值为2 050万元。2024年1月5日公司将该幢商品房对外出售，收到2 080万元存入银行。假设不考虑相关税费。

要求：根据上述资料，完成相关会计处理。（金额单位用万元表示）

参考答案

大国工匠

为智慧港口提质增效的装载机司机郭凯

项目五　往来结算岗位

学习目标

- 理解往来结算岗位的相关会计规范要求
- 掌握应收款项的会计核算方法
- 掌握应付款项的会计核算方法
- 掌握应付职工薪酬的会计核算方法
- 掌握往来结算岗位的账务处理

岗位工作导图

往来结算岗位工作导图如图5-1所示。

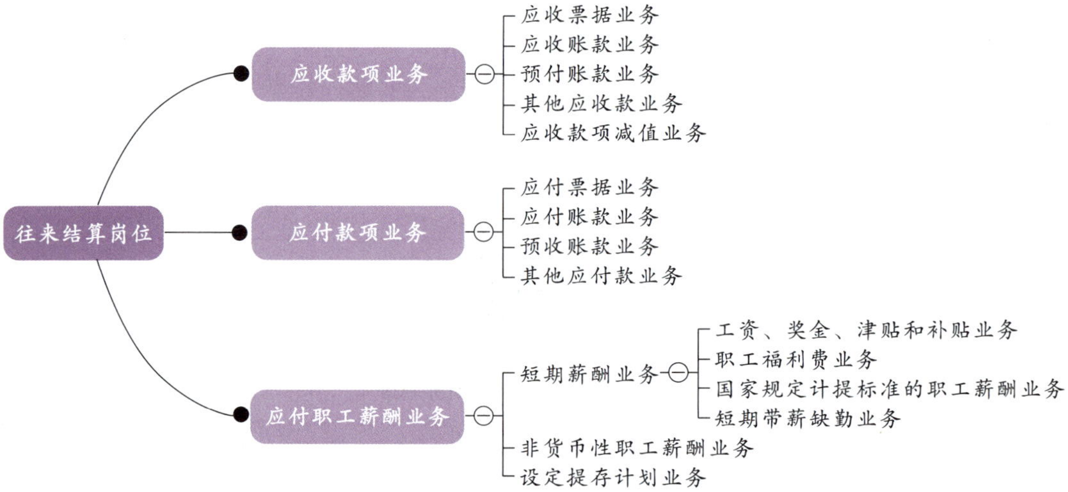

图5-1　往来结算岗位工作导图

任务1　应收款项业务

任务1

应收款项业务

应收及预付款项是指企业在日常生产经营过程中发生的各项债权，包括应收款项和预付款项。应收款项包括应收票据、应收账款和其他应收款等；预付款项则是指企业按照合同规定预付的款项，如预付账款等。

一、应收票据

（一）应收票据的基本认知

应收票据是指企业因销售商品、提供劳务等而收到的商业汇票。商业汇票是一种由出票人签发的，委托付款人在指定日期无条件支付确定金额给收款人或者持票人的票据。根据承兑人不同，商业汇票分为商业承兑汇票和银行承兑汇票。

商业汇票的付款期限，最长不得超过6个月。定日付款的汇票，付款期限自出票日起计算，并在汇票上记载具体到期日。出票后定期付款的汇票，付款期限自出票日起按月计算，并在汇票上记载。见票后定期付款的汇票，付款期限自承兑或拒绝承兑日起按月计算，并在汇票上记载。商业汇票的提示付款期限，为自汇票到期日起10日。符合条件的商业汇票持票人，可以持未到期的商业汇票连同贴现凭证向银行申请贴现。

票据百宝箱

商业承兑汇票（具体如图5-2所示）是指由付款人签发并承兑，或由收款人签发交由付款人承兑的汇票。商业承兑汇票的付款人收到开户银行的付款通知，应在当日通知银行付款。付款人在接到通知日的次日起3日内（遇法定休假日顺延）未通知银行付款的，视同付款人承诺付款。银行将于付款人接到通知日的次日起第4日（遇法定休假日顺延），将票款划给持票人。付款人提前收到由其承兑的商业汇票，应通知银行于汇票到期日付款。银行在办理划款时，付款人存款账户不足支付的，银行应填制付款人未付票款通知书，连同商业承兑汇票邮寄持票人开户银行转交持票人。

商业承兑汇票　　2　　AB 01　　00354729

出票日期（大写）　　年　　月　　日

付款人	全　称		收款人	全　称	
	账　号			账　号	
	开户银行			开户银行	
出票金额	人民币（大写）		亿 千 百 十 万 千 百 十 元 角 分		
汇票到期日（大写）			付款行	行号	
交易合同号码				地址	
本汇票已经承兑，到期无条件支付票款 承兑人签章： 承兑日期：　年　月　日			本汇票请予以承兑，于到期日汇款 出票人签章：		

此联收款人开户行随托收凭证寄付款行作借方凭证附件

注意事项

一、本票在指定的城市范围使用。

二、本票经背书可以转让。

被背书人	被背书人	被背书人
背书人签章 年　月　日	背书人签章 年　月　日	背书人签章 年　月　日

图5-2　商业承兑汇票

（二）应收票据的账务处理

为了反映和监督应收票据取得、票款收回等情况，企业应当设置“应收票据”科目。“应收票据”科目可按照开出、承兑商业汇票的单位进行明细核算，并设置“应收票据备查簿”，逐笔登记商业汇票的种类、号数和出票日、票面金额、交易合同号码和付款人、承兑人、背书人的姓名或单位名称、到期日、背书转让日、贴现日、贴现率和贴现净额以及收款日和收回金额、退票情况等资料。商业汇票到期结清票款或退票后，在备查簿中应予注销。

应收票据

1.应收票据的取得

应收票据取得的原因不同，其账务处理也有所区别。应收票据的取得主要包括因债务人抵偿前欠货款而取得的应收票据，因企业销售商品、提供劳务等而收到开出、承兑的商业汇票等情况，具体核算原理见表5-1。

表5-1　应收票据取得核算原理

序号	业务内容	会计处理
1	因债务人抵偿前欠货款而取得的应收票据	借：应收票据 　贷：应收账款
2	因企业销售商品、提供劳务等而收到开出、承兑的商业汇票	借：应收票据 　贷：主营业务收入 　　　应交税费——应交增值税（销项税额）

实务案例5-1

【背景资料】浙江美华机械有限责任公司发生相关经济业务如下：

业务1：2024年5月1日，公司向北方公司销售一批产品，价款为2 500 000元，款项尚未收到，已办妥托收手续，适用的增值税税率为13%。

业务2：2024年5月15日，公司收到红星公司寄来的一张5个月期的银行承兑汇票，面值为2 755 000元，抵付其前欠的产品购货款和增值税税款。

【要求】根据上述业务资料，完成相关的会计处理。

【分析提示】会计分录如下：

业务1：2024年5月1日，销售商品款项未收时：

借：应收账款——北方公司　　2 825 000
　贷：主营业务收入　　2 500 000
　　　应交税费——应交增值税（销项税额）　　325 000

业务2：2024年5月15日，收到抵付货款的票据时：

借：应收票据——红星公司　　2 755 000
　贷：应收账款——红星公司　　2 755 000

2.应收票据的到期

商业汇票到期可以分为收回到期票款、不能收回到期票款等两种情况，具体核算原理见表5-2。

表5-2　　　　　　　　　　　　**应收票据到期核算原理**

序号	业务内容	会计处理
1	商业汇票到期收回款项	借：银行存款 　贷：应收票据
2	商业汇票到期无法收回款项	借：应收账款 　贷：应收票据

实务案例5-2

【背景资料】浙江美华机械有限责任公司发生相关经济业务如下：

2024年10月15日，公司持有的红星公司5个月期的应收票据到期，收回票面金额2 755 000元，存入银行。

【要求】根据上述业务资料，完成相关的会计处理。

【分析提示】会计分录如下：

借：银行存款　　　　　　　　　　　　　　　　2 755 000

　贷：应收票据——红星公司　　　　　　　　　　　　2 755 000

3.应收票据的转让

企业根据业务的需要，可以将自己持有的商业汇票进行背书转让。背书是指在票据背面或者粘单上记载有关事项并签章的票据行为。对于背书转让的票据，背书人应当承担责任。对于票据贴现，将区分银行不拥有追索权、银行拥有追索权等情况。具体核算原理见表5-3。

表5-3　　　　　　　　　　　　**应收票据转让核算原理**

<table>
<tr><th>序号</th><th colspan="2">业务内容</th><th>会计处理</th></tr>
<tr><td>1</td><td colspan="2">背书转让以取得所需物资</td><td>借：材料采购/原材料/库存商品
　　应交税费——应交增值税（进项税额）
　贷：应收票据
　借/贷：银行存款（差额）</td></tr>
<tr><td rowspan="2">2</td><td rowspan="2">票据贴现</td><td>银行不拥有追索权</td><td>借：银行存款（按实际收到的金额）
　　财务费用（贴现息）
　贷：应收票据（按商业汇票的票面金额）</td></tr>
<tr><td>银行拥有追索权</td><td>借：银行存款（按实际收到的金额）
　　财务费用（贴现息）
　贷：短期借款（按商业汇票的票面金额）</td></tr>
</table>

实务案例5-3

【背景资料】浙江美华机械有限责任公司发生相关经济业务如下：

业务1：2024年5月15日，公司将其持有的面值2 000 000元、期限为3个月的商业承兑汇票进行背书转让，以取得生产经营所需的甲材料，该材料价款为1 500 000元，适用的增值税税率为13%。

业务2：2024年5月18日，公司因临时资金需要，将其持有的银行承兑汇票向银行办理贴现，贴现率为6%，贴现期为30天。该票据面值为35 100元，利率为5%，期限3个月。

【问题】根据上述业务资料，完成相关的会计处理。

【分析提示】会计分录如下：

业务1：2024年5月15日，背书转让商业承兑汇票时：

借：原材料　　1 500 000
　　应交税费——应交增值税（进项税额）　　195 000
　　银行存款　　305 000
　贷：应收票据　　2 000 000

业务2：2024年5月18日，向银行办理贴现时：

票据到期值=35 100×（1+5%÷12×3）=35 538.75（元）

贴现息=35 538.75×6%÷360×30=177.69（元）

贴现净额=35 538.75−177.69=35 361.06（元）

票据到期利息=35 100×5%÷12×3=438.75（元）

利息费用=177.69−438.75=−261.06（元）

借：银行存款　　35 361.06
　贷：应收票据　　35 100
　　　财务费用　　261.06

拓展训练
应收票据贴现

二、应收账款

应收账款是指企业因销售商品、提供劳务等经营活动，应向购货单位或接受劳务单位收取的款项，主要包括企业销售商品或提供劳务等应向有关债务人收取的价款及代购货单位垫付的包装费、运杂费等。

为了反映和监督应收账款的增减变动及其结存情况，企业应设置“应收账款”科目；不单独设置“预收账款”科目的企业，预收的账款也在“应收账款”科目核算。

应收账款

应收账款会计核算主要包括取得应收账款、收回应收账款等内容，具体核算原理见表5-4。

表5-4　应收账款核算原理

序号	业务内容	会计处理
1	取得应收账款	借：应收账款 　贷：主营业务收入 　　　应交税费——应交增值税（销项税额）
2	收回应收账款	借：银行存款 　　应收票据 　贷：应收账款

实务案例5-4

【背景资料】浙江美华机械有限责任公司发生相关经济业务如下：

业务1：2024年5月27日，公司采用托收承付结算方式向荣达公司销售商品一批，价款300 000元、增值税39 000元，以银行存款代垫运杂费9 000元，已办理托收手续。

业务2：2024年5月28日，公司收到广恒公司交来的商业承兑汇票一张，面值20 000元，用以偿还前欠货款。

【要求】根据上述业务资料，完成相关的会计处理。

【分析提示】会计分录如下：

业务1：2024年5月27日，销售商品款项未收时：

借：应收账款——荣达公司　　348 000

　贷：主营业务收入　　300 000

　　应交税费——应交增值税（销项税额）　　39 000

　　银行存款　　9 000

业务2：2024年5月28日，收到抵付货款的票据时：

借：应收票据——广恒公司　　20 000

　贷：应收账款——广恒公司　　20 000

拓展训练

应收账款核算

预付账款

三、预付账款

预付账款是指企业按照合同规定预付的款项。为了反映和监督预付账款的增减变动及其结存情况，企业应当设置“预付账款”科目。预付款项情况不多的企业，可以不设置“预付账款”科目，而将预付的款项通过“应付账款”科目核算。具体核算原理见表5-5。

表5-5　预付账款核算原理

序号	业务内容	会计处理
1	预付货款	借：预付账款 　贷：银行存款
2	收到所购物资	借：材料采购/原材料/库存商品 　应交税费——应交增值税（进项税额） 　贷：预付账款
3	补付货款	借：预付账款 　贷：银行存款
4	收回多余款项	借：银行存款 　贷：预付账款

实务案例5-5

【背景资料】浙江美华机械有限责任公司发生相关经济业务如下：

2024年6月10日，公司向希望公司采购甲材料5 000千克，每千克单价10元，所需支付的价款总计50 000元。按照合同规定向希望公司预付价款（不含税）的50%，验收货物后补付其余款项。6月15日，收到希望公司发来的5 000千克材料，验收无误，增值税专用发票上记载的价款为50 000元、增值税为6 500元，以银行存款补付所欠款项31 500元。

【要求】根据上述业务资料，完成相关的会计处理。

【分析提示】会计分录如下：

●2024年6月10日，预付货款时：

借：预付账款——希望公司　25 000

　贷：银行存款　25 000

●2024年6月15日，收到货物时：

借：原材料——甲材料　50 000

　　应交税费——应交增值税（进项税额）　6 500

　贷：预付账款——希望公司　56 500

●2024年6月15日，补付货款时：

借：预付账款——希望公司　31 500

　贷：银行存款　31 500

拓展训练

预付账款核算

四、其他应收款

其他应收款是指企业除应收票据、应收账款、预付账款等以外的其他各种应收及暂付款项。其主要内容包括：

①应收的各种赔款、罚款，如因企业财产等遭受意外损失而应向有关保险公司收取的赔款等；

②应收的出租包装物租金；

③应向职工收取的各种垫付款项，如为职工垫付的水电费、应由职工负担的医药费、房租费等；

④存出保证金，如租入包装物支付的押金；

⑤其他各种应收、暂付款项。

为了反映和监督其他应收账款的增减变动及其结存情况，企业应当设置“其他应收款”科目进行核算。具体核算原理见表5-6。

账户

其他应收款

表5-6　其他应收款核算原理

序号	业务内容	会计处理
1	其他应收款形成	借：其他应收款 　贷：银行存款
2	其他应收款收回	借：银行存款 　贷：其他应收款

实务案例5-6

【背景资料】浙江美华机械有限责任公司发生相关经济业务如下：

业务1：2024年7月2日，公司在采购过程中发生材料毁损，按保险合同的规定，应由平安保险公司赔偿损失50 000元，赔款尚未收到。假定公司对原材料采用计划成本进行日常核算。

业务2：2024年7月15日，公司以银行存款替职工李大同垫付应由其个人负担的医疗费5 000元，7月31日，公司从其工资中扣回。

业务3：2024年8月11日，公司向阳光公司租入包装物一批，以银行存款向阳光公司支付押金10 000元。

业务4：2025年8月11日，公司按期如数向阳光公司退回所租包装物，并收到阳光公司退还的押金10 000元，并存入银行。

【要求】根据上述业务资料，完成相关的会计处理。

【分析提示】会计分录如下：

业务1：2024年7月2日，采购的材料发生毁损时：

借：其他应收款——平安保险公司　　50 000

　贷：材料采购　　50 000

业务2：●2024年7月15日，垫付医疗费时：

借：其他应收款——李大同　　5 000

　贷：银行存款　　5 000

●2024年7月31日，扣回医疗费时：

借：应付职工薪酬　　5 000

　贷：其他应收款——李大同　　5 000

业务3：2024年8月11日，支付包装物押金时：

借：其他应收款——阳光公司　　10 000

　贷：银行存款　　10 000

业务4：2025年8月11日，收回包装物押金时：

借：银行存款　　10 000

　贷：其他应收款——阳光公司　　10 000

拓展训练

其他应收款核算

五、应收款项减值

（一）应收款项减值损失的确认

企业的各项应收款项，可能会因购货人拒付、破产、死亡等原因而无法收回。无法收回的应收款项则为坏账，企业因坏账而遭受的损失为坏账损失。企业应当在资产负债表日对应收款项的账面价值进行检查，有客观证据表明应收款项发生减值的，应当将该应收款项的账面价值减记至预计未来现金流量现值，减记的金额确认为减值损失，同时计提坏账准备。

确定应收款项减值有两种方法，即直接转销法和备抵法。我国企业会计准则规定，确定应收款项的减值只能采用备抵法，不得采用直接转销法。

1.直接转销法

采用直接转销法时，日常核算中应收款项可能发生的坏账损失不予考虑，只有在实际发生坏账时，才作为坏账损失计入当期损益，同时直接冲销应收款项。

直接转销法的优点是账务处理简单，其缺点是不符合权责发生制，与资产定义相冲突。在该方法下，只有坏账实际发生时，才将其确认为当期费用，导致资产不实、各期损益不实；同时，在资产负债表上，应收账款是按账面余额而不是按账面价值反映，一定程度上歪曲了期末的财务状况。所以，一般不采用直接转销法。

2.备抵法

备抵法是采用一定的方法按期估计坏账损失，计入当期损益，同时建立坏账准备，待坏账实际发生时，冲销已提的坏账准备和相应的应收款项。采用这种方法，在报表上列示应收款项的净额，使报表使用者能了解企业应收款项的可收回金额。以应收账款为例，在备抵法下，企业每期期末要进行应收账款减值损失的测试，具体分为以下两种情况：

第一，单项金额重大的应收账款。对于单项金额重大的应收账款，应当单独进行减值测试。有客观证据表明其发生了减值的，应当根据其未来现金流量现值低于其账面价值的差额，确认减值损失，计提坏账准备。

第二，单项金额非重大的应收账款。对于单项金额非重大的应收账款可以单独进行减值测试，确定减值损失，计提坏账准备；也可以与经单独测试后未减值的应收账款一起按类似信用风险特征划分为若干组合，再按这些应收账款组合在资产负债表日余额的一定比例计算确定减值损失，计提坏账准备。根据应收款项组合余额的一定比例计算确定的坏账准备，应当反映各项目实际发生的减值损失，即各项组合的账面价值超过其未来现金流量的现值的金额。

短期应收款项的预计未来现金流量与其现值相差很小的，在确定相关减值损失时，可不对其预计未来现金流量进行折现。

（二）坏账准备的账务处理

企业应当设置“坏账准备”科目，核算应收款项的坏账准备计提、转销等情况。企业当期计提的坏账准备应当计入资产减值损失。

坏账准备

坏账准备的计算公式如下：

当期应计提的坏账准备=当期按照应收款项计算坏账准备期末金额

－“坏账准备”科目的贷方余额

或　　＋“坏账准备”科目的借方余额

视频

应收款项减值

企业可以选用应收款项余额百分比法、账龄分析法、个别认定法等估计应收款项的减值损失。应收款项减值损失的估计方法一经确定，不得随意变更。

1.应收款项余额百分比法

应收款项余额百分比法是根据期末应收款项余额和估计的坏账率，估计应收款项减值损失、计提坏账准备的方法。坏账率可以参照以往的数据资料确定。其基本计算公式如下：

当期按照应收款项计算坏账准备期末余额=期末应收款项余额×估计的坏账率

实务案例5-7

【背景资料】浙江美华机械有限责任公司发生相关经济业务如下：

假设公司采用应收款项余额百分比法计提坏账准备，2024年年末应收账款的余额为1 800 000元，根据以往的经验和资料，公司提取坏账损失的比例为4%，以前年度未计提相关坏账准备。假设其他应收款项未发生减值。

【要求】根据上述业务资料，计算公司坏账准备的期末余额。

【分析提示】

当期按照应收账款计算坏账准备期末余额=1 800 000×4%=72 000（元）

2.账龄分析法

账龄分析法是根据应收款项账龄的长短以及当前的具体情况，估计坏账损失的方法。账龄是指客户所欠账款逾期的时间。通常情况下，账龄长短与发生坏账的可能性是成正比的。

采用账龄分析法，应先将企业应收款项按账龄长短划分为若干区段，计算各个区段上应收款项的金额，并为每一个区段估计一个坏账损失的百分比，并在此基础上，进行坏账损失的估计。

实务案例5-8

【背景资料】浙江美华机械有限责任公司发生相关经济业务如下：

假设公司采用账龄分析法计提坏账准备，2024年年末应收账款账龄分析及坏账估算见表5-7，以前年度未计提相关坏账准备。

表5-7　　账龄分析及坏账估算表（一）

应收账款账龄	应收账款期末余额（元）	估计坏账率（%）	估计坏账金额（元）
未过信用期	1 000 000	1	
过期1个月	800 000	2	
过期2个月	500 000	3	
过期3个月	200 000	5	
过期3个月以上	150 000	8	
合　计	2 650 000	—	

【要求】根据上述业务资料，计算公司坏账准备的期末余额。

【分析提示】计算过程见表5-8。

表5-8　　账龄分析及坏账估算表（二）

应收账款账龄	应收账款期末余额（元）	估计坏账率（%）	估计坏账金额（元）
未过信用期	1 000 000	1	10 000
过期1个月	800 000	2	16 000
过期2个月	500 000	3	15 000
过期3个月	200 000	5	10 000
过期3个月以上	150 000	8	12 000
合　计	2 650 000	—	63 000

经计算：公司“坏账准备”科目的期末余额=63 000元

3.个别认定法

个别认定法是根据每一应收款项的情况来估计坏账损失的方法。如果某项应收款项的可收回性与其他各项应收款项存在明显的差别（如债务单位处于特定地区等），导致该项应收款项如果按照与其他应收款项同样的方法计提坏账准备，将无法真实地反映其可收回金额，可对该项应收款项采用个别认定法计提坏账准备。在同一会计期间内运用个别认定法计提坏账准备的应收款项应从用其他方法计提坏账准备的应收款项中剔除。

实务案例5-9

【背景资料】浙江美华机械有限责任公司发生相关经济业务如下：

假设公司采用应收账款余额百分比法计提坏账准备，根据以往经验和资料，2024年年末公司提取坏账准备的比例为4%。2024年年初“坏账准备”科目余额500 000元，本年度发生坏账损失100 000元，本年收回2023年已核销的坏账80 000元，年末应收账款余额为10 000 000元，其中有一项1 000 000元的应收账款有确凿证据表明只能收回20%。

【要求】根据上述业务资料，计算公司坏账准备的期末余额以及应计提的坏账准备金额。

【分析提示】相关计算如下：

公司2024年年末“坏账准备”科目余额=（10 000 000−1 000 000）×4%+1 000 000×80%=1 160 000（元）

公司2024年应计提的坏账准备金额=1 160 000−（500 000−100 000+80 000）=680 000（元）

资产负债表日，有客观证据证明应收款项发生减值的，按应减记的金额，确定减值损失；本期应计提的坏账准备大于其账面余额的，应按其差额计提；应计提的坏账准备小于其账面余额的，应按其差额冲减。企业确实无法收回的应收款项，按管理权限报经批准后作为坏账转销时，应当冲减已计提的“坏账准备”。已确认并转销的应收款项以后又收回的，应当按照实际收到的金额增加坏账准备的账面余额。具体核算原理见表5-9。

表5-9 坏账准备核算原理

<table>
<tr><th>序号</th><th colspan="2">业务内容</th><th>会计处理</th></tr>
<tr><td rowspan="2">1</td><td rowspan="2">计提坏账准备</td><td>应计提的坏账准备>“坏账准备”科目账面余额</td><td>借：信用减值损失——计提坏账准备
贷：坏账准备</td></tr>
<tr><td>应计提的坏账准备<“坏账准备”科目账面余额</td><td>借：坏账准备
贷：信用减值损失——计提坏账准备</td></tr>
<tr><td>2</td><td colspan="2">坏账损失确认</td><td>借：坏账准备
贷：应收账款/应收票据/预付账款/其他应收款</td></tr>
<tr><td>3</td><td colspan="2">以前年度确认的坏账收回</td><td>借：应收账款/应收票据/预付账款/其他应收款
贷：坏账准备
借：银行存款
贷：应收账款/应收票据/预付账款/其他应收款</td></tr>
</table>

实务案例5-10

【背景资料】浙江美华机械有限责任公司发生相关经济业务如下：

业务1：2023年12月31日，公司对应收账款进行减值测试。应收账款余额合计为1 000 000元，公司根据债务人资信情况确定应计提100 000元坏账准备。

业务2：2024年8月10日，公司实际发生应收账款的坏账损失30 000元。

业务3：2024年12月31日，公司应收账款余额为1 200 000元，经减值测试，公司应计提120 000元坏账准备。

业务4：2025年3月22日，公司收回2024年已作坏账转销的应收账款20 000元，已存入银行。

【要求】根据上述业务资料，完成相关的会计处理。

【分析提示】会计分录如下：

业务1：2023年12月31日，计提坏账准备时：

借：信用减值损失——计提坏账准备　　100 000

　贷：坏账准备　　100 000

业务2：2024年8月10日，公司确认坏账损失时：

借：坏账准备　　30 000

　贷：应收账款　　30 000

业务3：2024年12月31日，计提坏账准备时：

“坏账准备”科目余额=100 000-30 000=70 000（元）

实际应计提的坏账准备金额=120 000-70 000=50 000（元）

借：信用减值损失——计提坏账准备　　50 000

　贷：坏账准备　　50 000

业务4：2025年3月22日，收回以前年度确认坏账的应收账款时：

借：应收账款　　20 000

　贷：坏账准备　　20 000

借：银行存款　　20 000

　贷：应收账款　　20 000

拓展训练

坏账准备核算

任务2　应付款项业务

任务2

应付款项业务

应付及预收款项是指企业在日常生产经营过程中产生的各项债务，包括应付款项和预收款项。应付款项包括应付票据、应付账款和其他应付款等；预收款项则是指企业按照合同规定预收的款项，如预收账款等。

一、应付票据

应付票据

应付票据是指企业购买材料、商品和接受劳务供应等而开出、承兑的商业汇票，包括商业承兑汇票和银行承兑汇票，我国商业汇票的付款期限不超过6个月。企业应通过“应付票据”科目，核算应付票据的发生、偿付等情况。

企业应当设置“应付票据备查簿”，详细登记商业汇票的种类、号数和出票日期、到期日、票面余额、交易合同号和收款人姓名或单位名称以及付款日期和金额等资料。应付票据到期结清时，上述内容应当在备查簿内予以注销。

票据百宝箱

银行承兑汇票（具体如图5-3所示）是指由在承兑银行开立存款账户的出票人签发，由承兑银行承兑的票据。企业申请使用银行承兑汇票时，应向其承兑银行按票面金额的万分之五交纳手续费。银行承兑汇票的出票人应于汇票到期前将票款足额交存其开户银行，承兑银行应在汇票到期日或到期日后的见票当日支付票款。银行承兑汇票的出票人于汇票到期前未能足额交存票款时，承兑银行除凭票向持票人无条件付款外，对出票人尚未支付的汇票金额按照每天万分之五计收利息。

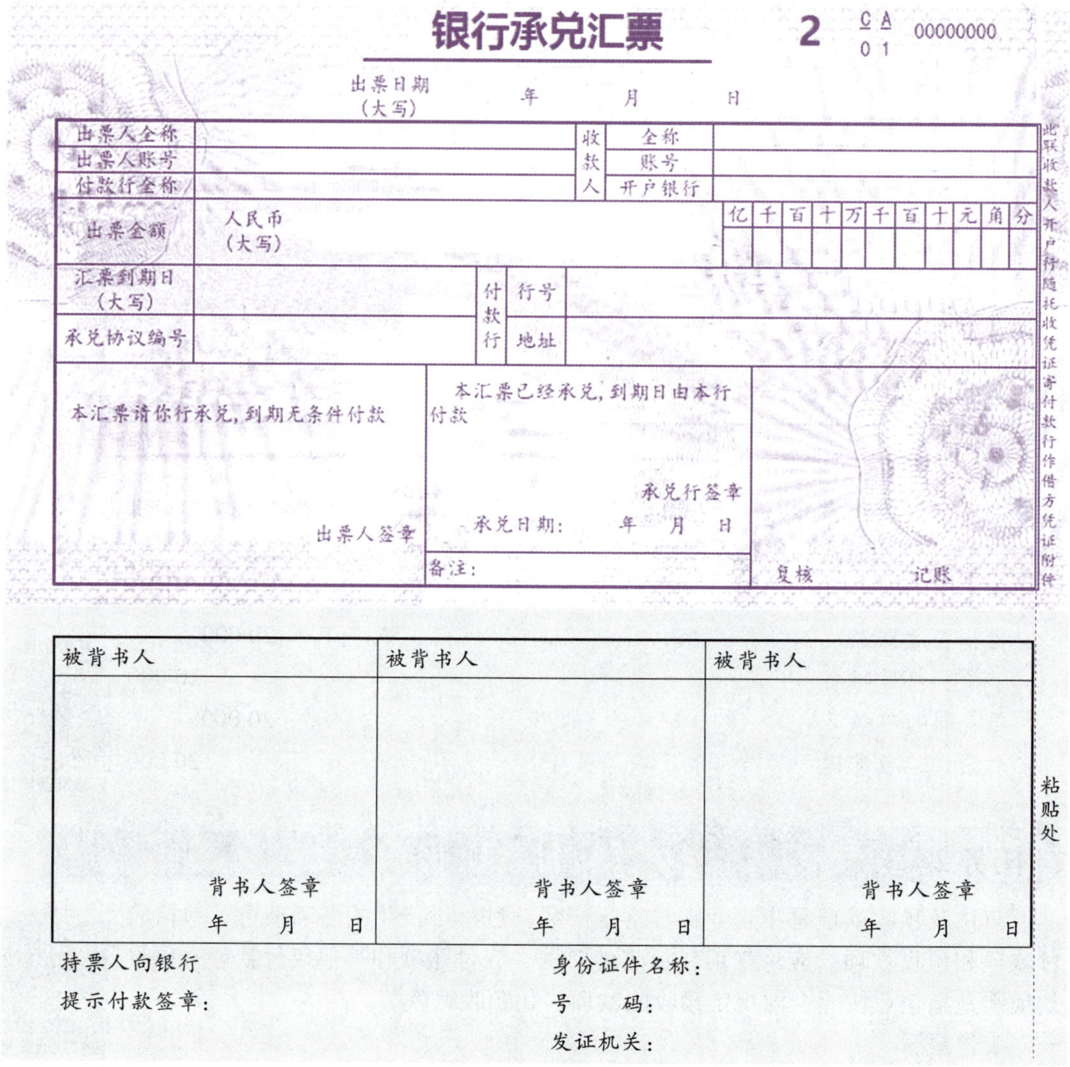

银行承兑汇票 2 CA 01 00000000

出票日期（大写） 年 月 日

出票人全称		收款人 全称	
出票人账号		收款人 账号	
付款行全称		收款人 开户银行	
出票金额	人民币（大写）	亿 千 百 十 万 千 百 十 元 角 分	
汇票到期日（大写）		付款行 行号	
承兑协议编号		付款行 地址	

本汇票请你行承兑，到期无条件付款 出票人签章

本汇票已经承兑，到期日由本行付款 承兑行签章 承兑日期： 年 月 日

备注： 复核 记账

此联收款人开户行随托收凭证寄付款行作借方凭证附件

被背书人	被背书人	被背书人
背书人签章 年 月 日	背书人签章 年 月 日	背书人签章 年 月 日

粘贴处

持票人向银行提示付款签章：

身份证件名称：
号码：
发证机关：

图5-3 银行承兑汇票

（一）应付票据的发生

企业因购买材料、商品和接受劳务供应等而开出、承兑的商业汇票，应当按其票面金额作为应付票据的入账金额。企业因开出银行承兑汇票而支付给银行的承兑汇票手续费，应当计入当期损益。具体核算原理见表5-10。

表5-10 应付票据发生核算原理

序号	业务内容	会计处理
1	开出商业汇票支付货款	借：原材料/在途物资/材料采购 应交税费——应交增值税（进项税额） 贷：应付票据
2	支付银行承兑汇票手续费	借：财务费用 贷：银行存款

实务案例5-11

【背景资料】浙江美华机械有限责任公司发生相关经济业务如下：

2025年2月6日，公司购入原材料一批，增值税专用发票上注明的价款为60 000元、增值税为7 800元，原材料尚未验收入库（采用计划成本计价核算）。该企业开出并经开户银行承兑的商业汇票一张，面值为67 800元，期限为5个月。交纳银行承兑手续费33.90元。

【要求】根据上述业务资料，完成相关的会计处理。

【分析提示】会计分录如下：

●2025年2月6日，开出并经开户银行承兑商业汇票购入材料时：

借：材料采购　　60 000

　　应交税费——应交增值税（进项税额）　　7 800

　贷：应付票据　　67 800

●2025年2月6日，支付商业汇票承兑手续费时：

借：财务费用　　33.90

　贷：银行存款　　33.90

视频　应付票据的会计核算

（二）应付票据的转销

应付商业承兑汇票到期，如企业无力支付票款，应将应付票据按账面余额转作应付账款。应付银行承兑汇票到期，如企业无力支付票款，应将应付票据的账面余额转作短期借款。具体核算原理见表5-11。

表5-11　应付票据转销核算原理

序号	业务内容	会计处理
1	商业汇票到期企业付款	借：应付票据 　贷：银行存款
2	商业承兑汇票到期企业无力支付票款，转为应付账款	借：应付票据 　贷：应付账款
3	银行承兑汇票到期企业无力支付票款，银行代为支付票款	借：应付票据 　贷：短期借款

实务案例5-12

【背景资料】浙江美华机械有限责任公司发生相关经济业务如下：

业务1：2025年7月6日，商业承兑汇票到期，公司通知其开户银行以银行存款支付票款67 800元。

业务2：2025年7月6日，假设上述票据为银行承兑汇票，到期日公司无力支付票款67 800元。

【要求】根据上述业务资料，完成相关的会计处理。

【分析提示】会计分录如下：

业务1：2025年7月6日，支付商业承兑汇票款时：

借：应付票据　　67 800

　贷：银行存款　　67 800

业务2：2025年7月6日，无力支付票款时：

借：应付票据　　67 800

　贷：短期借款　　67 800

拓展训练

应付票据核算

二、应付账款

（一）应付账款的基本认知

应付账款是指企业因购买材料、商品或接受劳务供应等经营活动而应付给供应单位的款项。应付账款一般应在与所购买物资所有权相关的主要风险和报酬已经转移，或者所购买的劳务已经接受时确认。

实务中，为了使所购入物资的金额、品种、数量和质量等与合同规定的条款相符，避免因验收时发现所购物资的数量或质量存在问题而对入账的物资或应付账款金额进行改动，在物资和发票账单同时到达的情况下，一般在所购物资验收入库后，根据发票账单登记入账，确认应付账款。在所购物资已经验收入库，但是发票账单未能同时到达的情况下，企业应付物资供应单位的债务已经成立，在会计期末，为了反映企业的负债情况，需要将所购物资和相关的应付账款暂估入账，待下月初作相同的红字分录（或作方向相反的分录），将上月末暂估入账的应付账款予以冲销。

（二）应付账款的账务处理

企业应通过“应付账款”科目，核算应付账款的发生、偿还、转销等情况。本科目应按照债权人设置明细科目进行明细核算。

应付账款

1. 应付账款发生

企业购入材料、商品或接受劳务等所产生的应付账款，应按应付金额入账。具体核算原理见表5-12。

表5-12　应付账款发生核算原理

序号	业务内容	会计处理
1	购入材料、商品等验收入库，但货款尚未支付	借：原材料/库存商品 　　应交税费——应交增值税（进项税额） 　贷：应付账款
2	接受供应单位提供劳务而发生的应付未付款项	借：生产成本 　　管理费用 　贷：应付账款

实务案例5-13

【背景资料】浙江美华机械有限责任公司发生相关经济业务如下：

2025年3月1日，从南丰公司购入一批乙材料，货款100 000元，增值税13 000元。材料验收入库（按实际成本计价核算），款项尚未支付。

【要求】根据上述业务资料，完成相关的会计处理。

【分析提示】会计分录如下：

2025年3月1日，确认应付账款时：

借：原材料——乙材料　　100 000

　　应交税费——应交增值税（进项税额）　　13 000

　贷：应付账款——南丰公司　　113 000

实务中，企业外购电力、燃气等动力一般通过“应付账款”科目核算，即在每月付款时先作暂付款处理，记入“应付账款”科目；月末按照外购动力的用途，计入相关的成本损益科目。

实务案例5-14

【背景资料】浙江美华机械有限责任公司发生相关经济业务如下：

2024年5月20日，公司收到银行转来供电部门收费单据，支付电费38 000元、增值税4 940元。5月31日，公司经计算，本月应付电费38 000元，其中：生产车间电费25 200元，企业行政管理部门电费12 800元，款项尚未支付。

【要求】根据上述业务资料，完成相关的会计处理。

【分析提示】会计分录如下：

● 2024年5月20日，支付外购动力费时：

借：应付账款——电力公司　　38 000

　　应交税费——应交增值税（进项税额）　　4 940

　贷：银行存款　　42 940

● 2024年5月31日，月末分配外购动力费时：

借：制造费用　　25 200

　　管理费用　　12 800

　贷：应付账款——电力公司　　38 000

2. 应付账款偿还

企业可以直接用银行存款偿还应付账款或开出商业汇票抵付应付账款。应付账款附有现金折扣的，应按照扣除现金折扣前的应付账款总额入账。因在折扣期限内付款而获得的现金折扣，应在偿付应付账款时冲减财务费用。具体核算原理见表5-13。

表5-13　应付账款偿还核算原理

序号	业务内容		会计处理
1	用银行存款偿还应付账款	在现金折扣期内付款	借：应付账款 　贷：银行存款 　　财务费用
		超过现金折扣期付款	借：应付账款 　贷：银行存款
2	开出商业汇票偿付应付账款		借：应付账款 　贷：应付票据

实务案例5-15

【背景资料】浙江美华机械有限责任公司发生相关经济业务如下：

公司于2024年5月2日，从华都公司购入一批家电产品并验收入库。增值税专用发票上注明该批家电的价款为1 000 000元、增值税为130 000元。按照购货协议的规定，购货方如在15天内付清货款，将获得1%的现金折扣（假定计算现金折扣时需考虑增值税）。公司于2024年5月10日，按照扣除现金折扣后的金额用银行存款付清了所欠华都公司货款。

【要求】根据上述业务资料，完成相关的会计处理。

【分析提示】会计分录如下：

●2024年5月2日，确认应付账款时：

借：库存商品　　1 000 000

　　应交税费——应交增值税（进项税额）　　130 000

　贷：应付账款——华都公司　　1 130 000

●2024年5月10日，付清货款时：

公司享有的现金折扣=1 130 000×1%=11 300（元）

借：应付账款——华都公司　　1 130 000

　贷：银行存款　　1 118 700

　　　财务费用　　11 300

3.应付账款转销

应付账款一般在较短期限内支付，但有时由于债权单位撤销或其他原因而使应付账款无法清偿。企业应将确实无法支付的应付账款予以转销，按其账面余额计入营业外收入。具体核算原理见表5-14。

表5-14　**应付账款转销核算原理**

序号	业务内容	会计处理
1	无法支付的应付账款	借：应付账款 　贷：营业外收入

实务案例5-16

【背景资料】浙江美华机械有限责任公司发生相关经济业务如下：

2024年12月31日，公司确定一笔应付账款5 000元为无法支付的款项，经批准应予转销。

【要求】根据上述业务资料，完成相关的会计处理。

【分析提示】会计分录如下：

借：应付账款　　5 000

　贷：营业外收入　　5 000

拓展训练

应付账款核算

三、预收账款

预收账款是指企业按照合同规定向购货单位预收的款项。预收账款与应付账款同为企业短期债务，但与应付账款不同的是，预收账款所形成的负债不是以货币偿付，而是以货物清偿。企业应通过“预收账款”科目，核算预收账款的取得、偿付等情况。

预收账款

本科目一般应当按照购货单位设置明细科目进行明细核算。具体核算原理见表5-15。

表5-15　　预收账款核算原理

序号	业务内容	会计处理
1	收到购货单位预付的货款	借：银行存款 　贷：预收账款
2	向购货单位发出货物	借：预收账款 　贷：主营业务收入 　　　应交税费——应交增值税（销项税额）
3	收到购货单位补付的货款	借：银行存款 　贷：预收账款
4	退回购货单位多付的货款	借：预收账款 　贷：银行存款

预收货款业务不多的企业，可以不单独设置“预收账款”科目，其所发生的预收货款，可通过“应收账款”科目核算。

实务案例5-17

【背景资料】浙江美华机械有限责任公司发生相关经济业务如下：

2024年6月3日，公司与锦华公司签订供货合同，向锦华公司出售一批产品，价款为200 000元、增值税为26 000元。购货合同规定，锦华公司在购货合同签订后一周内应当向公司预付货款120 000元，剩余货款在交货后付清。2024年6月9日，公司收到锦华公司预付货款120 000元，并存入银行；6月19日，公司将货物发运到锦华公司并开具增值税专用发票，锦华公司验收货物后付清了剩余货款。

【要求】根据上述业务资料，完成相关的会计处理。

【分析提示】会计分录如下：

●2024年6月9日，收到预付货款时：

借：银行存款　　120 000

　贷：预收账款——锦华公司　　120 000

●2024年6月19日，发出货物时：

借：预收账款——锦华公司　　226 000

　贷：主营业务收入　　200 000

　　　应交税费——应交增值税（销项税额）　　26 000

●2024年6月19日，收到补付的货款时：

借：银行存款　　106 000

　贷：预收账款——锦华公司　　106 000

拓展训练

预收账款核算

四、其他应付款

其他应付款是指企业除应付票据、应付账款、预收账款、应付职工薪酬、应交税费等经营活动以外的其他各项应付、暂收的款项，如应付短期租赁固定资产租金、应付低价值资产租赁租金、租入包装物租金、存入保证金等。企业应通过“其他应付款”科目，核算其他应付款的增减变动及其结存情况。

其他应付款

本科目按照其他应付款的项目和对方单位（或个人）设置明细科目进行明细核算。具体核算原理见表5-16。

表5-16　　其他应付款核算原理

序号	业务内容	会计处理
1	发生其他各种应付、暂收款项	借：管理费用等 　贷：其他应付款
2	支付或退回其他各种应付、暂收款项	借：其他应付款 　贷：银行存款

实务案例5-18

【背景资料】浙江美华机械有限责任公司发生相关经济业务如下：

2024年4月1日起，公司以短期租赁方式租入管理用办公设备一批，每月租金8 000元，按季支付。6月30日，公司以银行存款支付应付租金24 000元、增值税3 120元。

【要求】根据上述业务资料，完成相关的会计处理。

【分析提示】会计分录如下：

● 2024年4月30日，计提应付经营租入固定资产租金时：

借：管理费用　　8 000

　贷：其他应付款　　8 000

5月底计提应付经营租入固定资产租金的会计分录处理同上。

● 2024年6月30日，支付租金时：

借：其他应付款　　16 000

　　管理费用　　8 000

　　应交税费——应交增值税（进项税额）　　3 120

　贷：银行存款　　27 120

拓展训练　其他应付款核算

任务3　应付职工薪酬业务

任务3　应付职工薪酬业务

职工薪酬是指企业为获得职工提供的服务或解除劳动关系而给予的各种形式的报酬或补偿。职工薪酬包括短期薪酬、离职后福利、辞退福利和其他长期职工福利。企业提供给职工配偶、子女、受赡养人、已故员工遗属及其他受益人等的福利，也属于职工薪酬。

一、职工薪酬的主要内容

企业职工薪酬主要包括三类人员：①与企业订立劳动合同的所有人员，含全职、兼职和临时职工；②未与企业订立劳动合同，但由企业正式任命的企业治理层和管理层人员，如董事会成员、监事会成员等；③在企业的计划和控制下，虽未与企业订立劳动合同或未由其正式任命，但向企业所提供服务与职工所提供服务类似的人员，也属于职工范畴，包括通过企业与劳务中介公司签订用工合同而向企业提供服务的人员。职工薪酬主要包括以下内容：

（一）短期薪酬

短期薪酬是指企业在职工提供相关服务的年度报告期间结束后12个月内需要全部予以支付的职工薪酬，因解除与职工的劳动关系给予的补偿除外。短期薪酬具体主要包括：

①职工工资、奖金、津贴和补贴，是指企业按照构成工资总额的计时工资、计件工资、支付给职工的超额劳动报酬和增收节支的劳动报酬，为补偿职工特殊或额外的劳动消耗和因其他特殊原因支付给职工的津贴，以及为保证职工工资水平不受物价影响支付给职工的物价补贴等。其中，企业按照短期奖金计划向职工发放的奖金属于“短期薪酬”；按照长期奖金计划向职工发放的奖金属于“其他长期职工福利”。

②职工福利费，是指企业向职工提供的生活困难补助、丧葬补助费、抚恤费、职工异地安家费、防暑降温费等职工福利支出。

③医疗保险费、工伤保险费和生育保险费等社会保险费，是指企业按照国家规定的基准和比例计算，向社会保险经办机构缴存的医疗保险费、工伤保险费和生育保险费等。

④ 住房公积金，是指企业按照国家规定的基准和比例计算，向住房公积金管理机构缴存的住房公积金。

⑤工会经费和职工教育经费，是指企业为了改善职工文化生活、为职工学习先进技术和提高文化水平和业务素质，用于开展工会活动和职工教育及职业技能培训等的相关支出。

⑥短期带薪缺勤，是指职工虽然缺勤但企业仍向其支付报酬的安排，包括年休假、病假、婚假、产假、丧假、探亲假等。长期带薪缺勤属于“其他长期职工福利”。

⑦短期利润分享计划，是指因职工提供服务而与职工达成的基于利润或其他经营成果提供薪酬的协议。长期利润分享计划属于“其他长期职工福利”。

⑧其他短期薪酬，是指除上述薪酬以外的其他为获得职工提供的服务而给予的短期薪酬。

（二）离职后福利

离职后福利，是指企业为获得职工提供的服务而在职工退休或与企业解除劳动关系后，提供的各种形式的报酬和福利，短期薪酬和辞退福利除外。企业应当将离职后福利计划分类为设定提存计划和设定受益计划。离职后福利计划，是指企业与职工就离职后福利达成的协议，或者企业为向职工提供离职后福利制定的规章或办法等。其中，设定提存计划，是指企业向独立的基金缴存固定费用后，企业不再承担进一步支付义务的离职后福利计划；设定受益计划，是指除设定提存计划以外的离职后福利计划。

（三）辞退福利

辞退福利，是指企业在职工劳动合同到期之前解除与职工的劳动关系，或者为鼓励职工自愿接受裁减而给予职工的补偿。

（四）其他长期职工福利

其他长期职工福利，是指除短期薪酬、离职后福利、辞退福利之外所有的职工薪酬，包括长期带薪缺勤、长期残疾福利、长期利润分享计划等。

二、应付职工薪酬的账务处理

企业应当设置“应付职工薪酬”科目，核算应付职工薪酬的计提、结算、使用等情况。“应付职工薪酬”科目应当按照“工资、奖金、津贴和补贴”“职工福利费”“非货币性福利”“社会保险费”“住房公积金”“工会经费和职工教育经费”“带薪缺勤”“利润分享计划”“设定提存计划”“设定受益计划”“辞退福利”等职工薪酬项目设置明细账进行明细核算。

应付职工薪酬

（一）短期薪酬的核算

企业应当在职工为其提供服务的会计期间，将实际发生的短期薪酬确认为负债，并计入当期损益，其他会计准则要求或允许计入资产成本的除外。

1.工资、奖金、津贴和补贴

对于职工工资、奖金、津贴和补贴等货币性职工薪酬，企业应当在职工为其提供服务的会计期间，将实际发生的职工工资、奖金、津贴和补贴等，根据职工提供服务的受益对象，确认为职工薪酬。具体核算原理见表5-17。

表5-17　　计提职工工资、奖金、津贴和补贴核算原理

序号	业务内容	会计处理
1	计提职工工资、奖金、津贴和补贴	借：生产成本——基本生产成本 ——辅助生产成本 制造费用 管理费用 劳务成本 贷：应付职工薪酬——工资、奖金、津贴和补贴

实务案例5-19

【背景资料】浙江美华机械有限责任公司发生相关经济业务如下：

2024年7月份，公司应付工资总额693 000元，工资费用分配汇总表中列示的产品生产人员工资为480 000元，车间管理人员工资为105 000元，企业行政管理人员工资为90 600元，专设销售机构人员工资为17 400元。

【要求】根据上述业务资料，完成相关的会计处理。

【分析提示】会计分录如下：

借：生产成本——基本生产成本　　480 000
　　制造费用　　105 000
　　管理费用　　90 600
　　销售费用　　17 400
　贷：应付职工薪酬——工资、奖金、津贴和补贴　　693 000

实务中，企业一般在每月发放工资前，根据工资费用分配汇总表中的“实发工资”栏的合计数，通过开户银行支付给职工，或从开户银行提取现金，然后再向职工发放。

票据百宝箱

工资费用分配汇总表（具体见表5-18）是用于计算企业职工工资费用的明细表格，主要包括：部门名称、基本工资、辅助工资、缺勤扣款、应付工资、代扣项目、实发工资等内容。

表 5-18　　　　　　　　工资费用分配汇总表　　　　　　　　　　　单位：

部门名称	基本工资		辅助工资				缺勤扣款				应付工资	代扣项目			实发工资
	标准工资	岗位工资	奖金	津贴	补贴	…	病假	事假	…	合计		个人所得税	…	合计	

主管：　　　　　　　　　　审核：　　　　　　　　　　制单：

企业按照有关规定向职工支付工资、奖金、津贴和补贴等；同时，企业从应付职工薪酬中扣还各种款项，如代垫的家属医疗费、个人所得税等。具体核算原理见表5-19。

表 5-19　　　　　发放职工工资、奖金、津贴和补贴核算原理

序号	业务内容	会计处理
1	提取现金	借：库存现金 　贷：银行存款
2	发放工资	借：应付职工薪酬——工资、奖金、津贴和补贴 　贷：库存现金
3	扣还代垫款项	借：应付职工薪酬——工资、奖金、津贴和补贴 　贷：应交税费——应交个人所得税 　　　其他应收款——代垫医药费等

实务案例 5-20

【背景资料】浙江美华机械有限责任公司发生相关经济业务如下：

2024年8月12日，公司向银行提现用于发放工资，根据“工资费用分配汇总表”结算本月应付职工工资总额693 000元，其中：企业代扣职工房租32 000元，代垫职工家属医药费8 000元，代扣代缴个人所得税51 000元，实发工资602 000元。

【要求】根据上述业务资料，完成相关的会计处理。

【分析提示】会计分录如下：

●向银行提取现金时：

借：库存现金　　　　　　　　　　　　　　　　602 000

　贷：银行存款　　　　　　　　　　　　　　　　　　602 000

●用现金发放工资时：

借：应付职工薪酬——工资、奖金、津贴和补贴　　602 000

　贷：库存现金　　　　　　　　　　　　　　　　　　602 000

●代扣款项时：

借：应付职工薪酬——工资、奖金、津贴和补贴　　91 000

　贷：其他应收款——职工房租　　32 000

　　　　　　——代垫医药费　　8 000

　　应交税费——应交个人所得税　　51 000

2.职工福利费

对于职工福利费，企业应当在实际发生时，根据实际发生额计入当期损益或相关资产成本，具体核算原理见表5-20。

表5-20　职工福利费核算原理

序号	业务内容	会计处理
1	计提职工福利费	借：生产成本——基本生产成本 　　　　——辅助生产成本 　制造费用 　管理费用等 　贷：应付职工薪酬——职工福利费
2	发放职工福利费	借：应付职工薪酬——职工福利费 　贷：库存现金

实务案例5-21

【背景资料】浙江美华机械有限责任公司发生相关经济业务如下：

公司下设一职工食堂，每月根据在岗职工数量及岗位分布情况、相关历史经验数据等计算需要补贴食堂的金额，从而确定企业每期因补贴职工食堂需要承担的福利费金额。2024年9月30日，公司在岗职工共计200人，其中：管理部门30人，生产车间170人。历史经验数据表明，企业为每位职工每月需补贴食堂150元。2024年10月15日，公司支付30 000元补贴给食堂。

【要求】根据上述业务资料，完成相关的会计处理。

【分析提示】会计分录如下：

●2024年9月30日，计提职工福利费时：

借：生产成本　　25 500

　管理费用　　4 500

　贷：应付职工薪酬——职工福利费　　30 000

●2024年10月15日，发放职工福利费时：

借：应付职工薪酬——职工福利费　　30 000

　贷：银行存款　　30 000

3.国家规定计提标准的职工薪酬

对于国家规定了计提基础和计提比例的医疗保险费、工伤保险费、生育保险费等社会保险费和住房公积金，以及按规定提取的工会经费和职工教育经费，企业应当在职工为其提供服务的会计期间，根据规定的计提基础和计提比例计算确定相应的职工薪酬金额，并确认相关负债，按照受益对象计入当期损益或相关资产成本。具体核算原理见表5-21。

表5-21 国家规定计提标准的职工薪酬核算原理

序号	业务内容	会计处理
1	计提相关职工薪酬	借：生产成本——基本生产成本 ——辅助生产成本 制造费用 管理费用等 贷：应付职工薪酬——社会保险费 ——住房公积金 ——工会经费和职工教育经费
2	发放/缴纳相关职工薪酬	借：应付职工薪酬——社会保险费 ——住房公积金 ——工会经费和职工教育经费 贷：银行存款

实务案例5-22

【背景资料】浙江美华机械有限责任公司发生相关经济业务如下：

业务1：2024年10月份，职工工资总额为693 000元，其中：产品生产人员工资为480 000元，车间管理人员工资为105 000元，企业行政管理人员工资为90 600元，专设销售机构人员工资为17 400元。公司根据相关规定，分别按照职工工资总额的2%和8%的计提标准，确认应付工会经费和职工教育经费。

业务2：2024年11月份，公司计提向社会保险经办机构缴纳的职工医疗保险费共计97 020元，其中：应计入基本生产车间生产成本的金额为67 200元，应计入制造费用的金额为14 700元，应计入管理费用的金额为12 684元，应计入销售费用的金额为2 436元。

【要求】根据上述业务资料，完成相关的会计处理。

【分析提示】会计分录如下：

业务1：2024年10月份，计提工会经费和职工教育经费时：

借：生产成本——基本生产成本　　48 000
　　制造费用　　10 500
　　管理费用　　9 060
　　销售费用　　1 740
　贷：应付职工薪酬——工会经费和职工教育经费（工会经费）　　13 860
　　　　——工会经费和职工教育经费（职工教育经费）　　55 440

业务2：2024年11月份，计提职工医疗保险费时：

借：生产成本——基本生产成本　　67 200
　　制造费用　　14 700
　　管理费用　　12 684
　　销售费用　　2 436
　贷：应付职工薪酬——社会保险费（医疗保险）　　97 020

4.短期带薪缺勤

对于职工带薪缺勤，企业应当根据其性质及职工享有的权利，分为累积带薪缺勤和非累积带薪缺勤两类。企业应当对累积带薪缺勤和非累积带薪缺勤分别进行会计处理。如果带薪缺勤属于长期带薪缺勤的，企业应当作为其他长期职工福利处理。

（1）累积带薪缺勤，是指带薪缺勤权利可以结转下期的带薪缺勤，本期尚未用完的带薪缺勤权利可以在未来期间使用。企业应当在职工提供了服务从而增加了其未来享有的带薪缺勤权利时，确认与累积带薪缺勤相关的职工薪酬，并以累积未行使权利而增加的预期支付金额计量。具体核算原理见表5-22。

表5-22 短期带薪缺勤核算原理

序号	业务内容	会计处理
1	确认累积带薪缺勤	借：生产成本——基本生产成本 ——辅助生产成本 制造费用 管理费用等 贷：应付职工薪酬——带薪缺勤（短期带薪缺勤——累积带薪缺勤）

实务案例5-23

【背景资料】浙江美华机械有限责任公司发生相关经济业务如下：

公司共有200名职工，从2024年1月1日起，该企业实行累积带薪缺勤制度。该制度规定，每个职工每年可享受7个工作日的带薪年休假，未使用的年休假只能向后结转一个公历年度，超过1年未使用的权利作废，在职工离开企业时也无权获得现金支付；职工休年假时，首先使用当年可享受的权利，再从上年结转的带薪年休假中扣除。

2024年12月31日，公司预计2025年有190名职工将享受不超过7天的带薪年休假，剩余10名职工每人将平均享受8天年休假，假定这10名职工全部为总部各部门经理。该企业平均每名职工每个工作日工资为300元。不考虑其他因素。

【要求】根据上述业务资料，完成相关的会计处理。

【分析提示】会计分录如下：

公司预计由于职工累积未使用的带薪年休假权利而导致的预期支付金额=10×1×300=3 000（元）

借：管理费用 3 000

贷：应付职工薪酬——带薪缺勤（短期带薪缺勤——累积带薪缺勤） 3 000

（2）非累积带薪缺勤，是指带薪缺勤权利不能结转下期的带薪缺勤，本期尚未用完的带薪缺勤权利将予以取消，并且职工离开企业时也无权获得现金支付。我国企业职工休婚假、产假、丧假、探亲假、病假期间的工资通常属于非累积带薪缺勤。

企业应当在职工实际发生缺勤的会计期间确认与非累积带薪缺勤相关的职工薪酬。企业确认职工享有的与非累积带薪缺勤权利相关的薪酬，视同职工出勤确认的当期损益或相关资产成本。通常情况下，与非累积带薪缺勤相关的职工薪酬已经包括在企业每期向职工发放的工资等薪酬中，因此，不必额外作相应的账务处理。

（二）非货币性职工薪酬的核算

视频

非货币性福利职工薪酬核算

企业以其自产产品作为非货币性福利发放给职工的，应当根据受益对象，按照该产品的公允价值计入相关资产成本或当期损益，同时确认应付职工薪酬。企业以自产产品作为职工薪酬发放给职工时，应确认主营业务收入，同时结转相关成本，涉及增值税销项税额的，还应进行相应的处理。具体核算原理见表5-23。

表5-23　　非货币性职工薪酬核算原理-1

序号	业务内容	会计处理
1	计提非货币性福利	借：生产成本——基本生产成本 　　　　　　——辅助生产成本 　　制造费用 　　管理费用等 　贷：应付职工薪酬——非货币性福利
2	发放非货币性福利	借：应付职工薪酬——非货币性福利 　贷：主营业务收入 　　　应交税费——应交增值税（销项税额） 借：主营业务成本 　贷：库存商品

实务案例5-24

【背景资料】浙江美华机械有限责任公司发生相关经济业务如下：

假设公司为家电生产企业，共有职工200名，其中：170名为直接参加生产的职工，30名为总部管理人员。2024年12月，公司以其生产的每台成本为900元的电暖器作为春节福利发放给公司每名职工。该型号的电暖器市场售价为每台1 000元，适用的增值税税率为13%。

【要求】根据上述业务资料，完成相关的会计处理。

【分析提示】会计分录如下：

● 计提非货币性福利时：

应确认的非货币性福利=200×1 000+200×1 000×13% =226 000（元）

其中：应记入“生产成本”科目的金额=170×1 000+170×1 000×13%=192 100（元）

　　　应记入“管理费用”科目的金额=30×1 000+30×1 000×13% =33 900（元）

借：生产成本　　192 100

　　管理费用　　33 900

　贷：应付职工薪酬——非货币性福利　　226 000

● 发放非货币性福利时：

借：应付职工薪酬——非货币性福利　　226 000

　贷：主营业务收入　　200 000

　　　应交税费——应交增值税（销项税额）　　26 000

借：主营业务成本　　180 000

　贷：库存商品——电暖器（200×900）　　180 000

企业将拥有的房屋等资产无偿提供给职工使用的，应当根据受益对象，将该住房每期应计提的折旧计入相关资产成本或当期损益，确认应付职工薪酬；同时，确认房屋等资产的累计折旧额。具体核算原理见表5-24。

表5-24 非货币性职工薪酬核算原理-2

序号	业务内容	会计处理
1	计提非货币性福利	借：生产成本——基本生产成本 ——辅助生产成本 制造费用 管理费用等 贷：应付职工薪酬——非货币性福利
2	计提累计折旧	借：应付职工薪酬——非货币性福利 贷：累计折旧

实务案例5-25

【背景资料】浙江美华机械有限责任公司发生相关经济业务如下：

2024年12月，公司为总部各部门经理级别以上职工，每人提供一辆小汽车免费使用，公司总部共有部门经理以上职工20名，小汽车为公司拥有的资产。假定每辆小汽车每月计提折旧1 000元。

【要求】根据上述业务资料，完成相关的会计处理。

【分析提示】会计分录如下：

● 计提非货币性福利时：

应确认的非货币性福利=20×1 000=20 000（元）

借：管理费用　　20 000

　贷：应付职工薪酬——非货币性福利　　20 000

● 发放非货币性福利时：

借：应付职工薪酬——非货币性福利　　20 000

　贷：累计折旧　　20 000

企业租赁住房等资产供职工无偿使用的，应当根据受益对象，将每期应付的租金计入相关资产成本或当期损益，并确认应付职工薪酬；同时，确认企业支付租赁住房等资产供职工无偿使用所发生的租金。具体核算原理见表5-25。

表5-25 非货币性职工薪酬核算原理-3

序号	业务内容	会计处理
1	计提非货币性福利	借：生产成本——基本生产成本 ——辅助生产成本 制造费用 管理费用等 贷：应付职工薪酬——非货币性福利
2	支付租金	借：应付职工薪酬——非货币性福利 贷：银行存款

实务案例5-26

【背景资料】浙江美华机械有限责任公司发生相关经济业务如下：

2024年12月，公司为副总裁以上高级管理人员每人租赁一套住房。公司共有副总裁以上高级管理人员5名，公司为其每人租赁一套面积为200平方米的公寓，月租金为每套8 000元。

【要求】根据上述业务资料，完成相关的会计处理。

【分析提示】会计分录如下：

● 计提非货币性福利时：

应确认的非货币性福利=5×8 000=40 000（元）

借：管理费用　　40 000

　贷：应付职工薪酬——非货币性福利　　40 000

拓展训练

应付职工薪酬核算-1

● 支付租金时：

借：应付职工薪酬——非货币性福利　　40 000

　贷：银行存款　　40 000

（三）设定提存计划的核算

对于设定提存计划，企业应当根据在资产负债表日为换取职工在会计期间提供的服务而应向单独主体缴存的提存金，确认为应付职工薪酬，并计入相关资产成本或当期损益。具体核算原理见表5-26。

表5-26　设定提存计划核算原理

序号	业务内容	会计处理
1	计提提存金	借：生产成本——基本生产成本 　　　　　——辅助生产成本 　制造费用 　管理费用等 　贷：应付职工薪酬——设定提存计划
2	支付提存金	借：应付职工薪酬——设定提存计划 　贷：银行存款

实务案例5-27

【背景资料】浙江美华机械有限责任公司发生相关经济业务如下：

公司2024年12月份根据所在地政府的规定，按照职工工资总额的12%计提基本养老保险费，缴存当地社会保险经办机构。2024年12月，公司缴存的基本养老保险费，应计入生产成本的金额为57 600元，应计入制造费用的金额为12 600元，应计入管理费用的金额为10 872元，应计入销售费用的金额为2 088元。

拓展训练

应付职工薪酬核算-2

【要求】根据上述业务资料，完成相关的会计处理。

【分析提示】会计分录如下：

借：生产成本——基本生产成本　　57 600

　　制造费用　　12 600

　　管理费用　　10 872

　　销售费用　　2 088

　贷：应付职工薪酬——设定提存计划（基本养老保险费）　　83 160

同步测验

一、单项选择题

1.企业发生赊购商品业务，下列各项中不影响应付账款入账金额的是（　　）。

A.商品价款　　B.增值税进项税额

C.现金折扣　　D.销货方代垫运杂费

2.企业转销无法支付的应付账款时，应将该应付账款账面余额计入（　　）。

A.资本公积　　B.营业外收入　　C.其他业务收入　　D.其他应付款

3.甲企业为增值税一般纳税人，采用托收承付结算方式从其他企业购入原材料一批，货款为200 000元、增值税为26 000元，对方代垫运费6 000元、增值税540元，该原材料已经验收入库。该购买业务所发生的应付账款的入账价值为（　　）元。

A.240 000　　B.234 000　　C.232 540　　D.200 000

4.预收账款情况不多的企业，可以不设“预收账款”科目，而将预收的款项直接记入（　　）账户。

A.“应收账款”　　B.“预付账款”　　C.“其他应付款”　　D.“应付账款”

5.企业已计提坏账准备的应收账款确实无法收回，按管理权限报经批准作为坏账转销时，应编制的会计分录是（　　）。

A.借记“资产减值损失”科目，贷记“坏账准备”科目

B.借记“管理费用”科目，贷记“应收账款”科目

C.借记“坏账准备”科目，贷记“应收账款”科目

D.借记“坏账准备”科目，贷记“资产减值损失”科目

6.甲公司2024年2月10日销售商品应收大海公司账款1 200万元，2024年6月30日计提坏账准备150万元，2024年12月31日，该笔应收账款的未来现金流量现值为850万元。2024年12月31日，该笔应收账款应计提的坏账准备为（　　）万元。

A.300　　B.200　　C.350　　D.250

7.甲企业销售商品一批，增值税专用发票上注明的价款为60万元，适用的增值税税率为13%，为购买方代垫运杂费2万元（含增值税），款项尚未收回。该企业确认的应收账款为（　　）万元。

A. 60　　B.62　　C.70.2　　D.69.8

8.甲企业2024年10月1日销售商品，并于当日收到面值50 000元、期限3个月的商业承兑汇票一张。2024年12月31日应收票据的账面余额应为（　　）元。

A.50 000　　B.50 250　　C.50 500　　D.50 750

9.甲企业为增值税一般纳税人，年末将本企业生产的一批饮料发放给职工作为福利。该饮料市场售价为12万元（不含增值税），适用的增值税税率为13%，实际成本为10万元。假定不考虑其他因素，该企业应确认的应付职工薪酬为（　　）万元。

A.10　　B.11.7　　C.12　　D.13.56

10.企业作为福利为高管人员配备汽车，计提汽车折旧时，编制的会计分录是（　　）。

A.借记“累计折旧”科目，贷记“固定资产”科目

B.借记“管理费用”科目，贷记“固定资产”科目

C.借记“管理费用”科目，贷记“应付职工薪酬”科目；同时，借记“应付职工薪酬”科目，贷记“累计折旧”科目

D.借记“管理费用”科目，贷记“固定资产”科目；同时，借记“应付职工薪酬”科目，贷记“累计折旧”科目

二、多项选择题

1.根据承兑人不同，商业汇票分为（　　）。

A.商业承兑汇票　B.银行承兑汇票　C.银行本票　D.银行汇票

2.企业因销售商品发生的应收账款，其入账价值应当包括（　）。

A.销售商品的价款　B.增值税销项税额

C.代购货方垫付的包装费　D.代购货方垫付的运杂费

3.下列事项中，通过“其他应收款”科目核算的有（　）。

A.应收的各种赔款、罚款　B.应收的出租包装物租金

C.存出保证金　D.企业代购货单位垫付的包装费、运杂费

4.下列各项中，应确认为应付职工薪酬的有（　）。

A.非货币性福利　B.社会保险费和辞退福利

C.职工工资、福利费　D.工会经费和职工教育经费

5.下列各项业务中，应记入“坏账准备”科目贷方的有（　）。

A.冲回多提的坏账准备　B.当期确认的坏账损失

C.当期应补提的坏账准备　D.已转销的坏账当期又收回

6.按照会计准则的规定，可以作为应收账款入账金额的项目有（　）。

A.商品销售收入价款　B.增值税销项税额

C.商业折扣　D.代垫运杂费

7.下列项目中，不属于其他应付款的有（　）。

A.应付职工工资、奖金、津贴和补贴　B.经营租入固定资产和包装物的租金

C.购买商品开出的商业汇票　D.应付、暂收所属单位/个人的款项

8.下列各项中，会引起应收账款账面价值发生变化的有（　）。

A.计提坏账准备　B.收回应收账款　C.转销坏账准备　D.收回已转销的坏账

9.下列各项中，构成应付账款入账价值的有（　）。

A.购买商品的价款　B.购买货物发生的现金折扣

C.销货方垫付的运杂费　D.购买货物发生的商业折扣

10.下列各项中，应作为职工薪酬计入相关资产成本的有（　）。

A.设备采购人员差旅费　B.公司总部管理人员的工资

C.生产人员的伙食补贴　D.材料入库前挑选整理人员的工资

三、判断题

1.企业为职工交纳的基本养老保险、补充养老保险，以及为职工购买的商业养老保险，均属于企业提供的职工薪酬。（　）

2.将企业拥有的房屋无偿提供给职工使用的，应当根据受益对象，将该住房每期应计提的折旧计入相关资产成本或当期损益，借记“管理费用”“生产成本”“制造费用”等科目，贷记“累计折旧”科目。（　）

3.企业应收款项发生减值时，应将该应收款项账面价值高于预计未来现金流量现值的差额，确认为减值损失，计入当期损益。（　）

4.预付账款不多的企业，可以不设置“预付账款”科目。企业预收客户货款时，直接将其记入“其他应付款”科目的贷方。（　）

5.商业承兑汇票到期无法支付，则由开户银行直接支付给收款人或持票人。（　）

6.采用备抵法核算坏账的情况下，发生坏账时所编制的冲销应收账款的会计分录，会使资产及负债同时减少相同数额。（　）

7.在备抵法下，已确认并已转销的坏账损失，以后又收回的，仍然应通过“应收账款”账户核算，并贷记“资产减值损失”账户。（　）

8.已确认为坏账的应收账款，意味着企业放弃了其追索权。（　）

9. 企业生产工人的社会保险费应计入当期管理费用。（　　）

10. 计提应付职工薪酬时，国家规定了计提基础和计提比例的，应当按照国家规定的标准计提；没有规定计提基础和计提比例的，企业不得预计当期应付职工薪酬。（　　）

四、计算分析题

1. 2024年1月1日，甲公司应收账款余额为3 000万元，坏账准备余额为150万元。2024年度，公司发生了如下相关业务：

（1）销售商品一批，增值税专用发票上注明的价款为5 000万元、增值税为650万元，货款尚未收到。

（2）因客户破产，该客户所欠货款10万元不能收回，确认为坏账损失。

（3）收回上年度已转销为坏账损失的应收账款8万元并存入银行。

（4）收到客户以前所欠的货款4 000万元并存入银行。

（5）2024年12月31日，公司对应收账款进行减值测试，按5%计提坏账准备。

要求：（1）编制2024年度确认坏账损失的会计分录。

（2）编制收到上年度已转销为坏账损失的应收账款的会计分录。

（3）计算2024年年末“坏账准备”科目余额。

（4）编制2024年年末计提坏账准备的会计分录。

2. 甲公司为增值税一般纳税人，增值税税率为13%。采用备抵法核算坏账。2024年12月1日，公司“应收账款”科目借方余额为500万元，“坏账准备”科目贷方余额为25万元，计提坏账准备的比例为期末应收账款余额的5%。12月份，公司发生如下相关业务：

（1）12月5日，向光辉公司赊销商品一批，按商品价目表标明的价格计算的金额为1 000万元（不含增值税），由于是成批销售，公司给予光辉公司10%的商业折扣（含增值税）。

（2）12月9日，客户恒源公司破产，根据清算程序，应收账款40万元不能收回，确认为坏账。

（3）12月11日，收到光辉公司的销货款500万元，存入银行。

（4）12月21日，收到2023年已转销为坏账的应收账款10万元，存入银行。

（5）12月30日，向阳光公司销售商品一批，增值税专用发票上注明的售价为100万元、增值税为13万元。款项尚未收取。

要求：（1）编制上述业务的会计分录。

（2）计算公司本期应计提的坏账准备并编制会计分录。

3. 甲公司为增值税一般纳税人，适用的增值税税率为13%。2024年12月发生与职工薪酬有关的交易或事项如下：

（1）对行政管理部门使用的设备进行日常维修，应付企业内部维修人员工资1.2万元。

（2）对以短期租赁方式租入的生产线进行改良，应付企业内部改良工程人员工资3万元。

（3）为公司总部下属25位部门经理每人配备汽车一辆免费使用，假定每辆汽车每月计提折旧0.08万元。

（4）将50台自产的V型厨房清洁器作为福利分配给本公司行政管理人员。该厨房清洁器每台生产成本为1.2万元，市场售价为1.5万元（不含增值税）。

（5）月末，分配职工工资150万元，其中，直接生产产品人员工资105万元，车间管理人员工资15万元，企业行政管理人员工资20万元，专设销售机构人员工资10万元。

（6）以银行存款缴纳职工医疗保险费5万元。

（7）按规定计算代扣代缴职工个人所得税0.8万元。

（8）以现金支付职工李某生活困难补助0.1万元。

（9）从应付张经理的工资中，扣回上月代垫的应由其本人负担的医疗费0.8万元。

要求：编制上述业务的会计分录。

4. 甲公司为增值税一般纳税人，适用的增值税税率为13%。2024年12月发生以下经济业务：

（1）接到供电部门通知，公司本月应付电费40 000元，其中，车间30 000元，管理部门10 000元。

（2）购入材料一批，价款10 000元，增值税1 300元，材料验收入库，款项尚未支付。

（3）购入一台不需要安装的设备，价款100 000元，增值税13 000元，款项尚未支付。

（4）库存材料因自然灾害发生毁损，材料成本5 000元，增值税650元。

（5）经批准上述材料毁损转作营业外支出。

（6）建造厂房领用生产用原材料20 000元，其购入时增值税为2 600元。

要求：编制上述业务的会计分录。

5. 甲公司为增值税小规模纳税人，2024年12月发生如下经济业务：

（1）购入材料一批，取得的增值税专用发票上注明货款20 000元、增值税2 600元，款项以银行存款支付，材料已经验收入库（该企业按实际成本计价核算）。

（2）销售产品一批，所开具的增值税普通发票中注明货款（含税）20 600元，增值税征收率为3%，款项已存入银行。

（3）月末以银行存款上缴增值税600元。

要求：编制上述业务的会计分录。

项目六　债务资金岗位

学习目标

- 理解债务资金岗位的相关会计规范要求
- 掌握短期借款业务的会计核算方法
- 掌握长期借款业务的会计核算方法
- 掌握应付债券业务的会计核算方法
- 理解债务资金岗位的账务处理

岗位工作导图

债务资金岗位工作导图如图6-1所示。

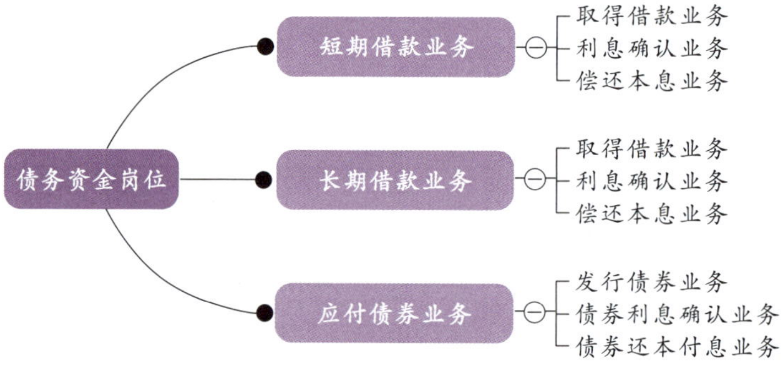

图6-1　债务资金岗位工作导图

任务1　短期借款业务

短期借款是指企业向银行或其他金融机构等借入的期限在1年以下（含1年）的各种款项。

任务1 短期借款业务

一、短期借款的基本内容

短期借款一般是企业为了满足正常生产经营所需的资金或者是为了抵偿某项债务而借入的资金，主要包括：流动资金借款、临时借款、结算借款、票据贴现借款等形式。

企业的短期借款必须按合法手续借入，并按规定用途使用，在使用中必须遵守各项法律、法规和财经纪律。企业发生的短期借款业务一般需要经过批准借款、签订借款合同或协议、取得借款、计算利息、偿还借款等一系列程序。

二、短期借款的账务处理

短期借款

为了核算和监督企业短期借款业务，企业应设置“短期借款”“财务费用”

“应付利息”等会计科目。其中：“短期借款”科目主要用于核算短期借款的取得、偿还等情况；该科目可按借款种类、贷款人和币种设置明细科目进行核算。“财务费用”科目主要用于核算短期借款的利息费用。“应付利息”科目主要用于核算短期借款应付而未付的利息。

财务费用

应付利息

票据百宝箱

借款借据（具体如图6-2所示）是用于规范单位与单位、单位与个人之间借贷事项的业务单据，主要包括银行编号、借款人名称、借款金额、借款用途、借款利率、放款账号、结算账号、约定偿还日期等信息。

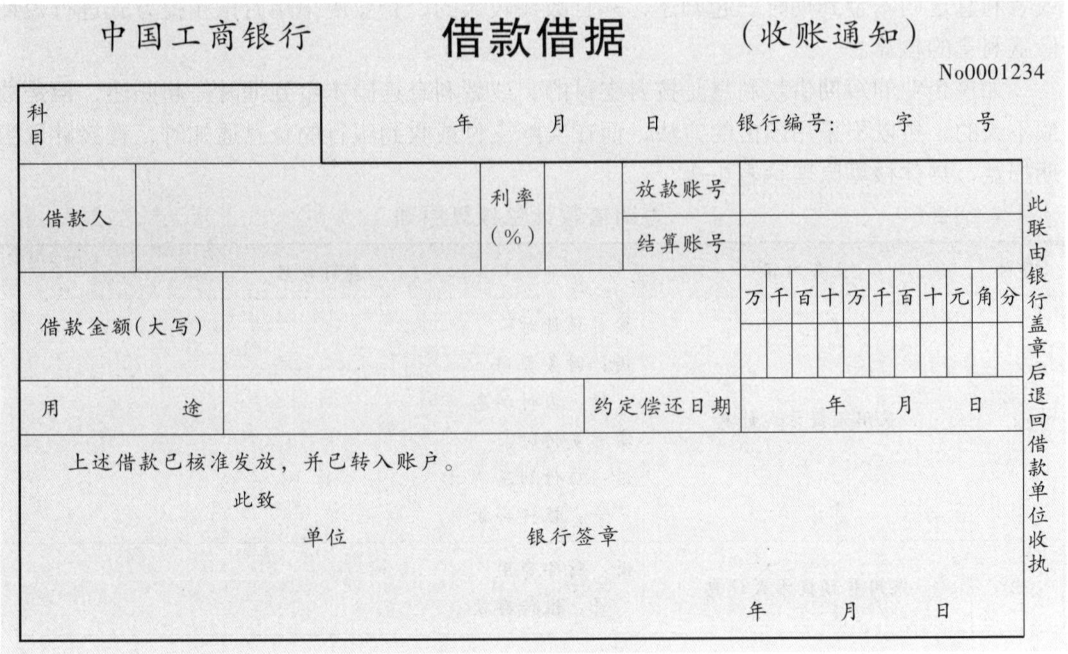

中国工商银行　　借款借据　　（收账通知）

No0001234

科目		年　月　日　银行编号：　字　号			
借款人		利率（%）		放款账号	
				结算账号	
借款金额（大写）					万千百十万千百十元角分
用　途			约定偿还日期		年　月　日

上述借款已核准发放，并已转入账户。

此致

单位　　银行签章

年　月　日

此联由银行盖章后退回借款单位收执

图6-2　借款借据

1.短期借款的取得

银行是经营货币资金的金融企业，有严格的操作规范，企业在按规定程序向银行或其他金融机构取得短期借款时，记入“短期借款”科目。具体核算原理见表6-1。

表6-1　短期借款取得核算原理

序号	业务内容	会计处理
1	取得短期借款	借：银行存款 　贷：短期借款

实务案例6-1

【背景资料】浙江美华机械有限责任公司发生相关经济业务如下：

2024年1月1日，公司向银行借入一笔生产经营用短期借款，共计120 000元，期限为10个月，年利率为8%。根据与银行签署的借款协议，该项借款的本金到期后一次归还；利息分月预提，按季支付。

【要求】根据上述业务资料，完成相关的会计处理。

【分析提示】会计分录如下：

●2024年1月1日，取得短期借款时：

借：银行存款 120 000

　贷：短期借款 120 000

2.短期借款的利息确认

企业借入短期借款应支付利息。短期借款利息属于筹资费用，应当于发生时直接计入当期财务费用。在实际工作中，如果短期借款利息是按期支付的（如按季度支付利息），或者利息连同本金到期时一起归还，并且数额较大的，企业应采用月末预提方式进行短期借款利息的核算。

如果企业的短期借款利息是按月支付的，或者利息连同本金到期时一起归还，但是数额不大的，可以不采用预提的方法，而在实际支付或收到银行的计息通知时，直接计入当期损益，具体核算原理见表6-2。

表6-2 短期借款计息核算原理

序号	业务内容	会计处理
1	采用预提方式计息	按月预计时： 借：财务费用 　贷：应付利息 实际支付时： 借：应付利息 　贷：银行存款
2	采用非预提方式计息	借：财务费用 　贷：银行存款

实务案例6-2

【背景资料】浙江美华机械有限责任公司发生相关经济业务如下：

根据与银行签署的借款协议，借款的本金到期后一次归还；利息分月预提，按季支付。借款系2024年1月1日借入，借款本金120 000元，期限为10个月，年利率为8%。2024年1月31日，公司计提本月利息费用；2月28日，计提本月利息费用；3月31日，计提本月利息费用并支付本季度利息费用。

【要求】根据上述业务资料，完成相关的会计处理。

【分析提示】会计分录如下：

●2024年1月31日，计提1月份应计利息时：

本月应计提的利息金额=120 000×8%÷12=800（元）

借：财务费用 800

　贷：应付利息 800

●2024年2月28日，计提2月份应计利息时：

本月应计提的利息金额=120 000×8%÷12=800（元）

借：财务费用 800

贷：应付利息　800

●2024年3月31日，计提3月份应计利息时：

本月应计提的利息金额=120 000×8%÷12=800（元）

借：财务费用　800

贷：应付利息　800

●2024年3月31日，支付本季度利息费用时：

借：应付利息　2 400

贷：银行存款　2 400

视频
短期借款业务核算

3.短期借款的偿还

企业短期借款到期偿还本金时，应按归还的金额，记入“短期借款”科目。具体核算原理见表6-3。

表6-3　短期借款偿还核算原理

序号	业务内容	会计处理
1	归还短期借款	借：短期借款 贷：银行存款

拓展训练
短期借款核算

实务案例6-3

【背景资料】浙江美华机械有限责任公司发生相关经济业务如下：

2024年11月1日，公司向银行归还短期借款本金120 000元。同时，支付10月份计提的利息费用800元（利息分月预提，按季支付）。

【要求】根据上述业务资料，完成相关的会计处理。

【分析提示】会计分录如下：

●2024年11月1日，偿还银行借款本金时：

借：短期借款　120 000

贷：银行存款　120 000

●2024年11月1日，支付10月份预提的银行借款利息时：

借：应付利息　800

贷：银行存款　800

任务2　长期借款业务

长期借款是指企业向银行或其他金融机构借入的期限在1年以上（不含1年）的各种借款。

任务2
长期借款业务

一、长期借款的基本内容

长期借款一般用于固定资产的购建、改扩建工程、大修理工程、对外投资以及保持长期经营能力等方面的需要。

由于长期借款的使用关系到企业的生产经营规模和效益，必须加强管理与核算。企业除了要遵守有关的贷款规定、编制借款计划并要有不同形式的担保外，还应监督借款的使用、按期支付长期借款的利息以及按规定的期限归还借款本金等。因此，长期借款会计处理的基本要求是反映和监督企业长期借款的借入、借款利息的结算和借款本息的归还情况，促使企业遵守信贷纪律、提高信用等级，确保长期借款发挥效益。

二、长期借款的账务处理

企业应通过“长期借款”科目，核算长期借款的借入、归还等情况。该科目可按照贷款单位和贷款种类设置明细账，分别“本金”“利息调整”等进行明细核算。

长期借款

按照付息方式与本金的偿还方式，长期借款可分为分期付息到期还本长期借款、到期一次还本付息长期借款、分期偿还本息长期借款。按所借币种，长期借款可分为人民币长期借款和外币长期借款。

票据百宝箱

长期借款利息费用计算表（具体见表6-4）是主要用于计算长期借款利息费用的工作表格，主要包括：贷款项目、贷款期限、本金、年利率、月利息等信息。

表6-4 长期借款利息费用计算表

年 月 日

贷款项目	贷款期限	本金	年利率	月利息
合计				

审核人： 复核人： 制单人：

1.长期借款的取得

企业借入长期借款，应按实际收到的金额，记入“长期借款”科目。具体核算原理见表6-5。

表6-5 长期借款取得核算原理

序号	业务内容	会计处理
1	实际收到借款金额=借款本金	借：银行存款 贷：长期借款——本金
2	实际收到借款金额<借款本金	借：银行存款 长期借款——利息调整 贷：长期借款——本金
3	实际收到借款金额>借款本金	借：银行存款 贷：长期借款——本金 ——利息调整

实务案例6-4

【背景资料】浙江美华机械有限责任公司发生相关经济业务如下：

2024年11月30日，公司从银行借入资金4 000 000元，借款期限为3年，年利率为8.4%（到期一次还本付息，不计复利），假定年利率等于实际利率。所借款项已存入银行。该企业用该借款于当日购买不需安装的设备一台，价款3 300 000元、增值税429 000元，设备已于当日投入使用。

【要求】根据上述业务资料，完成相关的会计处理。

【分析提示】会计分录如下：

●2024年11月30日，取得借款时：

借：银行存款　　4 000 000

　贷：长期借款——本金　　4 000 000

●2024年11月30日，支付设备款时：

借：固定资产　　3 300 000

　　应交税费——应交增值税（进项税额）　　429 000

　贷：银行存款　　3 729 000

2.长期借款的利息确认

长期借款利息费用应当在资产负债表日按照实际利率法计算确定，实际利率与合同利率差异较小的，也可以采用合同利率计算确定利息费用。长期借款按合同利率计算确定的应付未付利息，如果属于分期付息的，记入“应付利息”科目；如果属于到期一次还本付息的，记入“长期借款——应计利息”科目。

长期借款计算确定的利息费用，应当按以下原则计入有关成本、费用：属于筹建期间的利息费用，计入管理费用；属于生产经营期间的利息费用，一般应计入财务费用。如果长期借款用于购建固定资产，在固定资产尚未达到预定可使用状态前，所发生的利息支出数应当资本化，计入在建工程成本；固定资产达到预定可使用状态后发生的利息支出，以及按规定不予资本化的利息支出，计入财务费用。具体核算原理见表6-6。

表6-6　**长期借款计息核算原理**

序号	业务内容	会计处理
1	分次计息	借：管理费用 　　在建工程 　　财务费用 　　研发支出 　贷：应付利息 　　　长期借款——利息调整（可能在借方）
2	到期一次还本付息	借：管理费用 　　在建工程 　　财务费用 　　研发支出 　贷：长期借款——应计利息 　　　　　　　——利息调整（可能在借方）

实务案例6-5

【背景资料】浙江美华机械有限责任公司发生相关经济业务如下：

2024年12月31日，公司计提本月长期借款利息费用（此借款系2024年11月30日借入）。借款本金4 000 000元，全部用于购买不需要安装的设备，借款期限为3年，年利率为8.4%（到期一次还本付息，不计复利），假定年利率等于实际利率。

【要求】根据上述业务资料，完成相关的会计处理。

【分析提示】会计分录如下：

视频

2024年12月31日计提的长期借款利息=4 000 000×8.4%÷12=28 000（元）

借：财务费用　　28 000

　贷：长期借款——应计利息　　28 000

长期借款业务核算

3.长期借款的偿还

企业归还长期借款的本金时，应按归还的金额，记入“长期借款——本金”科目；按归还的利息，记入“应付利息”或“长期借款——应计利息”等科目。具体核算原理见表6–7。

表6–7　长期借款偿还核算原理

序号	业务内容	会计处理
1	偿还长期借款本金	借：长期借款——本金 　贷：银行存款
2	支付长期借款利息	借：应付利息（分次计息） 　　长期借款——应计利息（到期一次还本付息） 　贷：银行存款

实务案例6–6

【背景资料】浙江美华机械有限责任公司发生相关经济业务如下：

2027年11月30日，公司归还长期借款的本金4 000 000元，归还借款利息1 008 000元（到期一次还本付息，不计复利），假定年利率等于实际利率。

【要求】根据上述业务资料，完成相关的会计处理。

【分析提示】会计分录如下：

拓展训练

借：长期借款——本金　　4 000 000

　　　　　——应计利息　　1 008 000

　贷：银行存款　　5 008 000

长期借款核算

任务3　应付债券业务

任务3

应付债券业务

应付债券是指企业为筹集（长期）资金而发行的债券。通过发行债券取得的资金，构成了企业的一项非流动负债，企业会在未来某一特定日期按债券所记载的利率、期限等约定还本付息。

一、债券发行的基本类型

企业债券发行价格的高低一般取决于债券票面金额、债券票面利率、发行当时的市场利率，以及债券期限的长短等因素。债券发行有面值发行、溢价发行和折价发行三种情况。企业债券按其面值价格发行的，称为面值发行；假设其他条件不变，债券的票面利率高于同期银行存款利率或市场利率时，可按超过债券面值的价格发行，称为溢价发行；债券的票面利率低于同期银行存款利率或市场利率时，可按低于债券面值的价格发行，称为折价发行。债券溢价或折价不是债券发行企业的收益或损失，而是发行债券企业在债券存续期内对利息费用的一种调整。

二、应付债券的账务处理

企业应设置“应付债券”科目，核算应付债券发行、计提利息、还本付息等情况。该科目可按“面值”“利息调整”“应计利息”等设置明细科目进行明细核算。

应付债券

企业应当设置“企业债券备查簿”，详细登记每一企业债券的票面金额、债券票面利率、还本付息期限与方式、发行总额、发行日期和编号、委托代售单位、转换股份等资料。企业债券到期清算时，应当在备查簿内逐笔注销。

1.发行债券

企业发行债券时，应按实际收到的金额，记入“应付债券”科目。对于企业债券发行直接产生的发行费用扣除发行期间冻结资金所产生的利息收入，应当作为“利息调整”的一部分计入债券的初始确认金额，在债券存续期间于计提利息时进行摊销。具体核算原理见表6-8。

表6-8　应付债券发行核算原理

序号	业务内容	会计处理
1	面值发行债券	借：银行存款 　贷：应付债券——面值
2	溢价发行债券	借：银行存款 　贷：应付债券——面值 　　　　　　——利息调整
3	折价发行债券	借：银行存款 　　应付债券——利息调整 　贷：应付债券——面值

实务案例6-7

【背景资料】浙江美华机械有限责任公司发生相关经济业务如下：

2024年12月31日，公司获得批准发行5年期一次还本、分期付息的企业债券10 000 000元，实际收到款项10 432 700元。债券利息在每年12月31日支付，票面利率为6%，假定发行时的市场利率为5%。

【要求】根据上述业务资料，完成相关的会计处理。

视频

【分析提示】会计分录如下：

借：银行存款　10 432 700

　贷：应付债券——面值　10 000 000

　　　　　　——利息调整　432 700

发行债券业务核算

2.债券利息的确认

发行长期债券的企业，应按期计提利息；同时，对因债券溢、折价形成的利息调整按照实际利率法进行摊销。实际利率法是指每期的利息费用按实际利率乘以期初债券账面价值计算，按实际利率计算的利息费用与按债券面值和票面利率计算的应计利息的差额，即为本期摊销的溢价或折价。实际利率是指将应付债券在债券存续期内的未来现金流量折现为债券当前账面价值所使用的利率。

债券票面利息=债券面值×票面利率

债券利息费用=应付债券的期初账面价值（摊余成本）×实际利率

摊销的利息调整=债券利息费用-债券票面利息

对于发行的债券，在每期采用实际利率（实际利率与票面利率差异较小时，也可按票面利率）计算计提利息时，应当按照与长期借款相一致的原则计入有关成本费用。

票据百宝箱

债券溢价/折价摊销表（具体见表6-9）是在实际利率法条件下，用于计算发行债券利息费用的工作表格，主要包括应付利息、实际利息费用、利息调整摊销额、债券摊余成本等信息。

表6-9 债券溢价/折价摊销表（实际利率法） 单位：元

计息日	应付利息	实际利息费用	利息调整摊销额	债券摊余成本
	（1）=面值×票面利率	（2）=上期（4）×实际利率	（3）=（2）-（1）	（4）=上期（4）+（3）
合计				

对于分期付息、到期一次还本的债券，其按票面利率计算确定的应付未付利息记入“应付利息”科目核算；对于一次还本付息的债券，其按票面利率计算确定的应付未付利息记入“应付债券——应计利息”科目核算。

应付债券按实际利率计算确定的利息费用，与按票面利率计算确定的应付未付利息存在差额的，借记或贷记“应付债券——利息调整”科目。具体核算原理见表6-10。

表6-10 应付债券计息核算原理

序号	业务内容	会计处理
1	分次计息、到期一次还本	借：管理费用 在建工程 研发支出 财务费用 贷：应付利息 应付债券——利息调整（可能在借方）
2	到期一次还本付息	借：管理费用 在建工程 研发支出 财务费用 贷：应付债券——应计利息 ——利息调整（可能在借方）

实务案例6-8

【背景资料】浙江美华机械有限责任公司发生相关经济业务如下：

2023年1月1日，公司以1 120.47万元的价格发行一批4年期一次还本、分期付息的债券，主要用于建造生产厂房。该批债券总面值1 200万元，票面利率为6%，每年12月31日计息，次年1月5日付息。假定债券发行时的市场利率为8%。工程于2023年1月1日启动，2025年12月31日完工。

【要求】根据上述业务资料，完成相关的会计处理。

【分析提示】会计分录如下：

●公司发行债券时：

借：银行存款 11 204 700

应付债券——利息调整 795 300

贷：应付债券——面值 12 000 000

●计提利息费用及摊销利息调整额，见表6-11。

表6-11 债券折价摊销表（实际利率法） 单位：元

计息日	应付利息	实际利息费用	利息调整摊销额	债券摊余成本
	（1）=面值×6%	（2）=上期（4）×8%	（3）=（2）-（1）	（4）=上期（4）+（3）
2023.1.1				11 204 700
2023.12.31	720 000	896 376	176 376	11 381 076
2024.12.31	720 000	910 486	190 486	11 571 562
2025.12.31	720 000	925 725	205 725	11 777 287
2026.12.31	720 000	942 713*	222 713*	12 000 000
合计	2 880 000	3 675 300	795 300	—

注：*222 713为尾数调整，942 713=720 000+222 713

●2023年12月31日，计提利息费用时：

借：在建工程 896 376

贷：应付利息 720 000

应付债券——利息调整 176 376

●2024年1月5日，支付利息时：

借：应付利息 720 000

贷：银行存款 720 000

●2024年12月31日，计提利息费用时：

借：在建工程 910 486

贷：应付利息 720 000

应付债券——利息调整 190 486

●2025年1月5日，支付利息时：

借：应付利息 720 000

贷：银行存款 720 000

●2025年12月31日，计提利息费用时：

借：在建工程 925 725

贷：应付利息 720 000

应付债券——利息调整 205 725

●2026年1月5日，支付利息时：

借：应付利息 720 000

贷：银行存款 720 000

●2026年12月31日，计提利息费用时：

借：财务费用 942 713

贷：应付利息 720 000

应付债券——利息调整 222 713

实务案例6-9

【背景资料】浙江美华机械有限责任公司发生相关经济业务如下：

2023年1月1日，公司以1 129.32万元的价格发行一批5年期一次还本付息的债券，主要用于生产经营使用。该债券总面值1 000万元，票面利率为8%，每年12月31日进行计息与摊销。假定债券发行时的市场利率为5%。

【要求】根据上述业务资料，完成相关的会计处理。

【分析提示】会计分录如下：

●公司发行债券时：

借：银行存款 11 293 200

贷：应付债券——面值 10 000 000

——利息调整 1 293 200

●计提利息费用及摊销利息调整额，见表6-12。

表6-12 债券溢价摊销表（实际利率法） 单位：元

计息日	应付利息	实际利息费用	利息调整摊销额	债券摊余成本
	(1) =面值×8%	(2) =上期 (4) ×5%	(3) = (2) - (1)	(4) =上期 (4) + (3)
2023.1.1				11 293 200
2023.12.31	800 000	564 660	-235 340	11 057 860
2024.12.31	800 000	552 893	-247 107	10 810 753
2025.12.31	800 000	540 537.65	-259 462.35	10 551 290.65
2026.12.31	800 000	527 564.53	-272 435.47	10 278 855.18
2027.12.31	800 000	521 144.82*	-278 855.18*	10 000 000
合计	4 000 000	2 706 800	-1 293 200	

注：*278 855.18为尾数调整，521 144.82=800 000-278 855.18。

●2023年12月31日，计提利息费用时：

借：财务费用　564 660

　　应付债券——利息调整　235 340

　贷：应付债券——应计利息　800 000

●2024年12月31日，计提利息费用时：

借：财务费用　552 893

　　应付债券——利息调整　247 107

　贷：应付债券——应计利息　800 000

●2025年12月31日，计提利息费用时：

借：财务费用　540 537.65

　　应付债券——利息调整　259 462.35

　贷：应付债券——应计利息　800 000

●2026年12月31日，计提利息费用时：

借：财务费用　527 564.53

　　应付债券——利息调整　272 435.47

　贷：应付债券——应计利息　800 000

●2027年12月31日，计提利息费用时：

借：财务费用　521 144.82

　　应付债券——利息调整　278 855.18

　贷：应付债券——应计利息　800 000

3.债券的还本付息

长期债券到期，企业支付债券本息时，记入“应付债券——面值”“应付债券——应计利息”“应付利息”等科目。具体核算原理见表6-13。

表6-13　**应付债券偿还核算原理**

序号	业务内容	会计处理
1	偿还应付债券本金	借：应付债券——面值 　贷：银行存款
2	支付应付债券利息	借：应付利息（分期付息时） 　　应付债券——应计利息（到期一次还本付息时） 　贷：银行存款

实务案例6-10

【背景资料】浙江美华机械有限责任公司发生相关经济业务如下：

2024年12月31日，公司发行的3年期、到期一次还本付息的债券到期，偿还本金4 000 000元，支付到期利息费用200 000元。

【要求】根据上述业务资料，完成相关的会计处理。

【分析提示】会计分录如下：

借：应付债券——面值　4 000 000

　　　　　　——应计利息　200 000

　贷：银行存款　4 200 000

拓展训练

应付债券核算

同步测验

一、单项选择题

1. 甲公司2024年7月1日向银行借入资金60万元，期限6个月，年利率为6%，到期还本，按月计提利息，按季付息。该公司7月31日应计提的利息为（　　）万元。

A.0.3　　B.0.6　　C.0.9　　D.3.6

2. 核算短期借款利息时，不会涉及的会计科目是（　　）。

A.“应付利息”　　B.“财务费用”　　C.“银行存款”　　D.“短期借款”

3. 企业生产经营期间发生的长期借款利息应记入（　　）科目。

A.“在建工程”　　B.“财务费用”　　C.“开办费”　　D.“长期待摊费用”

4. 下列各项中，属于非流动负债的是（　　）。

A.预收账款　　B.应付票据　　C.应付债券　　D.应付账款

5. 为购建固定资产取得的专门借款的利息支出，在固定资产达到预计可使用状态前，应记入（　　）科目的借方。

A.“应付利息”　　B.“财务费用”　　C.“在建工程”　　D.“短期借款”

6. 区分流动负债和非流动负债的标志是（　　）。

A.举债的期限　　B.举债的金额　　C.举债的范围　　D.还本付息的方式

7. 偿还分期付息、一次还本的长期借款的利息，其会计处理应为（　　）。

A.借记“应付账款”账户，贷记“银行存款”账户

B.借记“财务费用”账户，贷记“银行存款”账户

C.借记“长期借款”账户，贷记“银行存款”账户

D.借记“应付利息”账户，贷记“银行存款”账户

8. 为建造固定资产而发生的长期借款费用，在固定资产交付使用后，应计入（　　）。

A.财务费用　　B.固定资产价值　　C.管理费用　　D.研发支出

9. 在企业筹备期间发生的长期借款利息应记入（　　）账户。

A.“财务费用”　　B.“在建工程”　　C.“管理费用”　　D.“专项工程支出”

10. 公司折价发行债券，债券面值与发行收入的差额实质是（　　）。

A.为以后少付利息而付出的代价　　B.为后期多付利息而得到的补偿

C.当期利息收入　　D.以后期间的利息收入

二、多项选择题

1. 企业长期借款的利息费用，可能涉及的科目有（　　）。

A.“在建工程”　　B.“管理费用”　　C.“财务费用”　　D.“固定资产”

2. 下列对长期借款利息费用的会计处理中，正确的有（　　）。

A.筹建期间的借款利息计入管理费用　　B.筹建期间的借款利息计入长期待摊费用

C.日常生产经营活动的借款利息计入财务费用　　D.符合资本化条件的借款利息计入相关资产成本

3. 企业非流动负债包括（　　）。

A.长期借款　　B.应付职工薪酬　　C.应付债券　　D.应付账款

4. “应付债券”账户的贷方反映的有（　　）。

A.债券发行时产生的债券溢价　　B.债券发行时产生的折价

C.期末计提的应付债券利息　　D.债券的面值

5. “应付债券”账户的借方反映的有（　　）。

A.债券溢价的摊销　　B.债券折价的摊销

C.期末计提的应付债券的利息　　D.归还的债券本金

6. 长期借款的明细科目主要包括（　　）。

A.“本金”　　B.“利息调整”　　C.“溢价调整”　　D.“折价调整”

7. 发行债券的方式有（　　）。

A. 溢价发行　　B. 折价发行　　C. 按成本发行　　D. 面值发行

8. 企业按面值发行债券，按期计提利息时，可能涉及的会计科目有（　　）。

A.“财务费用”　　B.“在建工程”　　C.“应付债券”　　D.“研发支出”

9. 长期借款所发生的利息支出，可能借记的科目有（　　）。

A.“在建工程”　　B.“销售费用”　　C.“管理费用”

D.“财务费用”　　E.“研发支出”

10.“长期借款”账户的贷方核算的内容有（　　）。

A. 借入的长期借款　　B. 长期借款应计未付利息　　C. 偿还长期借款本金

D. 偿还长期借款利息　　E. 取得长期借款的手续费

三、判断题

1. 对于固定资产借款发生的利息支出，在竣工决算前发生的，应予以资本化，将其计入固定资产的建造成本；在竣工决算后发生的，则应作为当期费用处理。（　　）

2. 为购建固定资产而发生的借款费用应全部计入所购建固定资产的成本。（　　）

3.“长期借款”账户的期末余额，反映企业尚未支付的各种长期借款的本金和利息。（　　）

4. 企业发生的所有借款利息都应作为财务费用处理。（　　）

5. 企业计提长期借款利息时，应当借记“在建工程”或“财务费用”等账户，贷记“银行存款”账户。（　　）

6. 对于一次还本付息债券，每期期末计提的利息应记入“应付债券——应计利息”账户；而对于分期付息、到期一次还本的债券，每期期末计提利息时，应记入“应付利息”账户。（　　）

7. 短期借款利息在预提或实际支付时均应通过“短期借款”科目核算。（　　）

8. 当债券的票面利率高于市场利率时，债券按折价发行。（　　）

9. 实际利率法，是指按照应付债券的实际利率计算其摊余成本及各期利息费用的方法。（　　）

10. 企业发行债券，无论是按面值发行，还是溢价或折价发行，均应按债券的面值，借记“银行存款”等账户，贷记“应付债券——面值”账户。（　　）

四、计算分析题

1. 甲公司于2024年4月1日向银行借入10万元，用于生产经营资金的周转。年利率6%，期限3个月，到期一次还本付息。

要求：根据上述业务资料，编制相关会计分录。

2. 甲公司向银行申请专门性借款300万元，用于办公楼的建造，借款期为3年，年利率为5%。2022年12月31日，收到上述款项。2023年1月开始建造该办公楼，1月支付建设款160万元给建造单位。该专门性借款于每年年底计算利息并于次年1月支付；2024年6月30日，工程完工并投入使用，并支付施工单位建设余款140万元。

要求：根据上述业务资料，编制相关会计分录。

3. 甲公司经批准于2023年1月1日发行两年期、面值为100元的债券20万张，债券票面年利率为3%，每年7月1日和1月1日付息两次，到期归还本金和最后一次利息。该债券发行收款1 961.92万元，债券实际利率为年利率4%。该债券所筹资金全部用于新生产线的建设，该生产线于2024年6月底完工交付使用。债券溢（折）价采用实际利率法摊销，每年6月30日和12月31日计提利息。

要求：根据上述业务资料，编制相关会计分录。

4. 甲公司为增值税一般纳税人，适用的增值税税率为13%。该企业发行债券及购建设备的有关资料如下：

（1）2024年1月1日，经批准发行3年期面值为5 000 000元的公司债券。该债券每年年末计提利息后予以支付、到期一次还本，票面年利率为3%，发行价格为4 861 265万元，发行债券筹集的资金已收到。利息调整采用实际利率法摊销，经计算实际利率为4%。

（2）2024年1月10日，利用发行上述公司债券筹集的资金购置一台需要安装的设备，增值税专用发票上注明的设备价款为3 500 000元、增值税为455 000元，价款及增值税已由银行存款支付。购买该设备支付的运杂费为105 000元。（假设不考虑相关税费）

（3）该设备安装期间领用生产用材料一批，成本为300 000元，该原材料的增值税为39 000元；应付安装人员工资150 000元；用银行存款支付其他直接费用204 774.7元。2024年6月30日，该设备安装完成并交付使用。该设备预计使用年限为5年，预计净残值为50 000元，采用双倍余额递减法计提折旧。

（4）2026年4月30日，因调整经营方向，将该设备出售，收到价款2 200 000元，并存入银行。另外，用银行存款支付清理费用40 000元。假定不考虑与该设备出售有关的税费。

（5）假定设备安装完成并交付使用前的债券利息符合资本化条件全额资本化，且不考虑发行债券筹集资金存入银行产生的利息收入。

要求：（1）编制发行债券时的会计分录。

（2）编制2024年12月31日、2025年12月31日有关应付债券的会计分录。

（3）编制有关该固定资产安装以及交付使用的会计分录。

（4）计算固定资产计提折旧的总额。

（5）编制有关处置该固定资产的会计分录。

（6）编制有关债券到期的会计分录。

5.甲公司为增值税一般纳税人，假设2024年12月发生如下经济业务；

（1）12月1日，向工商银行借入期限为3个月的借款60 000元，年利率为6%，借款到期还本付息，借入的款项存入银行。

（2）12月8日，开出转账支票一张，向乙公司预付货款50 000元；同日收到丙公司预付的购货款40 000元，已存入银行。

（3）12月12日，收到乙公司货物结算单，其中，材料价款40 000元，增值税5 200元，材料已验收入库，货款已于本月8日预付，多余款项尚未退回。

（4）12月23日，向预付货款的丙公司销售A产品200件，单位售价100元；B产品300件，单位售价100元。适用的增值税税率为13%，其余款项尚未收回；公司另用银行存款为对方代垫运费500元。

（5）12月24日，接到银行通知，本季度企业存款利息收入300元已划入企业账户。

要求：根据上述业务资料，编制相关会计分录。

项目七　投资资金岗位

学习目标

- 理解投资资金岗位的相关会计规范要求
- 掌握交易性金融资产的会计核算方法
- 掌握债权投资的会计核算方法
- 掌握其他金融资产投资的会计核算方法
- 掌握长期股权投资的会计核算方法
- 掌握投资资金岗位的账务处理

岗位工作导图

投资资金岗位工作导图如图7-1所示。

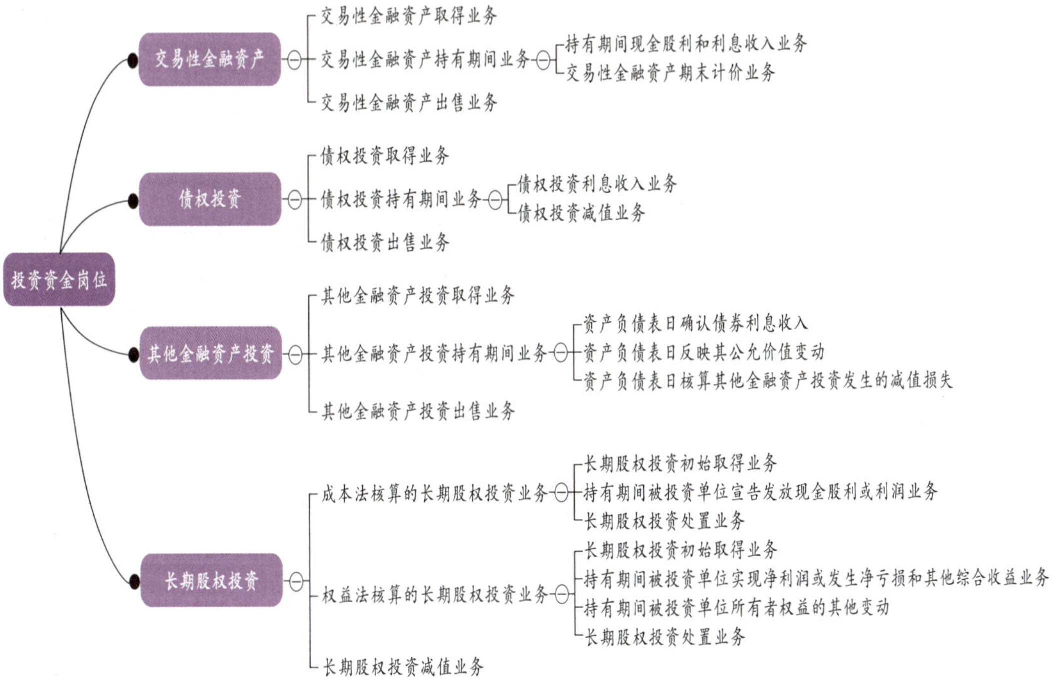

图7-1　投资资金岗位工作导图

任务1　交易性金融资产业务

交易性金融资产主要是指企业为了近期内出售而持有的金融资产，如企业以赚取差价为目的从二级市场购入的股票、债券、基金等。

一、交易性金融资产的主要特点

任务1

交易性金融资产业务

交易性金融资产的主要特点包括：①企业持有该资产的目的是短期获利，持有时间一般不超过一年（包括一年）。②该资产具有活跃市场，公允价值能够通过活跃市场获取。

二、交易性金融资产的科目设置

为了反映和监督交易性金融资产的取得、收取现金股利或利息、出售等情况，企业应当设置“交易性金融资产”“公允价值变动损益”“投资收益”等科目进行核算。

交易性金融资产

“交易性金融资产”科目核算企业为交易目的所持有的债券投资、股票投资、基金投资等交易性金融资产的公允价值。企业持有的直接指定为以公允价值计量且其变动计入当期损益的金融资产也在“交易性金融资产”科目核算。企业应当按照交易性金融资产的类别和品种，分别设置“成本”“公允价值变动”等明细科目进行核算。

公允价值变动损益

“公允价值变动损益”科目核算企业交易性金融资产等公允价值变动而形成的应计入当期损益的利得或损失。

投资收益

“投资收益”科目核算企业持有交易性金融资产等期间内取得的投资收益以及出售交易性金融资产等实现的投资收益或投资损失。

三、交易性金融资产的账务处理

（一）交易性金融资产的取得

企业取得交易性金融资产时，应当按照该金融资产取得时的公允价值作为其初始入账金额。公允价值是指市场参与者在计量日发生的有序交易中，出售一项资产所能收到或者转移一项负债所需支付的价格。金融资产的公允价值应当以市场交易价格为基础加以确定。企业取得交易性金融资产所支付价款中包含了已宣告但尚未发放的现金股利或已到付息期但尚未领取的债券利息的，应当单独确认应收项目，而不应当构成交易性金融资产的初始入账金额。

企业取得交易性金融资产所发生的相关交易费用应当在发生时计入投资收益进行会计处理。交易费用是指可直接归属于购买、发行或处置金融工具新增的外部费用，包括支付给代理机构、咨询公司、券商等的手续费和佣金及其他必要支出。具体核算原理见表7-1。

表7-1 交易性金融资产取得核算原理

序号	业务内容	会计处理
1	取得交易性金融资产	借：交易性金融资产——成本 　　应收股利/应收利息 　贷：银行存款/其他货币资金——存出投资款
2	支付交易费用	借：投资收益 　　应交税费——应交增值税（进项税额） 　贷：银行存款/其他货币资金——存出投资款
3	收到已到付息期但尚未领取的利息或已宣告但尚未发放的现金股利	借：银行存款/其他货币资金——存出投资款 　贷：应收股利/应收利息

实务案例7-1

【背景资料】浙江美华机械有限责任公司发生相关经济业务如下：

2024年3月10日，公司从证券交易所购入环球公司发行的股票100 000股准备短期持有，并将其划分为交易性金融资产。该笔股票投资在购买日的公允价值为485 000元，其中包括已宣告但尚未发放的现金股利5 000元；另支付相关交易费用3 000元、增值税180元。2024年4月15日，收到上述现金股利5 000元。

【要求】根据上述业务资料，完成相关的会计处理。

【分析提示】会计分录如下：

●2024年3月10日，购买公司股票时：

借：交易性金融资产——成本　　480 000
　　应收股利　　5 000
　贷：其他货币资金——存出投资款　　485 000

●2024年3月10日，支付相关交易费用时：

借：投资收益　　3 000
　　应交税费——应交增值税（进项税额）　　180
　贷：其他货币资金——存出投资款　　3 180

●2024年4月15日，收到现金股利时：

借：其他货币资金——存出投资款　　5 000
　贷：应收股利　　5 000

拓展训练
交易性金融资产取得

（二）交易性金融资产的持有

1.交易性金融资产持有期间的现金股利和利息收入

企业持有交易性金融资产期间对于被投资单位宣告发放的现金股利或企业在资产负债表日按分期付息、一次还本债券投资的票面利率计算的利息收入，应当确认为应收项目，并计入投资收益。具体核算原理见表7-2。

表7-2　交易性金融资产持有期间核算原理（现金股利/利息收入）

序号	业务内容	会计处理
1	取得被投资单位宣告发放的现金股利	借：应收股利 　贷：投资收益
2	资产负债表日按分期付息、一次还本债券投资的票面利率计算的利息收入	借：应收利息 　贷：投资收益

视频
交易性金融资产资产负债表日的核算

票据百宝箱

交易性金融资产投资收益计算表（具体见表7-3）是用于计算当期交易性金融资产投资收益的工作表格，主要包括交易性金融资产项目、数量（股）、每股现金股利、确认投资收益金额等信息。

表7-3　交易性金融资产投资收益计算表

年　月　日　　　　单位：元

交易性金融资产项目	数量（股）	每股现金股利	确认投资收益金额
合计			

会计：　　　　复核：　　　　制单：

实务案例 7-2

【背景资料】浙江美华机械有限责任公司发生相关经济业务如下：

2024年1月8日，公司从证券交易所购入环宇公司发行的公司债券。该笔债券于2023年7月1日发行，面值为25 000 000元，票面利率为4%。上年债券利息于下年年初支付。公司将其划分为交易性金融资产，支付价款为26 000 000元（其中包含已到付息期但尚未领取的债券利息500 000元）；另支付交易费用300 000元、增值税18 000元。2024年1月25日，公司收到该笔债券利息500 000元。2025年1月25日，公司收到2024年度的债券利息1 000 000元。

【要求】根据上述业务资料，完成相关的会计处理。

【分析提示】会计分录如下：

● 2024年1月8日，购入债券时：

借：交易性金融资产——成本　　25 500 000
　　应收利息　　500 000
　　投资收益　　300 000
　　应交税费——应交增值税（进项税额）　　18 000
　贷：其他货币资金——存出投资款　　26 318 000

● 2024年1月25日，收到购买价款中包含的已到付息期但尚未领取的债券利息时：

借：其他货币资金——存出投资款　　500 000
　贷：应收利息　　500 000

● 2024年12月31日，确认公司债券利息收入时：

2024年度应确认的债券利息收入=25 000 000×4%=1 000 000（元）

借：应收利息　　1 000 000
　贷：投资收益　　1 000 000

● 2025年1月25日，收到公司债券利息时：

借：其他货币资金——存出投资款　　1 000 000
　贷：应收利息　　1 000 000

2.交易性金融资产的期末计量

资产负债表日，交易性金融资产应当按照公允价值计量，公允价值与账面余额之间的差额计入当期损益。具体核算原理见表7-4。

表7-4　交易性金融资产持有期间核算原理（期末计量）

序号	业务内容	会计处理
1	资产负债表日，公允价值>账面余额	借：交易性金融资产——公允价值变动 　贷：公允价值变动损益
2	资产负债表日，公允价值<账面余额	借：公允价值变动损益 　贷：交易性金融资产——公允价值变动

实务案例 7-3

【背景资料】浙江美华机械有限责任公司发生相关经济业务如下：

2024年1月8日，公司从证券交易所购入明宇公司发行的公司债券，将其划分为交易性金融资产，确认交易性金融资产成本为25 500 000元。2024年6月30日，公司购买的该笔债券的市价为25 800 000元；2024年12月31日，公司购买的该笔债券的市价为25 600 000元。

【要求】根据上述业务资料，完成相关的会计处理。

【分析提示】会计分录如下：

●2024年1月8日，将购入债券确认为交易性金融资产时：

借：交易性金融资产——成本　　25 500 000
　贷：其他货币资金——存出投资款　　25 500 000

●2024年6月30日，确认该笔债券的公允价值变动损益时：

借：交易性金融资产——公允价值变动　　300 000
　贷：公允价值变动损益　　300 000

●2024年12月31日，确认该笔债券的公允价值变动损益时：

借：公允价值变动损益　　200 000
　贷：交易性金融资产——公允价值变动　　200 000

拓展训练
交易性金融资产后续计量

（三）交易性金融资产的出售

企业出售交易性金融资产时，应当将金融资产出售时的公允价值与其账面余额之间的差额作为投资收益进行会计处理。具体核算原理见表7-5。

表7-5　交易性金融资产出售核算原理

<table>
<tr><th>序号</th><th colspan="2">业务内容</th><th>会计处理</th></tr>
<tr><td rowspan="2">1</td><td rowspan="2">按出售时的公允价值与其账面余额的差额确认投资收益</td><td>产生投资收益</td><td>借：银行存款/其他货币资金——存出投资款
　贷：交易性金融资产——成本
　　　　　　　　——公允价值变动
　　投资收益</td></tr>
<tr><td>产生投资损失</td><td>借：银行存款/其他货币资金——存出投资款
　　投资收益
　贷：交易性金融资产——成本
　　　　　　　　——公允价值变动</td></tr>
</table>

实务案例7-4

【背景资料】浙江美华机械有限责任公司发生相关经济业务如下：

2024年1月16日，公司出售其持有的阳光公司股票，初始取得时确认为交易性金融资产，售价为25 650 000元。该股票账面余额为25 600 000元，其中：成本25 500 000元，公允价值变动100 000元。

【要求】根据上述业务资料，完成相关的会计处理。

【分析提示】会计分录如下：

●2024年1月16日，确认投资收益时：

借：银行存款　　25 650 000
　贷：交易性金融资产——成本　　25 500 000
　　　　　　　　——公允价值变动　　100 000
　　投资收益　　50 000

拓展训练

交易性金融资产出售

交易性金融资产转让按照卖出价扣除买入价（不需要扣除已宣告但尚未发放现金股利和已到付息期但尚未领取的利息）后的余额作为销售额计算增值税，即转让金融商品按盈亏相抵后的余额为销售额；若转让金融商品盈亏相抵后出现负差，可结转下一纳税期与下期转让金融商品销售额互抵，但年末时仍出现负差的，不得转入下一会计年度。具体核算原理见表7-6。

表7-6　交易性金融资产转让税金核算原理

序号	业务内容		会计处理
1	月末	盈亏相抵>0	借：投资收益 　贷：应交税费——转让金融商品应交增值税
		盈亏相抵<0	借：应交税费——转让金融商品应交增值税 　贷：投资收益
2	年末	“应交税费——转让金融商品应交增值税”科目为借方余额	借：投资收益 　贷：应交税费——转让金融商品应交增值税
		“应交税费——转让金融商品应交增值税”科目为贷方余额	不做会计处理

实务案例7-5

【背景资料】浙江美华机械有限责任公司发生相关经济业务如下：

2024年1月16日，公司出售其持有的阳光公司股票，初始取得时确认为交易性金融资产，售价为25 650 000元。该股票账面余额为25 600 000元，适用的增值税税率为6%。

【要求】根据上述业务资料，完成相关转让税金的会计处理。

【分析提示】会计分录如下：

转让金融商品应交增值税=（25 650 000−25 600 000）÷（1+6%）×6%=2 830.19（元）

借：投资收益　　2 830.19

　贷：应交税费——转让金融商品应交增值税　　2 830.19

任务2　债权投资业务

任务2

债权投资业务

债权投资，是指企业以购买债券等方式投放资本、分期或到期一次向债务人收取利息并收回本金的一种投资方式。债权投资属于以摊余成本计量的金融资产。根据《企业会计准则》的相关要求，金融资产同时符合下列条件的，应当分类为以摊余成本计量的金融资产：

（1）企业管理该金融资产的业务模式是以收取合同现金流量为目标。

（2）该金融资产的合同条款规定，在特定日期产生的现金流量，仅为对本金和以未偿付本金金额为基础的利息的支付。主要包括：企业持有的公司债券、政府债券以及企业日常业务中形成的应收账款、应收票据等金融资产。

一、债权投资的科目设置

为了反映和监督债权投资的取得、收取利息和出售等情况，企业应当设置“债权投资”“投资收益”等科目进行核算。

账户 债权投资

“债权投资”科目核算企业债权投资的摊余成本。企业可以按照债权投资的类别和品种，分别设置“成本”“利息调整”“应计利息”等明细科目进行核算。

二、债权投资的账务处理

（一）债权投资的取得

企业取得债权投资应当按照公允价值计量，取得债权投资所发生的交易费用计入债权投资的初始确认金额。具体核算原理见表7-7。

表7-7　债权投资取得核算原理

序号	业务内容	会计处理
1	实际购买价＞债券票面价值	借：债权投资——成本 　　　　　　——利息调整 　　应收利息 　贷：银行存款/其他货币资金——存出投资款
2	实际购买价＜债券票面价值	借：债权投资——成本 　　应收利息 　贷：银行存款/其他货币资金——存出投资款 　　　债权投资——利息调整

实务案例7-6

【背景资料】浙江美华机械有限责任公司发生相关经济业务如下：

2024年1月1日，公司支付价款2 000 000元（含交易费用）从证券交易所购入光华公司同日发行的5年期公司债券12 500份，债券票面价值总额为2 500 000元，票面年利率为4.72%，于每年年末支付本年度债券利息（即每年利息为118 000元），本金在债券到期时一次性偿还。公司将其划分为债权投资。该债券投资的实际利率为10%。

【要求】根据上述业务资料，完成相关的会计处理。

【分析提示】会计分录如下：

2024年1月1日，公司取得债权投资时：

借：债权投资——光华公司债券（成本）　　2 500 000
　贷：其他货币资金——存出投资款　　　　2 000 000
　　　债权投资——光华公司债券（利息调整）　　500 000

拓展训练 债权投资取得

（二）债权投资的持有

企业在持有债权投资的会计期间，所涉及的会计处理主要有两个方面：①在资产负债表日确认债券利息的收入；②在资产负债表日核算发生的减值损失。

1.债权投资的债券利息收入

企业在持有债权投资的会计期间，应当按照摊余成本对债权投资进行计量。在资产负债表日，按照债权投资摊余成本和实际利率计算确定的债券利息收入，应当作为投资收益进行会计处理。

票据百宝箱

债权投资投资收益计算表（具体见表7-8）是用于计算当期债权投资的投资收益的工作表格，主要包括基本情况（投资日期、数量、单位面值、购买金额、票面利率、实际利率）、初始入账情况（“债权投资”各明细科目、借贷方向、金额）、利息收入计算过程（期间、期初摊余成本、应收利息、利息收入、利息调整摊销、期末摊余成本）等信息。

表7-8 **债权投资投资收益计算表**

投资项目：　　　　年　月　日　　　　金额单位：元

基本情况：					
投资日期	数量	单位面值	购买金额	票面利率	实际利率
初始入账情况：					
总账科目		明细科目	借贷方向	借方金额	贷方金额
债权投资		成本			
债权投资		利息调整			
利息收入计算过程：					
期间	期初摊余成本	应收利息	利息收入	利息调整摊销	期末摊余成本

会计：　　　　复核：　　　　制单：

摊余成本是指该金融资产的初始确认金额经下列调整后的结果：

①扣除已偿还的本金；

②加上或减去采用实际利率法将该初始确认金额与到期日金额之间的差额进行摊销形成的累计摊销额；

③扣除计提的累计信用减值准备（仅限于金融资产）。

实际利率是指将金融资产在预期存续期间或适用的更短期间内的未来现金流量，折现为该金融资产当前账面价值所使用的利率。实际利率在相关金融资产预期存续期间或适用的更短期间内保持不变。如果有客观证据表明该金融资产的实际利率计算的各期利息收入与名义利率计算的各期利息收入相差很小，也可以采用名义利率替代实际利率使用。具体核算原理见表7-9。

表7-9　债权投资利息收入核算原理

序号	业务内容	会计处理
1	分期付息、一次还本债券投资	借：应收利息（面值和票面利率计算确定的应收未收利息） 债权投资——利息调整（可能在贷方） 贷：投资收益（债权投资的摊余成本和实际利率计算确定的利息收入）
2	一次还本付息债券投资	借：债权投资——应计利息（面值和票面利率计算确定的应收未收利息） ——利息调整（可能在贷方） 贷：投资收益（债权投资的摊余成本和实际利率计算确定的利息收入）

实务案例7-7

【背景资料】浙江美华机械有限责任公司发生相关经济业务如下：

2024年1月1日，公司从证券交易所购入光华公司同日发行的5年期公司债券，于年末支付本年度债券利息，本金在债券到期时一次性偿还。根据约定，2024年12月31日，公司按期收到光华公司支付的第1年债券利息118 000元，按照摊余成本和实际利率确认的投资收益为200 000元。

2025年12月31日，公司按期收到光华公司支付的第2年债券利息118 000元，按照摊余成本和实际利率确认的投资收益为208 200元。

2026年12月31日，公司按期收到光华公司支付的第3年债券利息118 000元，按照摊余成本和实际利率确认的投资收益为217 220元。

2027年12月31日，公司按期收到光华公司支付的第4年债券利息118 000元，按照摊余成本和实际利率确认的投资收益为227 142元。

【要求】根据上述业务资料，完成相关的会计处理。

【分析提示】会计分录如下：

●2024年12月31日，确认公司债券实际利息收入时：

借：应收利息——光华公司　118 000
　　债权投资——光华公司债券（利息调整）　82 000
　贷：投资收益——光华公司债券　200 000

●2024年12月31日，收到债券利息时：

借：其他货币资金——存出投资款　118 000
　贷：应收利息——光华公司　118 000

●2025年12月31日，确认公司债券实际利息收入时：

借：应收利息——光华公司　118 000
　　债权投资——光华公司债券（利息调整）　90 200

贷：投资收益——光华公司债券 208 200

●2025年12月31日，收到债券利息时：

借：其他货币资金——存出投资款 118 000

贷：应收利息——光华公司 118 000

●2026年12月31日，确认公司债券实际利息收入时：

借：应收利息——光华公司 118 000

债权投资——光华公司债券（利息调整） 99 220

贷：投资收益——光华公司债券 217 220

●2026年12月31日，收到债券利息时：

借：其他货币资金——存出投资款 118 000

贷：应收利息——光华公司 118 000

●2027年12月31日，确认公司债券实际利息收入时：

借：应收利息——光华公司 118 000

债权投资——光华公司债券（利息调整） 109 142

贷：投资收益——光华公司债券 227 142

●2027年12月31日，收到债券利息时：

借：其他货币资金——存出投资款 118 000

贷：应收利息——光华公司 118 000

拓展训练

债权投资持有期账户

债权投资减值准备

2.债权投资的减值

企业应当设置“债权投资减值准备”科目，核算计提的债权投资减值准备。

资产负债表日，债权投资的账面价值高于预计未来现金流量现值的，企业应当将该债权投资的账面价值减记至预计未来现金流量现值，将减记的金额作为信用减值损失进行会计处理，计入当期损益，同时计提相应的信用减值准备。已计提减值准备的债权投资价值以后又得以恢复的，应当在原已计提的减值准备金额内予以转回，转回的金额计入当期损益。具体核算原理见表7-10。

表7-10 债权投资减值核算原理

序号	业务内容	会计处理
1	计提减值准备	借：信用减值损失——计提的债权投资减值准备 贷：债权投资减值准备
2	减值损失恢复	借：债权投资减值准备 贷：信用减值损失——计提的债权投资减值准备

实务案例7-8

【背景资料】浙江美华机械有限责任公司发生相关经济业务如下：

2024年12月31日，有客观证据表明光华公司发生了严重财务困难，假定对光华公司债券投资的减值损失为766 000元；2025年12月31日，有客观证据证明光华公司债券价值已恢复，且客观上与确认该损失后发生的事项有关，假定公司确定的应恢复的金额为700 000元。

【要求】根据上述业务资料，完成相关的会计处理。

【分析提示】会计分录如下：

●2024年12月31日，确认光华公司债券投资的减值损失时：

借：信用减值损失——计提的债权投资减值准备（光华公司债券）　　766 000

　贷：债权投资减值准备——光华公司债券　　766 000

●2025年12月31日，确认光华公司债券投资减值损失转回时：

借：债权投资减值准备——光华公司债券　　700 000

　贷：信用减值损失——计提的债权投资减值准备（光华公司债券）　　700 000

（三）债权投资的出售

企业出售债权投资时，应当将取得的价款与账面价值之间的差额作为投资损益进行会计处理。如果对债权投资计提了减值准备，还应当同时结转减值准备。具体核算原理见表7-11。

表7-11　债权投资出售核算原理

序号	业务内容	会计处理
1	出售债权投资	借：银行存款/其他货币资金——存出投资款 　债权投资减值准备——计提的债权投资减值准备 　贷：债权投资——成本 　　　　　——应计利息 　　　　　——利息调整（可能在借方） 　借/贷：投资收益

实务案例7-9

【背景资料】浙江美华机械有限责任公司发生相关经济业务如下：

假设2025年1月5日，公司将所持有的12 500份光华公司债券全部出售，取得价款2 400 000元。交易日，公司该债券投资的账面余额为2 380 562元，其中：成本明细科目为借方余额2 500 000元，利息调整明细科目为贷方余额119 438元。假定该债券投资在持有期间未发生减值。

【要求】根据上述业务资料，完成相关的会计处理。

【分析提示】会计分录如下：

2025年1月5日，公司出售债权投资时：

借：其他货币资金——存出投资款　　2 400 000

　债权投资——光华公司债券（利息调整）　　119 438

　贷：债权投资——光华公司债券（成本）　　2 500 000

　　投资收益——光华公司债券　　19 438

拓展训练

债权投资出售

任务3 其他金融资产投资业务

任务3
其他金融资产投资业务

其他金融资产投资业务主要包括其他债权投资与其他权益工具投资，属于以公允价值计量且其变动计入其他综合收益的金融资产。根据企业会计准则的相关规定，同时符合下列条件的，应当分类为以公允价值计量且其变动计入其他综合收益的金融资产：

（1）企业管理该金融资产的业务模式既以收取合同现金流量为目标又以出售该金融资产为目标。

（2）该金融资产的合同条款规定，在特定日期产生的现金流量，仅为对本金和以未偿付本金金额为基础的利息的支付。

账户
其他债权投资/其他权益工具投资

企业分类为以公允价值计量且其变动计入其他综合收益的金融资产和分类为以摊余成本计量的金融资产所要求的合同现金流量特征是相同的，二者的区别仅在于企业管理金融资产的业务模式不尽相同。例如，企业持有的公司债券、政府债券等金融资产，如果企业管理这些金融资产的业务模式既以收取合同现金流量为目标，又以出售该金融资产为目标，则应分类为以公允价值计量且其变动计入其他综合收益的金融资产。

账户
其他综合收益

账户
其他债权投资/其他权益工具投资减值准备

企业持有的权益工具投资，因其合同现金流量特征不是对本金和以未偿付本金金额为基础的利息的支付，因而既不能分类为以摊余成本计量的金融资产，也不能分类为以公允价值计量且其变动计入其他综合收益的金融资产，只能分类为以公允价值计量且其变动计入当期损益的金融资产。但是，企业持有的非交易性权益工具投资，在初始确认时可以指定为以公允价值计量且其变动计入其他综合收益的金融资产。该指定一经作出，不得撤销。

一、其他金融资产的科目设置

企业应当设置“其他债权投资”科目，核算持有的以公允价值计量且其变动计入其他综合收益的债权投资，并按照其他债权投资的类别和品种，分别“成本”“利息调整”“应计利息”“公允价值变动”等进行明细核算。其中，“成本”明细科目反映其他债权投资的面值，“利息调整”明细科目反映其他债权投资的初始入账金额与其面值的差额，以及按照实际利率法分期摊销后该差额的摊余金额；“应计利息”明细科目反映企业计提的到期一次还本付息的其他债权投资应计未付的利息；“公允价值变动”明细科目反映其他债权投资的公允价值变动金额。

企业应当设置“其他权益工具投资”科目，核算持有的指定为以公允价值计量且其变动计入其他综合收益的非交易性权益工具投资，并按照其他权益工具投资的类别和品种，分别“成本”和“公允价值变动”进行明细核算。其中，“成本”明细科目反映其他权益工具投资的初始入账金额，“公允价值变动”明细科目反映其他权益工具投资在持有期间的公允价值变动金额。

“其他综合收益”科目核算企业其他债权投资/其他权益工具投资公允价值变动而形成的应计入所有者权益的利得或损失等。

其他债权投资发生减值的，也可以单独设置"其他债权投资减值准备"科目。

票据百宝箱

证券交易对账单（具体见表7-12）属于交易环节的关键凭证单据，主要反映客户买卖投资项目的具体资金明细情况，帮助投资者及时掌握资金使用情况，辅助投资决策。

表7-12　　证券交易对账单

年　月　日证券交易所成交过户交割凭单证券买入。	
股东号码：	证券名称：
股东姓名：	成交数量：
公司代码：	成交价格：
委托序号：	成交金额：
申报时间：	标准佣金：
成交时间：	印花税：
	过户费：
	委托费：
	实付金额：
本次股票余额：	
上次股票余额：	
当日资产余额：	

二、其他金融资产投资的账务处理

（一）其他债权投资/其他权益工具投资的取得

企业取得的其他债权投资/其他权益工具投资应当按照公允价值计量，取得其他债权投资/其他权益工具投资所发生的交易费用应当计入其他债权投资/其他权益工具投资的初始入账金额。具体核算原理见表7-13。

表7-13　　其他债权投资/其他权益工具投资取得核算原理

序号	业务内容	会计处理
1	取得其他金融资产为股票投资	借：其他权益工具投资——成本 　贷：银行存款/其他货币资金——存出投资款
2	取得其他金融资产为债券投资	借：其他债权投资——成本 　　　　　　　　——利息调整（可能在贷方） 　贷：银行存款/其他货币资金——存出投资款

实务案例7-10

【背景资料】浙江美华机械有限责任公司发生相关经济业务如下：

业务1：2024年1月20日，公司从证券交易所购入明锐上市公司股票1 000 000股，并将其划分为其他权益工具投资。该笔股票投资在购买日的公允价值为10 000 000元。另支付相关费用25 000元。

业务2：2024年1月1日，公司从证券交易所购入大洋公司发行的公司债券。该笔债券于2023年7月1日发行，面值为25 000 000元，票面利率为4%。上年债券利息于下年年初支付。公司将其划分为其他债权投资，支付价款26 000 000元，另支付交易费用300 000元。

【要求】根据上述业务资料，完成相关的会计处理。

【分析提示】会计分录如下：

业务1：2024年1月20日，购买明锐上市公司股票时：

借：其他权益工具投资——明锐上市公司（成本） 10 025 000

　贷：其他货币资金——存出投资款 10 025 000

业务2：2024年1月1日，购入大洋公司债券时：

借：其他债权投资——大洋公司债券（成本） 25 000 000

　　　　　　　——大洋公司债券（利息调整） 1 300 000

　贷：其他货币资金——存出投资款 26 300 000

拓展训练

其他债权投资/其他权益工具投资取得

（二）其他金融资产投资的持有

企业在持有其他债权投资/其他权益工具投资的会计期间，所涉及的会计处理主要有三个方面：①在资产负债表日确认债券利息收入；②在资产负债表日反映其公允价值变动；③在资产负债表日核算其他债权投资/其他权益工具投资发生的减值损失。

①企业在持有其他债权投资期间取得的债券利息，应当作为投资收益进行会计处理。具体核算原理见表7-14。

表7-14 其他债权投资持有期间核算原理（利息收入）

序号	业务内容	会计处理
1	分期付息、一次还本债券投资	借：应收利息（面值和票面利率计算确定的应收未收利息） 　　其他债权投资——利息调整（可能在贷方） 　贷：投资收益（其他债权投资的摊余成本和实际利率计算确定的利息收入）
2	一次还本付息债券投资	借：其他债权投资——应计利息（面值和票面利率计算确定的应收未收利息） 　　　　　　　——利息调整（可能在贷方） 　贷：投资收益（其他债权投资的摊余成本和实际利率计算确定的利息收入）

实务案例7-11

【背景资料】浙江美华机械有限责任公司发生相关经济业务如下：

2024年1月1日，公司从证券交易所购入光明公司发行的3年期公司债券，该笔债券面值为1 000 000元，票面利率为4%，实际利率为3%，公司将其划分为其他债权投资，支付价款1 028 244元，假设无交易费用和其他因素的影响。2024年12月31日，公司按期收到光明公司支付的第一年债券利息40 000元，且按照摊余成本和实际利率确认的投资收益为30 847.32元。2025年1月1日，收到光明公司支付的债券利息。

【要求】根据上述业务资料，完成相关的会计处理。

【分析提示】会计分录如下：

●2024年1月1日，购入光明公司债券时：

借：其他债权投资——光明公司债券（成本）　　1 000 000

　　　　　　　　——光明公司债券（利息调整）　　28 244

　贷：其他货币资金——存出投资款　　1 028 244

●2024年12月31日，确认债券利息收入时：

借：应收利息——光明公司　　40 000

　贷：投资收益　　30 847.32

　　　其他债权投资——光明公司债券（利息调整）　　9 152.68

●2025年1月1日，收到光明公司的债券利息时：

借：其他货币资金——存出投资款　　40 000

　贷：应收利息——光明公司　　40 000

②在资产负债表日，其他债权投资/其他权益工具投资应当按照公允价值计量，其他债权投资/其他权益工具投资公允价值变动应当作为其他综合收益，计入所有者权益，不构成当期利润。具体核算原理见表7-15。

表7-15　其他债权投资/其他权益工具投资持有期间核算原理（公允价值变动）

序号	业务内容	会计处理
1	其他债权投资/其他权益工具投资的公允价值高于其账面余额	借：其他债权投资/其他权益工具投资——公允价值变动 　贷：其他综合收益
2	其他债权投资/其他权益工具投资的公允价值低于其账面余额	借：其他综合收益 　贷：其他债权投资/其他权益工具投资——公允价值变动

实务案例7-12

【背景资料】浙江美华机械有限责任公司发生相关经济业务如下：

假定2024年6月30日，公司购买的光明公司债券的公允价值（市价）为27 800 000元，账面余额25 800 000元；2024年12月31日，公司购买的光明公司债券的公允价值（市价）为25 600 000元。假定不考虑其他因素。

【要求】根据上述业务资料，完成相关的会计处理。

【分析提示】会计分录如下：

●2024年6月30日，确认光明公司债券的公允价值变动时：

光明公司债券的公允价值变动损益=27 800 000-25 800 000=2 000 000（元）

借：其他债权投资——光明公司债券（公允价值变动）　　2 000 000

　贷：其他综合收益——其他债权投资公允价值变动　　2 000 000

●2024年12月31日，确认光明公司债券的公允价值变动时：

光明公司债券的公允价值变动损益=25 600 000-27 800 000=-2 200 000（元）

借：其他综合收益——其他债权投资公允价值变动　　2 200 000

　贷：其他债权投资——光明公司债券（公允价值变动）　　2 200 000

拓展训练

其他债权投资持有期

③资产负债表日，对于以公允价值计量且其变动计入其他综合收益的金融资产（债务工具），应当在其他综合收益中确定其损失准备，并将减值损失或利得计入当期损益，作为“信用减值损失”进行会计处理。对不指定为公允价值计量且其变动计入其他综合收益的非交易性权益工具投资（其他权益工具投资）不需计提减值准备。具体核算原理见表7-16。

表7-16　其他债权投资持有期间核算原理（资产减值）

序号	业务内容	会计处理
1	计提减值准备	借：信用减值损失 　贷：其他综合收益——信用减值准备
2	减值损失恢复	借：其他综合收益——信用减值准备 　贷：信用减值损失

（三）其他金融资产的出售

企业出售其他债权投资/其他权益工具投资，应当将取得的价款与账面价值之间的差额作为投资损益进行会计处理，同时，将原计入该金融资产的公允价值变动转出，由其他综合收益转为投资收益。如果对其他债权投资计提了减值准备，还应当同时结转减值准备。具体核算原理见表7-17。

表7-17　其他债权投资/其他权益工具投资出售核算原理

序号	业务内容	会计处理
1	出售其他债权投资/其他权益工具投资	借：其他货币资金——存出投资款 　　其他综合收益——信用减值准备 　贷：其他债权投资/其他权益工具投资——成本 　　　——公允价值变动（可能在借方） 　　　——利息调整（可能在借方） 　　　——应计利息 　　投资收益（可能在借方）
2	结转其他综合收益	借/贷：其他综合收益 　贷/借：投资收益

实务案例7-13

【背景资料】浙江美华机械有限责任公司发生相关经济业务如下：

2025年1月12日，公司将其持有的光明公司债券全部出售，取得价款27 000 000元。交易当日，公司该债券投资账面余额为26 200 000元，其中：成本明细科目借方余额25 800 000元，利息调整明细科目借方余额600 000元，公允价值变动明细科目贷方余额

200 000元。假定该债券投资在持有期间未发生减值。

【要求】根据上述业务资料，完成相关的会计处理。

【分析提示】会计分录如下：

借：其他货币资金——存出投资款	27 000 000	
其他债权投资——公允价值变动	200 000	
贷：其他债权投资——成本		25 800 000
——利息调整		600 000
投资收益		800 000
借：投资收益	200 000	
贷：其他综合收益		200 000

拓展训练

其他债权投资/其他权益工具投资出售

任务4 长期股权投资业务

任务4

长期股权投资业务

长期股权投资是指投资企业对被投资单位实施控制、重大影响的权益性投资，以及对其合营企业的权益性投资。

一、长期股权投资的基本内容

（一）长期股权投资的核算范围

（1）子公司。企业能够对被投资单位实施控制的，被投资单位为本企业的子公司。控制是指投资方拥有对被投资方的权力，通过参与被投资方的相关活动而享有可变回报，并且有能力运用对被投资方的权力影响其回报金额。

（2）合营企业。企业与其他方对被投资单位实施共同控制的，被投资单位为本企业的合营企业。共同控制是指按照相关约定对某项安排所共有的控制，并且该安排的相关活动必须经过分享控制权的参与方一致同意后才能决策。

（3）联营企业。企业能够对被投资单位施加重大影响的，被投资单位为本企业的联营企业。重大影响是指投资企业对被投资单位的财务和经营政策有参与决策的权力，但并不能够控制或者与其他方一起共同控制这些政策的制定。在确定能否对被投资单位施加重大影响时，应当考虑投资企业和其他方持有的被投资单位当期可转换公司债券、当期可执行认股权证等潜在表决权因素。投资企业通常可以通过以下一种或者几种情形来判断是否对被投资单位具有重大影响：

①在被投资单位的董事会或类似权力机构中派有代表。在这种情况下，由于在被投资单位的董事会或类似权力机构中派有代表，并相应享有实质性的参与决策权，投资方可以通过该代表参与被投资单位财务和经营政策的制定，达到对被投资单位施加重大影响。

②参与被投资单位财务和经营政策制定过程。在这种情况下，在制定政策过程中可以为其自身利益提出建议和意见，从而可以对被投资单位施加重大影响。

③与被投资单位之间发生重要交易。有关的交易因对被投资单位的日常经营具有重要性，进而在一定程度上可以影响到被投资单位的生产经营决策。

④向被投资单位派出管理人员。在这种情况下，管理人员有权力主导被投资单位的相

关活动，从而能够对被投资单位施加重大影响。

⑤向被投资单位提供关键技术资料。因被投资单位的生产经营需要依赖投资方的技术或技术资料，表明投资方对被投资单位具有重大影响。

需要注意的是，存在上述一种或多种情形并不意味着投资方一定对被投资单位具有重大影响。投资企业需要综合考虑所有事实和情况来作出恰当的判断。

（二）长期股权投资的核算方法

长期股权投资的核算方法有两种：一是成本法；二是权益法。

1.成本法核算的长期股权投资的范围

企业能够对被投资单位实施控制的长期股权投资，即企业对子公司的长期股权投资，应当采用成本法核算，投资企业为投资性主体且子公司不纳入其合并财务报表的除外。对子公司的长期股权投资采用成本法核算，主要是为了避免在子公司实际发放现金股利或利润之前，母公司垫付资金发放现金股利或利润等情况，解决了原来权益法下投资收益不能足额收回导致超额分配的问题。

2.权益法核算的长期股权投资的范围

企业对被投资单位具有共同控制或重大影响时，长期股权投资应当采用权益法核算。其中：企业对被投资单位具有共同控制的长期股权投资，即企业对合营企业的长期股权投资；企业对被投资单位具有重大影响的长期股权投资，即企业对联营企业的长期股权投资。

投资企业对联营企业的权益性投资，其中一部分通过风险投资机构、共同基金、信托公司或包括投连险基金在内的类似主体间接持有的，无论以上主体是否对这部分投资具有重大影响，投资企业都可以按照《企业会计准则第22号——金融工具确认和计量》的有关规定，对间接持有的该部分投资选择以公允价值计量且其变动计入当期损益，并对其余部分采用权益法核算。

二、长期股权投资的账务处理

为了反映和监督企业长期股权投资的取得、持有和处置等情况，企业应当设置“长期股权投资”“投资收益”“其他综合收益”等科目。其中：“长期股权投资”科目核算企业持有的采用成本法和权益法核算的长期股权投资。

长期股权投资

“长期股权投资”科目应当按照被投资单位进行明细核算。长期股权投资核算采用权益法的，应当分别“投资成本”“损益调整”“其他综合收益”“其他权益变动”等进行明细核算。

（一）采用成本法核算的长期股权投资的账务处理

1.长期股权投资初始取得

除企业合并形成的长期股权投资以外，以支付现金取得的长期股权投资，应当按照实际支付的购买价款作为初始投资成本。投资企业所发生的与取得长期股权投资直接相关的费用、税金及其他必要支出应计入长期股权投资的初始投资成本。具体核算原理见表7-18。

表 7-18　　长期股权投资初始取得核算原理（成本法）

序号	业务内容	会计处理
1	取得长期股权投资（除合并）	借：长期股权投资 　贷：银行存款/其他货币资金——存出投资款

实务案例 7-14

【背景资料】浙江美华机械有限责任公司发生相关经济业务如下：

2024年1月10日，公司从证券交易所购买长信股份有限公司发行的股票50 000股准备长期持有，从而拥有长信股份有限公司55%的股份。每股买入价为6元，另外购买该股票时发生有关税费5 000元，款项已支付。

【要求】根据上述业务资料，完成相关的会计处理。

【分析提示】会计分录如下：

第一步：计算初始投资成本：

股票成交金额（50 000×6）	300 000
加：相关税费	+ 5 000
初始投资成本	305 000

第二步：编制购入股票的会计分录：

借：长期股权投资——长信股份有限公司　　305 000

　贷：其他货币资金——存出投资款　　305 000

2.长期股权投资持有期间被投资单位宣告发放现金股利或利润

长期股权投资持有期间被投资单位宣告发放现金股利或利润时，对采用成本法核算的，企业按应享有的部分确认为投资收益，具体核算原理见表7-19。

表 7-19　　长期股权投资持有期间核算原理（成本法）

序号	业务内容	会计处理
1	持有期间被投资单位宣告发放现金股利或利润	借：应收股利 　贷：投资收益
2	收到现金股利或利润	借：银行存款/其他货币资金——存出投资款 　贷：应收股利

票据百宝箱

长期股权投资（成本法）投资收益计算表（具体见表7-20），是用于计算成本法下长期股权投资的投资收益的工作表格，主要包括被投资公司、投资比率、被投资单位分配现金股利、确认投资收益金额等信息。

表7-20 长期股权投资（成本法）投资收益计算表

年 月 日 金额单位：元

被投资公司	投资比率	被投资单位分配现金股利	确认投资收益金额
合计			

会计： 复核： 制单：

实务案例7-15

【背景资料】浙江美华机械有限责任公司发生相关经济业务如下：

业务1：2024年5月15日，从证券交易所购买宏远股份有限公司的股票100 000股作为长期股权投资（占比55%），每股买入价为10元，另支付相关税费7 000元。

业务2：2025年6月20日，收到宏远股份有限公司宣告分派2024年度现金股利的通知，公司应分得现金股利6 000元。

【要求】根据上述业务资料，完成相关的会计处理。

【分析提示】会计分录如下：

业务1：2024年5月15日，购入股票时：

● 计算初始投资成本：

股票成交金额（100 000×10）	1 000 000
加：相关税费	+ 7 000
初始投资成本	1 007 000

● 编制购入股票的会计分录：

借：长期股权投资——宏远股份有限公司 1 007 000

贷：其他货币资金——存出投资款 1 007 000

业务2：2025年6月20日，持有期间宣告分派现金股利时：

借：应收股利——宏远股份有限公司 6 000

贷：投资收益 6 000

3.长期股权投资的处置

处置长期股权投资时，按照实际取得的价款与长期股权投资账面价值的差额确认投资损益，并应同时结转已计提的长期股权投资减值准备。如果处置时存在尚未领取的现金股利或利润，也一并予以结转。具体核算原理见表7-21。

表7-21 长期股权投资处置核算原理（成本法）

序号	业务内容		会计处理
1	处置长期股权投资	处置收益	借：银行存款/其他货币资金——存出投资款 长期股权投资减值准备 贷：长期股权投资 应收股利 投资收益

续表

序号	业务内容		会计处理
		处置损失	借：银行存款/其他货币资金——存出投资款 　　长期股权投资减值准备 　　投资收益 　贷：长期股权投资 　　　应收股利

实务案例7-16

【背景资料】浙江美华机械有限责任公司发生相关经济业务如下：

2025年8月15日，公司在证券交易所将其作为长期股权投资持有的宏远股份有限公司15 000股股票，以每股10元的价格卖出，支付相关税费1 000元，取得价款149 000元，款项已由银行收妥。该长期股权投资的账面价值为140 000元，假定没有计提减值准备。

【要求】根据上述业务资料，完成相关的会计处理。

【分析提示】会计分录如下：

第一步：计算投资收益：

股票转让取得价款	149 000
减：投资账面余额	- 140 000
投资收益	9 000

第二步：编制出售股票时的会计分录：

借：其他货币资金——存出投资款　　149 000

　贷：长期股权投资——宏远股份有限公司　　140 000

　　　投资收益　　9 000

拓展训练

长期股权投资成本法

（二）采用权益法核算的长期股权投资的账务处理

1.长期股权投资的取得

视频

权益法下长期股权投资的取得

投资企业取得长期股权投资采用权益法核算，长期股权投资的初始成本大于投资时应享有被投资单位可辨认净资产公允价值份额的，该部分差额是投资企业在取得投资过程中通过作价体现出的与所取得股权份额相对应的商誉价值，这种情况下，不要求调整长期股权投资的初始投资成本。长期股权投资的初始投资成本小于投资时应享有被投资单位可辨认净资产公允价值份额的，该部分差额体现为双方在交易作价过程中转让方的让步，该部分经济利益流入应计入取得长期股权投资当期的营业外收入，同时调整增加长期股权投资的成本。具体核算原理见表7-22。

表7-22　长期股权投资取得核算原理（权益法）

序号	业务内容	会计处理
1	初始投资成本大于投资时应享有被投资单位可辨认净资产公允价值份额	借：长期股权投资——投资成本 　贷：银行存款/其他货币资金——存出投资款

续表

序号	业务内容	会计处理
2	初始投资成本小于投资时应享有被投资单位可辨认净资产公允价值份额	借：长期股权投资——投资成本 贷：银行存款/其他货币资金——存出投资款 营业外收入

实务案例 7-17

【背景资料】浙江美华机械有限责任公司发生相关经济业务如下：

2024年1月20日，公司从证券交易所购买海华股份有限公司发行的股票5 000 000股准备长期持有，占海华股份有限公司30%的股权。每股买入价为6元，另外，购买该股票时发生相关税费500 000元，款项已支付。

业务1：假设2023年12月31日，海华股份有限公司的所有者权益的账面价值为100 000 000元，假设账面价值与其公允价值不存在差异。

业务2：假设2023年12月31日，海华股份有限公司的所有者权益的账面价值为120 000 000元，假设账面价值与其公允价值不存在差异。

【要求】根据上述业务资料，完成相关的会计处理。

【分析提示】会计分录如下：

第一步：计算初始投资成本：

股票成交金额（5 000 000×6）　　30 000 000

加：相关税费　　+ 500 000

初始投资成本　　30 500 000

第二步：编制购入股票的会计分录：

● 业务1：投资时应享有被投资单位可辨认净资产公允价值份额=100 000 000×30%=30 000 000（元）

长期股权投资的初始成本大于投资时应享有被投资单位可辨认净资产公允价值份额，不调整长期股权投资的初始投资成本。

借：长期股权投资——海华股份有限公司（投资成本）　　30 500 000

　贷：其他货币资金——存出投资款　　30 500 000

● 业务2：投资时应享有被投资单位可辨认净资产公允价值份额=120 000 000×30%=36 000 000（元）

长期股权投资的初始成本小于投资时应享有被投资单位可辨认净资产公允价值份额，调整长期股权投资的初始投资成本。

借：长期股权投资——海华股份有限公司（投资成本）　　36 000 000

　贷：其他货币资金——存出投资款　　30 500 000

　　营业外收入　　5 500 000

2. 持有长期股权投资期间被投资单位实现净利润或发生净亏损和其他综合收益

投资企业在持有长期股权投资期间，应按照被投资单位实现的净利润（以取得投资时被投资单位可辨认净资产的公允价值为基础计算）中应享有的份额，确认投资收益。被投资单位发生净亏损，作相反的会计分录，但以“长期股权投资——对××单位投资”科目的账面价值减记至零为限。该科目由“投资成本”“损益调整”“其他综合收益”“其他权益变动”“其他资本公积”等明细科目组成，账面价值减至零即意味着“对××单位投资”的明细科目合计为零。具体核算原理见表7-23。

表7-23　长期股权投资持有期间核算原理（权益法）-1

序号	业务内容	会计处理
1	被投资单位实现净利润	借：长期股权投资——损益调整 　贷：投资收益
2	被投资单位发生净亏损	借：投资收益 　贷：长期股权投资——损益调整 （以长期股权投资账面价值减记至零为限）

票据百宝箱

长期股权投资（权益法）投资收益计算表（具体见表7-24）是用于计算权益法下长期股权投资的投资收益工作表格，主要包括被投资公司、投资比率、被投资单位实现净利润、确认投资收益金额等信息。

表7-24　长期股权投资（权益法）投资收益计算表

年　月　日　　　　金额单位：元

被投资公司	投资比率	被投资单位实现净利润	确认投资收益金额
合计			

会计：　　　　复核：　　　　制单：

实务案例7-18

【背景资料】浙江美华机械有限责任公司发生相关经济业务如下：

2024年1月20日，公司从证券交易所购买海华股份有限公司30%的股权，2024年度公司盈利30 000 000元；2025年度亏损10 000 000元，假设取得投资时被投资单位各资产公允价值等于账面价值。

【要求】根据上述业务资料，完成相关的会计处理。

【分析提示】会计分录如下：

●2024年度被投资单位盈利时：

公司应享有的净收益份额=30 000 000×30%=9 000 000（元）

借：长期股权投资——海华股份有限公司（损益调整）　9 000 000

　贷：投资收益　9 000 000

●2025年度被投资单位亏损时：

公司应承担的净亏损份额=10 000 000×30%=3 000 000（元）

借：投资收益　3 000 000

贷：长期股权投资——海华股份有限公司（损益调整） 3 000 000

投资企业还需要承担的投资损失，应将其他实质上构成对被投资单位净投资的“长期应收款”（通常是指投资企业对被投资单位的长期债权，该债权没有明确的清收计划，且在可预见的未来期间不准备收回）等的账面价值减记至零为限；除按照以上步骤已确认的损失外，按照合同或协议约定将承担的损失，确认为预计负债。除上述情况仍未确认的应分担被投资单位的损失，应在备查簿中登记。发生亏损的被投资单位以后实现净利润的，投资企业计算应享有的份额，应按与上述相反的顺序进行处理。具体核算原理见表7-25。

表7-25 长期股权投资持有期间核算原理（权益法）-2

序号	业务内容		会计处理
1	被投资单位发生净亏损	第一步	借：投资收益 贷：长期股权投资——投资成本 ——损益调整 ——其他综合收益 ——其他资本公积
		第二步	借：投资收益 贷：长期应收款
		第三步	借：投资收益 贷：预计负债
		第四步	未确认的应分担被投资单位的损失，在备查簿中登记
2	以后年度被投资单位实现净利润	第一步	弥补未确认的应分担被投资单位的损失
		第二步	借：预计负债 贷：投资收益
		第三步	借：长期应收款 贷：投资收益
		第四步	借：长期股权投资——投资成本 ——损益调整 ——其他综合收益 ——其他资本公积 贷：投资收益

实务案例7-19

【背景资料】浙江美华机械有限责任公司发生相关经济业务如下：

公司持有海华股份有限公司30%的股权，假设2024年海华股份有限公司亏损

100 000 000元。12月31日公司此项长期股权投资的账面价值为20 000 000元，应收海华股份有限公司长期应收款8 000 000元，该笔应收款没有清收计划。投资协议规定，公司按照所持股份分享收益、承担亏损。

【要求】根据上述业务资料，完成相关的会计处理。

【分析提示】会计分录如下：

公司应承担的亏损份额=100 000 000×30%=30 000 000（元）

第一步：冲减长期股权投资的账面价值20 000 000元。

第二步：冲减其他实质上构成对被投资单位净投资的“长期应收款”的账面价值8 000 000元。

第三步：按投资协议规定，承担亏损金额2 000 000元。

借：投资收益 30 000 000

贷：长期股权投资——海华股份有限公司（损益调整） 20 000 000

长期应收款 8 000 000

预计负债 2 000 000

投资企业在对权益法下的长期股权投资确认投资收益和其他综合收益时，还需要注意以下两个方面：①被投资单位采用的会计政策及会计期间与投资企业不一致的，应当按照投资企业的会计政策及会计期间对被投资单位的财务报表进行调整，并据以确认投资收益和其他综合收益等。②投资企业计算确认应享有或应分担被投资单位的净损益时，与联营企业、合营企业之间发生的未实现内部交易损益按照应享有的比例计算归属于投资企业的部分，应当予以抵销，在此基础上确认投资收益。投资企业与被投资单位发生的未实现内部交易损失，按照《企业会计准则第8号——资产减值》等的有关规定属于资产减值损失的，应当全额确认。

实务案例7-20

【背景资料】浙江美华机械有限责任公司发生相关经济业务如下：

公司2024年1月取得海华股份有限公司30%有表决权的股份，能够对海华股份有限公司施加重大影响。假定公司取得该投资时，海华股份有限公司各项可辨认资产、负债的公允价值与其账面价值相同。2024年8月，海华股份有限公司将其成本为2 000 000元的商品以4 500 000元的价格出售给本公司，公司将取得的商品作为存货。至2024年资产负债表日，公司仍未对外出售该存货。海华股份有限公司2024年度实现的净利润为15 000 000元，假定不考虑其他因素的影响。

【要求】根据上述业务资料，完成相关的会计处理。

【分析提示】会计分录如下：

公司应享有净收益的份额=［15 000 000-（4 500 000-2 000 000）］×30%=3 750 000（元）

借：长期股权投资——海华股份有限公司（损益调整） 3 750 000

贷：投资收益 3 750 000

被投资单位以后宣告发放现金股利或利润时，投资企业计算应享有的份额，进行账务处理。收到被投资单位宣告发放的股票股利，不进行账务处理，但应在备查簿中登记，在除权日注明增加的股数，以反映股份的变化情况。具体核算原理见表7-26。

表7-26　长期股权投资持有期间核算原理（权益法）-3

序号	业务内容	会计处理
1	被投资单位宣告发放现金股利或利润	借：应收股利 　贷：长期股权投资——损益调整
2	被投资单位宣告发放股票股利	不做账务处理

实务案例7-21

【背景资料】浙江美华机械有限责任公司发生相关经济业务如下：

2024年度海华股份有限公司实现净利润10 000 000元。公司按照持股比例确认投资收益3 000 000元。2025年3月15日，海华股份有限公司宣告发放现金股利，每10股派3元，公司可分派到现金股利1 500 000元。2025年5月15日，公司收到海华股份有限公司分派的现金股利。

【要求】根据上述业务资料，完成相关的会计处理。

【分析提示】会计分录如下：

●确认海华股份有限公司实现的投资收益时：

借：长期股权投资——海华股份有限公司（损益调整）　3 000 000

　贷：投资收益　3 000 000

●海华股份有限公司宣告发放现金股利时：

借：应收股利——海华股份有限公司　1 500 000

　贷：长期股权投资——海华股份有限公司（损益调整）　1 500 000

●收到海华股份有限公司宣告发放的现金股利时：

借：其他货币资金——存出投资款　1 500 000

　贷：应收股利——海华股份有限公司　1 500 000

在持有长期股权投资期间，应当按照应享有或应分担被投资单位实现其他综合收益的份额，进行账务处理。其他综合收益是指企业根据企业会计准则的规定未在当期损益中确认的各项利得和损失。具体核算原理见表7-27。

表7-27　长期股权投资持有期间核算原理（权益法）-4

序号	业务内容	会计处理
1	确认应享有或应分担被投资单位实现其他综合收益的份额	借：长期股权投资——其他综合收益 　贷：其他综合收益

实务案例7-22

【背景资料】浙江美华机械有限责任公司发生相关经济业务如下：

2024年度海华股份有限公司债权投资的公允价值增加了4 000 000元，公司按照持股比例确认相应的其他综合收益1 200 000元。

【要求】根据上述业务资料，完成相关的会计处理。

【分析提示】会计分录如下：

借：长期股权投资——海华股份有限公司（其他综合收益）　1 200 000

　贷：其他综合收益——海华股份有限公司　1 200 000

拓展训练

长期股权投资权益法

3.持有长期股权投资期间被投资单位所有者权益发生其他变动

在持股比例不变的情况下，被投资单位除净损益、其他综合收益和利润分配外所有者权益的其他变动，企业按持股比例计算应享有的份额，进行账务处理。具体核算原理见表7–28。

表7–28　长期股权投资持有期间核算原理（权益法）–5

序号	业务内容	会计处理
1	被投资单位所有者权益其他变动增加	借：长期股权投资——其他权益变动 贷：资本公积——其他资本公积
2	被投资单位所有者权益其他变动减少	借：资本公积——其他权益变动 贷：长期股权投资——其他资本公积

4.长期股权投资的处置

投资企业处置长期股权投资时，按照实际取得的价款与长期股权投资账面价值的差额确认为投资损益，采用与被投资单位直接处置相关资产或负债相同的基础，按相应比例对原计入其他综合收益的部分进行会计处理，同时按照结转的长期股权投资的投资成本比例结转“资本公积——其他资本公积”科目中的相关金额。同时，还应结转已计提的长期股权投资减值准备。具体核算原理见表7–29。

表7–29　长期股权投资处置核算原理（权益法）

序号	业务内容	会计处理
1	确认长期股权投资的处置收益	借：银行存款 长期股权投资减值准备 贷：长期股权投资——投资成本 ——损益调整（可能在借方） ——其他综合收益（可能在借方） ——其他资本公积（可能在借方） 应收股利（尚未领取的现金股利或利润） 投资收益（可能在借方）
2	结转其他综合收益	借/贷：其他综合收益 贷/借：投资收益
3	结转资本公积	借/贷：资本公积——其他资本公积 贷/借：投资收益

实务案例7–23

【背景资料】浙江美华机械有限责任公司发生相关经济业务如下：

2024年1月20日，公司在证券交易所出售所持海华股份有限公司的股票5 000 000股，每股售价为10元，款项已收到。长期股权投资的账面价值为33 200 000元，其中明细科目余额如下：投资成本30 500 000元，损益调整1 500 000元，其他综合收益1 200 000元。

【要求】根据上述业务资料，完成相关的会计处理。

【分析提示】会计分录如下：

借：银行存款　50 000 000

　贷：长期股权投资——海华股份有限公司（投资成本）　30 500 000

　　　　　　　　　——海华股份有限公司（损益调整）　1 500 000

　　　　　　　　　——海华股份有限公司（其他综合收益）　1 200 000

　　　投资收益　16 800 000

同时：

借：其他综合收益——海华股份有限公司　1 200 000

　贷：投资收益　1 200 000

（三）长期股权投资减值

1.长期股权投资减值金额的确定

投资企业应当关注长期股权投资的账面价值是否大于享有被投资单位所有者权益账面价值的份额等类似情况。出现类似情况时，投资企业应当按照《企业会计准则第8号——资产减值》对长期股权投资进行减值测试，其可收回金额低于账面价值的，应当将该长期股权投资的账面价值减记至可收回金额，减记的金额确认为减值损失，计入当期损益，同时计提相应的资产减值准备。

2.长期股权投资减值的账务处理

投资企业计提长期股权投资减值准备，应当设置“长期股权投资减值准备”科目核算。具体核算原理见表7-30。

长期股权投资减值准备

表7-30　长期股权投资减值核算原理

序号	业务内容	会计处理
1	计提长期股权投资减值准备	借：资产减值损失——计提的长期股权投资减值准备 　贷：长期股权投资减值准备

长期股权投资减值损失一经确认，在以后会计期间不得转回。

实务案例7-24

【背景资料】浙江美华机械有限责任公司发生相关经济业务如下：

2024年12月31日，因海华股份有限公司部分商品的客户群体消费偏好发生变化，对部分商品的销售产生了不利的影响。经减值测试，此项长期股权投资的可收回金额为15 000 000元，账面价值为16 500 000元。

【要求】根据上述业务资料，完成相关的会计处理。

【分析提示】会计分录如下：

公司应计提的减值准备金额=16 500 000-15 000 000=1 500 000（元）

借：资产减值损失——计提的长期股权投资减值准备　1 500 000

　贷：长期股权投资减值准备　1 500 000

同步测验

一、单项选择题

1.甲企业购入W上市公司股票180万股，并划分为交易性金融资产，共支付款项2 830万元，其中包括已宣告但尚未发放的现金股利126万元。另外支付相关交易费用4万元。该项交易性金融资产的入账价值为（　　）万元。

A. 2 700　　B.2 830　　C.2 704　　D.2 834

2.甲公司于2024年11月5日从证券市场上购入黄河公司发行在外的股票200万股作为交易性金融资产，每股支付价款5元，另支付相关费用20万元，2024年12月31日，这部分股票的公允价值为1 050万元，甲公司2024年12月31日应确认的公允价值变动损益为（　　）万元。

A.损失50　　B.收益50　　C.收益30　　D.损失30

3.2024年1月3日甲公司购入乙公司2024年1月1日发行的5年期公司债券，面值为1 000万元，票面利率为5%，每年1月10日支付上年利息。甲公司支付价款1 080万元，包括交易费用30万元。甲公司将其划分为其他债权投资，则该其他债权投资的入账价值为（　　）万元。

A.1 080　　B.1 060　　C.1 030　　D.1 000

4.甲公司于2024年11月5日以890万元购入其他权益工具投资100万股，其中包含已宣告但尚未发放的每股股利0.8元，另外支付交易费用2万元，12月31日公允价值为960万元，该其他权益工具投资的账面价值为（　　）万元。

A.890　　B.810　　C.892　　D.960

5.对于已确认减值损失的其他债权投资，在随后的会计期间公允价值已上升且客观上与原减值损失确认后发生的事项有关的，原确认的减值损失应当予以转回，记入（　　）科目。

A.“资产减值损失”　　B.“投资收益”　　C.“资本公积”　　D.“营业外收入”

6.2024年年初，甲公司购买了一项债券，剩余年限5年，划分为债权投资，买价130万元，另支付交易费用5万元。该债券面值为150万元，票面利率为4%，每年年末付息，到期还本。则购入时债权投资的入账价值为（　　）万元。

A.130　　B.150　　C.135　　D.155

7.甲公司长期持有乙公司60%的股权，采用成本法核算。2024年1月1日，该项投资账面价值为1 300万元。2024年度乙公司实现净利润2 000万元，宣告发放现金股利1 200万元。假设不考虑其他因素，2024年12月31日该项投资账面价值为（　　）万元。

A.1 300　　B.1 380　　C.1 500　　D.1 620

8.甲公司2024年1月5日支付价款2 000万元购入乙公司30%的股份，准备长期持有，另支付相关税费20万元，购入时乙公司可辨认净资产公允价值为12 000万元。甲公司取得投资后对乙公司具有重大影响。假定不考虑其他因素，甲公司因确认投资而影响利润的金额为（　　）。

A.-20万元　　B.0　　C.1 580万元　　D.1 600万元

9.甲公司2024年1月1日按每张980元的价格购入乙公司于2024年1月1日发行的期限为2年，面值为1 000元，票面年利率为3%的普通债券1 000张，将其划分为债权投资，发生交易费用8 000元，票款以银行存款支付。该债券的实际年利率为4%，2024年12月31日按照摊余成本和实际利率确认的投资收益为39 520元，则2024年年末债权投资的摊余成本为（　　）元。

A.980 000　　B.988 000　　C.978 480　　D.997 520

10.甲公司于2024年1月10日出售一项原采用权益法核算的长期股权投资。该投资出售时的账面价值为2 000万元（成本为1 700万元，损益调整为200万元，其他权益变动为100万元），售价为2 100万元。甲公司出售长期股权投资时应确认的投资收益为（　　）。

A.100万元　　B.200万元　　C.300万元　　D.0

二、多项选择题

1.下列各项中，不应确认为投资损益的有（　　）。

A.长期股权投资减值损失　　B.长期股权投资处置净损益

C.期末交易性金融资产公允价值变动的金额　　D.支付与取得长期股权投资直接相关的费用

2.甲公司以银行存款购入乙公司0.3%的股份。因乙公司的股份比较集中，甲公司未能在乙公司的董事会派有代表。下列关于甲公司就乙公司股权投资的会计处理中，正确的有（　　）。

A.应当采用成本法进行后续计量
B.应当采用权益法进行后续计量
C.可以将其划分为交易性金融资产
D.可以将其划分为其他债权投资

3.下列关于其他债权投资会计处理的表述中，不正确的有（ ）。

A.其他债权投资期末采用摊余成本计量

B.其他债权投资持有期间取得的现金股利计入所有者权益

C.其他债权投资取得时发生的交易费用应计入初始投资成本

D.其他债权投资持有期间的公允价值变动额应计入当期损益

4.甲公司采用成本法核算对乙公司的长期股权投资，甲公司对乙公司投资的账面余额只有在发生（ ）的情况下，才应作相应的调整。

A.追加投资
B.收回投资
C.被投资企业接受非现金资产捐赠
D.对该股权投资计提减值准备

5.下列各项中，能引起权益法核算的长期股权投资账面价值发生变动的有（ ）。

A.被投资单位实现净利润

B.被投资单位宣告发放股票股利

C.被投资单位宣告发放现金股利

D.被投资单位除净损益、其他综合收益以外的其他所有者权益变动

6.下列关于长期股权投资会计处理的表述中，正确的有（ ）。

A.对子公司长期股权投资应采用成本法核算

B.处置长期股权投资时应结转其已计提的减值准备

C.成本法下，按被投资方实现净利润应享有的份额确认投资收益

D.成本法下，按被投资方宣告发放现金股利应享有的份额确认投资收益

7.企业在购入公司债券作为交易性金融资产时可能用到的借方科目有（ ）。

A.交易性金融资产
B.应收利息
C.财务费用
D.投资收益

8.企业进行债权投资的债券利息收入核算时，主要涉及的会计科目包括（ ）。

A.债权投资——应计利息
B.应收利息
C.债权投资——利息调整
D.投资收益

9.下列关于长期股权投资权益法核算的说法中，正确的有（ ）。

A.长期股权投资的初始投资成本大于投资时应享有被投资单位可辨认净资产公允价值份额的，不调整长期股权投资的初始投资成本

B.长期股权投资的初始投资成本大于投资时应享有被投资单位可辨认净资产公允价值份额的，其差额确认为负商誉

C.长期股权投资的初始投资成本大于投资时应享有被投资单位可辨认净资产公允价值份额的，其差额确认为当期损益

D.长期股权投资的初始投资成本小于投资时应享有被投资单位可辨认净资产公允价值份额的，其差额应当计入当期损益，同时调整长期股权投资的成本

10.采用权益法核算时，可能记入“长期股权投资”科目贷方发生额的是（ ）。

A.被投资企业宣告分派现金股利
B.被投资企业收回长期股权投资
C.被投资企业发生亏损
D.被投资企业实现净利润

三、判断题

1.企业为取得交易性金融资产发生的交易费用应计入交易性金融资产初始确认金额。（ ）

2.采用权益法核算的长期股权投资，其初始投资成本小于投资时应享有被投资单位可辨认净资产公允价值份额的，应调整已确认的初始投资成本。（ ）

3.企业对长期股权投资计提的减值准备，在该长期股权投资价值回升期间应当转回，但转回的金额

不应超过原计提的减值准备。（　）

4.企业持有的长期股权投资发生减值的，应将其减值损失计入营业外支出。（　）

5.企业持有交易性金融资产期间对于被投资单位宣告发放的现金股利，投资企业确认投资收益。（　）

6.长期股权投资在成本法核算下，被投资单位宣告分派上年现金股利，投资方应冲减长期股权投资成本。（　）

7.长期股权投资的初始投资成本大于投资时应享有被投资单位可辨认净资产公允价值份额的，应确认商誉，并调增长期股权投资的初始投资成本。（　）

8.在采用成本法核算的情况下，投资企业应于被投资单位宣告分派现金股利或利润时，按持有表决权资本比例计算应分得的利润，确认投资收益，并调整长期股权投资的账面价值。（　）

9.已计提减值准备的债权投资价值以后又得以恢复的，应当在原已计提的减值准备金额范围内予以转回。转回的金额计入营业外收入。（　）

10.企业持有的其他债权投资公允价值发生的增减变动额，应当确认为其他综合收益。（　）

四、计算分析题

1.甲公司2024年5月10日以620万元（含已宣告但尚未领取的现金股利20万元）购入北方公司股票200万股作为交易性金融资产，另支付手续费6万元；5月30日，甲公司收到现金股利20万元。2024年6月30日该股票每股市价为3.2元，2024年8月10日，北方公司宣告分派现金股利，每股0.20元；8月20日，公司收到分派的现金股利。至12月31日，甲公司仍持有该交易性金融资产，期末每股市价为3.6元。2025年1月3日，甲公司以630万元出售该交易性金融资产。假定公司每年6月30日和12月31日对外提供财务报告。

要求：（1）根据上述业务资料，编制相关会计分录。

（2）计算该交易性金融资产的累计损益。（答案中的金额单位用万元表示）

2.甲公司2024年1月1日，从二级市场支付价款2 040 000元（含已到付息期但尚未领取的利息40 000元）购入某公司发行的债券，另发生交易费用40 000元。该债券面值2 000 000元，剩余期限为2年，票面年利率为4%，每半年付息一次，公司将其划分为交易性金融资产。其他资料如下：

（1）2024年1月5日，收到该债券2023年下半年利息40 000元。

（2）2024年6月30日，该债券的公允价值为2 300 000元（不含利息）。

（3）2024年7月5日，收到该债券2024年上半年利息。

（4）2024年12月31日，该债券的公允价值为2 200 000元（不含利息）。

（5）2025年1月5日，收到该债券2024年下半年利息。

（6）2025年3月31日，公司将该债券出售，取得价款2 360 000元（含第一季度利息20 000元）。假定不考虑其他因素。

要求：根据上述业务资料，编制相关会计分录。

3.甲公司2024年1月1日支付价款1 000 000元（含交易费用）从证券交易所购入红旗公司同日发行的5年期公司债券12 500份，债券票面价值总额为1 250 000元，票面年利率为4.72%，实际年利率为10%，于年末支付本年度债券利息（即每年利息为59 000元），本金在债券到期时一次性偿还，划分为债权投资。假定不考虑其他因素。

要求：根据上述业务资料，编制相关会计分录。

4.甲公司2024年10月1日，从证券市场上购入光明上市公司发行在外的股票100万股，占有光明上市公司的股权比例为0.5%，支付价款800万元，另支付相关税费20万元，将其划分为其他权益工具投资。2024年12月31日，光明上市公司股票的收盘价格为每股10元。2025年3月15日，光明上市公司宣告发放2024年度现金股利，每股0.5元。2025年5月20日，公司收到光明上市公司发放的现金股利。2025年12月31日，光明上市公司股票的收盘价格为每股9.6元，甲公司预计该股票市价的下跌是暂时性的。2026年2月8日，甲公司将该项股票出售，取得价款1 100万元，另发生相关交易费用5万元。假定甲公司每年12月31日对外提供财务报告，不考虑其他因素。

要求：根据上述业务资料，编制相关会计分录。

5. 甲公司与靖江公司2024—2025年与投资有关的资料如下：

（1）2024年1月1日，公司用银行存款支付1 000万元取得靖江公司5%的股权（不具有重大影响），发生相关税费2万元。假定该项投资公允价值不能可靠计量。

（2）2024年4月1日，靖江公司宣告分配2023年实现的净利润，分配现金股利200万元。

（3）公司于2024年4月10日收到现金股利。

（4）2024年度，靖江公司发生亏损200万元。

（5）2024年年末甲公司对靖江公司的投资的未来现金流量按当时市场收益率折现确定的现值为600万元。

（6）2025年1月20日，甲公司将持有的靖江公司的全部股权转让给黄河公司，收到股权转让款610万元。

要求：根据上述业务资料，编制相关会计分录。

6. 甲公司于2024年1月1日以1 035万元（含支付的相关费用1万元）购入华山公司股票400万股，每股面值1元，占华山公司实际发行在外股数的30%，采用权益法核算此项投资。2024年1月1日，华山公司可辨认净资产公允价值为3 000万元。2024年度华山公司实现净利润180万元，提取盈余公积40万元。2025年度华山公司发生亏损4 020万元，2026年度华山公司实现净利润500万元。假定不考虑所得税和其他事项。

要求：根据上述业务资料，编制相关会计分录。

参考答案

项目八　权益资金岗位

学习目标

- 理解权益资金岗位的相关会计规范要求
- 掌握实收资本的会计核算方法
- 掌握资本公积的会计核算方法
- 掌握盈余公积的会计核算方法
- 掌握权益资金岗位的账务处理

岗位工作导图

权益资金岗位工作导图如图8-1所示。

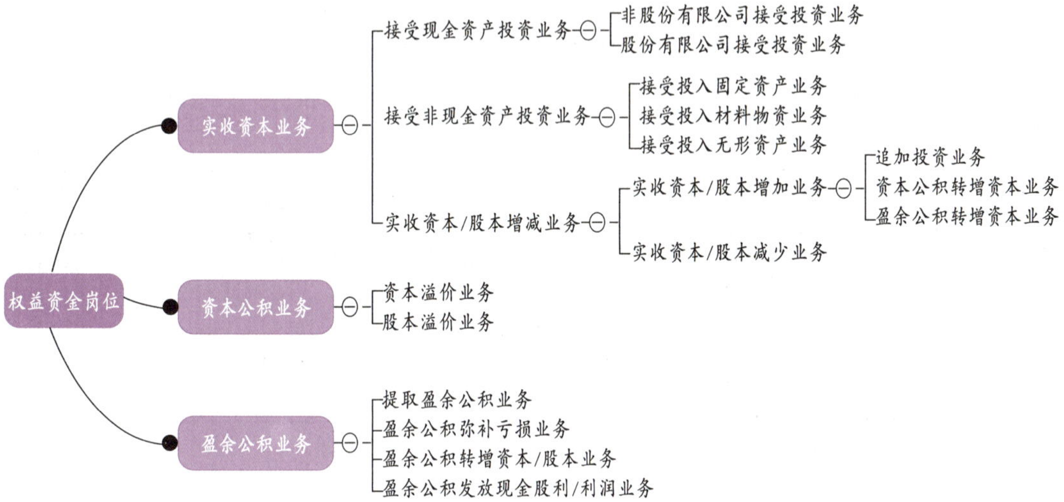

图8-1　权益资金岗位工作导图

任务1　实收资本业务

任务1

实收资本业务

实收资本是指企业按照章程规定或合同、协议的约定，接受投资者投入企业的资本。实收资本的构成比例或股东的股份比例，是确定所有者在企业所有者权益中份额的基础，也是企业进行利润或股利分配的主要依据。

一、实收资本的基本要求

我国《公司法》规定，股东可以用货币出资，也可以用实物、知识产权、土地使用权等可以用货币估价并可以依法转让的非货币财产作价出资；但是法律、行政法规规定不得作为出资的财产除外。企业应当对作为出资的非货币财产评估作价，核实财产，不得高估或者低估作价。法律、行政法规对评估作价有规定的，从其规定。不论以何种方式出资，投资者如在投资过程中违反投资合约或协议约定，不按规定如期缴足出资额，企业可以依法追究投资者的违约责任。

二、实收资本的账务处理

企业收到所有者投入企业的资本后，应根据有关原始凭证（如投资清单、银行通知单、现金缴款单等），分别不同的出资方式进行会计处理。

票据百宝箱

现金缴款单（具体如图8-2所示）为一式三联或一式两联。以三联单为例，第一联为回单，此联由银行盖章后退回存款单位；第二联为收入凭证，此联由收款人开户银行作现金收入凭证；第三联为附联，作为附件，是银行出纳留底联。以两联单为例，第一联为收入凭证，此联由银行作现金收入凭证；第二联为副联，此联与银行回单核对并作附件，交存款单位。

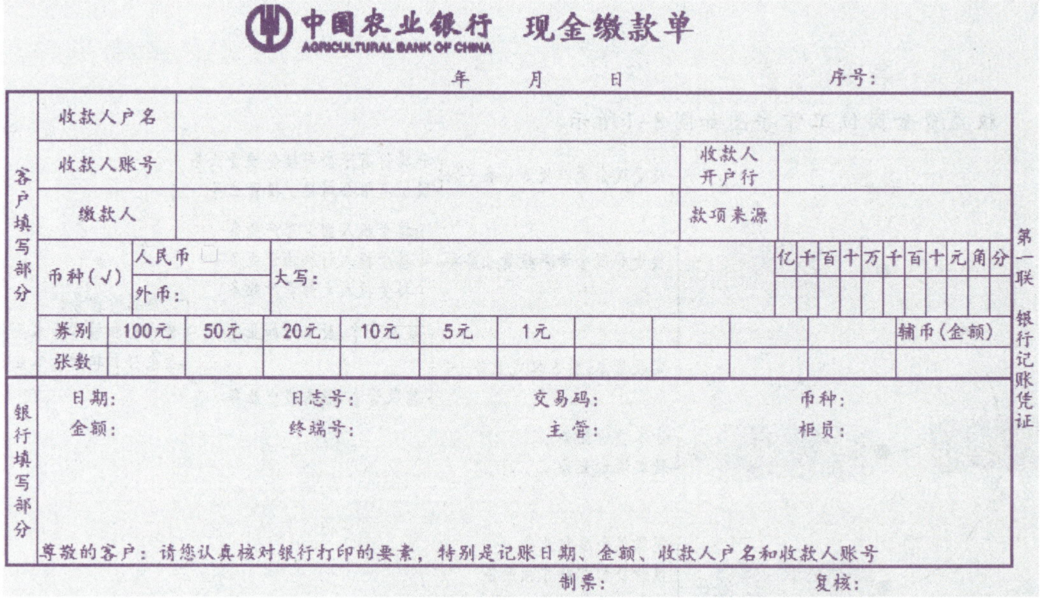

中国农业银行 AGRICULTURAL BANK OF CHINA 现金缴款单

年 月 日 序号：

客户填写部分				
收款人户名				
收款人账号		收款人开户行		
缴款人		款项来源		
币种（√）	人民币 □ / 外币：	大写：	亿 千 百 十 万 千 百 十 元 角 分	

券别	100元	50元	20元	10元	5元	1元				辅币（金额）
张数										

银行填写部分

日期： 日志号： 交易码： 币种：

金额： 终端号： 主管： 柜员：

尊敬的客户：请您认真核对银行打印的要素，特别是记账日期、金额、收款人户名和收款人账号

制票： 复核：

第一联 银行记账凭证

图8-2 现金缴款单

投入的资本，除股份有限公司以外，其他各类企业应通过“实收资本”科目核算；股份有限公司应通过“股本”科目核算。

（一）接受现金资产投资

1.股份有限公司以外的企业接受现金资产投资

账户

实收资本（股本）

股份有限公司以外的企业接受现金资产投资，应按各个投资者实际出资金额，分别记入“实收资本”科目（具体核算原理见表8-1）。实收资本的构成比例即投资者的出资比例，通常是确定所有者在企业所有者权益中所占的份额和参与企业生产经营决策的基础，也是企业进行利润分配或股利分配的依据，同时还是企业清算时确定所有者对净资产要求权的依据。

表 8-1　　接受现金资产投资核算原理（非股份有限公司）

序号	业务内容	会计处理
1	接受现金资产投资	借：银行存款 　贷：实收资本

实务案例 8-1

【背景资料】浙江美华机械有限责任公司发生相关经济业务如下：

假设浙江美华机械有限责任公司由华山公司、黄山公司和泰山公司共同投资设立，注册资本为20 000 000元，华山公司、黄山公司、泰山公司的持股比例分别为60%、25%和15%。按照章程规定，其投入资本分别为12 000 000元、5 000 000元和3 000 000元。公司已如期收到各投资者一次性缴足的款项。

【要求】根据上述业务资料，完成相关的会计处理。

【分析提示】会计分录如下：

借：银行存款　　20 000 000
　贷：实收资本——华山公司　　12 000 000
　　　　　　——黄山公司　　5 000 000
　　　　　　——泰山公司　　3 000 000

2.股份有限公司接受现金资产投资

股份有限公司发行股票时，既可以按面值发行，也可以溢价发行（我国目前不准许折价发行）。股份有限公司在核定的股本总额及核定的股份总额的范围内发行股票时，应在实际收到现金资产时进行会计处理。按实际发行的股票面值，记入“股本”科目；按实际发行价格与股票面值的差额，记入“资本公积——股本溢价”科目。具体核算原理见表8-2。

表 8-2　　接受现金资产投资核算原理（股份有限公司）

序号	业务内容	会计处理
1	接受现金资产投资	借：银行存款 　贷：股本（面值） 　　　资本公积——股本溢价

实务案例 8-2

【背景资料】浙江丽华机械股份有限公司发生相关经济业务如下：

假设公司发行普通股10 000 000股，每股面值1元，每股发行价格6元。假定股票发行成功，股款60 000 000元已全部收到，不考虑发行过程中的税费等因素。

【要求】根据上述业务资料，完成相关的会计处理。

【分析提示】会计分录如下：

应确认的“资本公积——股本溢价”科目金额=60 000 000-10 000 000=50 000 000（元）

借：银行存款　　60 000 000
　贷：股本　　10 000 000
　　　资本公积——股本溢价　　50 000 000

（二）接受非现金资产投资

1.接受投入固定资产

视频
实收资本核算（固定资产）投入

企业接受投资者作价投入的房屋、建筑物、机器设备等固定资产，应按投资合同或协议约定价值确定固定资产价值（但投资合同或协议约定价值不公允的除外）和在所有者（股东）权益中应享有的份额。具体核算原理见表8-3。

表8-3 接受固定资产投资核算原理

序号	业务内容	会计处理
1	接受固定资产投资 （非股份有限公司）	借：固定资产 应交税费——应交增值税（进项税额） 贷：实收资本 资本公积——资本溢价
2	接受固定资产投资 （股份有限公司）	借：固定资产 应交税费——应交增值税（进项税额） 贷：股本（面值） 资本公积——股本溢价

实务案例8-3

【背景资料】浙江美华机械有限责任公司发生相关经济业务如下：

假设公司于设立时收到黄山公司作为资本投入的不需要安装的机器设备一台。合同约定该机器设备的价值为2 000 000元，增值税为260 000元。经约定，公司接受黄山公司的投入资本为2 260 000元。合同约定的固定资产价值与公允价值相符，不考虑其他因素。

【要求】根据上述业务资料，完成相关的会计处理。

【分析提示】会计分录如下：

借：固定资产 2 000 000

应交税费——应交增值税（进项税额） 260 000

贷：实收资本——黄山公司 2 260 000

2.接受投入材料物资

企业接受投资者作价投入的材料物资，应按投资合同或协议约定价值确定材料物资价值（但投资合同或协议约定价值不公允的除外）和在所有者（股东）权益中应享有的份额。具体核算原理见表8-4。

表8-4 接受原材料投资核算原理

序号	业务内容	会计处理
1	接受原材料投资 （非股份有限公司）	借：原材料 应交税费——应交增值税（进项税额） 贷：实收资本 资本公积——资本溢价
2	接受原材料投资 （股份有限公司）	借：原材料 应交税费——应交增值税（进项税额） 贷：股本（面值） 资本公积——股本溢价

实务案例8-4

【背景资料】浙江美华机械有限责任公司发生相关经济业务如下：

假设公司于设立时收到黄山公司作为资本投入的原材料一批。该批原材料投资合同约定价值为200 000元，增值税为26 000元。经约定，公司接受黄山公司的投入资本为226 000元。假设合同约定的价值与公允价值相符，不考虑其他因素，原材料按实际成本进行日常核算。

【要求】根据上述业务资料，完成相关的会计处理。

【分析提示】会计分录如下：

借：原材料　　200 000

　　应交税费——应交增值税（进项税额）　　26 000

　贷：实收资本——黄山公司　　226 000

3.接受投入无形资产

企业接受投资者作价投入的无形资产，应按投资合同或协议约定价值确定无形资产价值（但投资合同或协议约定价值不公允的除外）和在所有者（股东）权益中应享有的份额。具体核算原理见表8-5。

表8-5　接受无形资产投资核算原理

序号	业务内容	会计处理
1	接受无形资产投资 （非股份有限公司）	借：无形资产 　　应交税费——应交增值税（进项税额） 　贷：实收资本 　　　资本公积——资本溢价
2	接受无形资产投资 （股份有限公司）	借：无形资产 　　应交税费——应交增值税（进项税额） 　贷：股本（面值） 　　　资本公积——股本溢价

实务案例8-5

【背景资料】浙江美华机械有限责任公司发生相关经济业务如下：

假设公司于设立时收到华山公司作为资本投入的非专利技术一项。该非专利技术投资合同约定价值为70 000元，增值税为4 200元。经约定，公司接受华山公司的投入资本为74 200元。假设合同约定的价值与公允价值相符，不考虑其他因素。

【要求】根据上述业务资料，完成相关的会计处理。

【分析提示】会计分录如下：

借：无形资产——非专利技术　　70 000

　　应交税费——应交增值税（进项税额）　　4 200

　贷：实收资本——华山公司　　74 200

（三）实收资本（或股本）的增减变动

一般情况下，企业的实收资本应相对固定不变，但在某些特定情况下，实收资本也可能发生增减变化。我国企业法人登记管理条例中规定，除国家另有规定外，企业的注册资本应当与实收资本相一致，当实收资本比原注册资本增加或减少的幅度超过20%时，应持资金信用证明或者验资证明，向原登记主管机关申请变更登记。如擅自改变注册资本或抽逃资金，将受到市场监督管理部门的处罚。

1.实收资本（或股本）的增加

一般企业增加资本主要有三个途径：接受投资者追加投资、资本公积转增资本和盈余公积转增资本。其中：资本公积和盈余公积均属于所有者权益，用其转增资本时，如果是独资企业则比较简单，直接结转即可；如果是股份有限公司或有限责任公司，应该按照原投资者各出资比例相应增加各投资者的出资额。具体核算原理见表8-6。

表8-6 实收资本/股本增加核算原理

序号	业务内容	会计处理
1	接受投资者追加投资	借：原材料等 　　应交税费——应交增值税（进项税额） 　贷：实收资本/股本
2	资本公积转增资本	借：资本公积 　贷：实收资本/股本
3	盈余公积转增资本	借：盈余公积 　贷：实收资本/股本

实务案例8-6

【背景资料】浙江美华机械有限责任公司发生相关经济业务如下：

业务1：假设华山公司、黄山公司和泰山公司共同投资设立了浙江美华机械有限责任公司。为扩大经营规模，经批准，公司注册资本扩大3 000 000元，三位投资者按照原出资比例分别追加投资1 800 000元、750 000元和450 000元。公司如期收到追加的现金投资。

业务2：公司因扩大经营规模需要，经批准，按原出资比例将资本公积200 000元转增资本。其中：华山公司、黄山公司和泰山公司实收资本分别增加120 000元、50 000元和30 000元。

业务3：公司因扩大经营规模需要，经批准，公司按原出资比例将盈余公积500 000元转增资本。其中：华山公司、黄山公司和泰山公司实收资本分别增加300 000元、125 000元和75 000元。

【要求】根据上述业务资料，完成相关的会计处理。

【分析提示】会计分录如下：

业务1：投资者追加投资时：

借：银行存款　　3 000 000

　贷：实收资本——华山公司　　1 800 000

　　　　　　——黄山公司　　750 000

　　　　　　——泰山公司　　450 000

业务2：资本公积转增资本时：

借：资本公积　　　　　　　　　　200 000

　贷：实收资本——华山公司　　　　　　120 000

　　　　　　　——黄山公司　　　　　　50 000

　　　　　　　——泰山公司　　　　　　30 000

业务3：盈余公积转增资本时：

借：盈余公积　　　　　　　　　　500 000

　贷：实收资本——华山公司　　　　　　300 000

　　　　　　　——黄山公司　　　　　　125 000

　　　　　　　——泰山公司　　　　　　75 000

2.实收资本（或股本）的减少

企业减少实收资本应按法定程序报经批准，股份有限公司采用收购本公司股票方式减资的，通过“库存股”科目核算回购股份的金额。

减资时，按股票面值和注销股数计算的股票面值总额冲减股本，按注销库存股的账面余额与所冲减股本的差额冲减股本溢价，股本溢价不足冲减的，应依次冲减“盈余公积”“利润分配——未分配利润”等科目。如果回购股票支付的价款低于面值总额的，所注销库存股的账面余额与所冲减股本的差额作为资本公积（股本溢价）增加处理。具体核算原理见表8-7。

库存股

表8-7　实收资本/股本减少核算原理

<table>
<tr><th>序号</th><th colspan="3">业务内容</th><th>会计处理</th></tr>
<tr><td>1</td><td colspan="3">非股份有限公司</td><td>借：实收资本
　贷：银行存款</td></tr>
<tr><td rowspan="3">2</td><td rowspan="3">股份有限公司</td><td colspan="2">回购股票</td><td>借：库存股
　贷：银行存款</td></tr>
<tr><td rowspan="2">注销股票</td><td>回购价>面值</td><td>借：股本
　　资本公积——股本溢价
　　盈余公积
　　利润分配——未分配利润
　贷：库存股</td></tr>
<tr><td>回购价<面值</td><td>借：股本
　贷：库存股
　　　资本公积——股本溢价</td></tr>
</table>

实务案例8-7

【背景资料】浙江美华机械股份有限公司发生相关经济业务如下：

假设公司2024年12月31日的股本为100 000 000股，面值为1元，资本公积（股本溢价）为30 000 000元，盈余公积为40 000 000元。经股东大会批准，公司以现金回购本公司股票20 000 000股并注销。

业务1：假定公司按每股2元回购股票，不考虑其他因素。

业务2：假定公司按每股3元回购股票，其他条件不变。

业务3：假定公司按每股0.9元回购股票，其他条件不变。

【要求】根据上述业务资料，完成相关的会计处理。

【分析提示】会计分录如下：

业务1：回购价=2元/股

● 回购本公司股票时：

库存股成本=20 000 000×2=40 000 000（元）

借：库存股　　40 000 000

　贷：银行存款　　40 000 000

● 注销本公司股票时：

应冲减的库存股账面价值与股本差额=20 000 000×2−20 000 000×1= 20 000 000（元）

应冲减的资本公积=20 000 000元

借：股本　　20 000 000

　　资本公积——股本溢价　　20 000 000

　贷：库存股　　40 000 000

业务2：回购价=3元/股

● 回购本公司股票时：

库存股成本=20 000 000×3=60 000 000（元）

借：库存股　　60 000 000

　贷：银行存款　　60 000 000

● 注销本公司股票时：

应冲减的库存股账面价值与股本差额=20 000 000×3−20 000 000×1=40 000 000（元）

应冲减的资本公积=30 000 000元

应冲减的盈余公积=40 000 000−30 000 000=10 000 000（元）

借：股本　　20 000 000

　　资本公积——股本溢价　　30 000 000

　　盈余公积　　10 000 000

　贷：库存股　　60 000 000

业务3：回购价=0.9元/股

● 回购本公司股票时：

库存股成本=20 000 000×0.9=18 000 000（元）

借：库存股　　18 000 000

　贷：银行存款　　18 000 000

● 注销本公司股票时：

应增加的资本公积=20 000 000×1−20 000 000×0.9=2 000 000（元）

借：股本　　20 000 000

　贷：库存股　　18 000 000

　　　资本公积——股本溢价　　2 000 000

拓展训练

实收资本核算

任务2　资本公积业务

任务2
资本公积业务

资本公积是企业收到投资者出资额超出其在注册资本（或股本）中所占份额的部分，以及其他资本公积等。

一、资本公积的基本内容

（一）资本公积的来源

资本公积包括资本溢价（或股本溢价）和其他资本公积等。其中：资本溢价（或股本溢价）是由投资者超额缴入资本、溢价发行股票等形成的。其他资本公积是指除净损益、其他综合收益和利润分配以外所有者权益的其他变动。如企业的长期股权投资采用权益法核算时，因被投资单位除净损益、其他综合收益和利润分配以外所有者权益的其他变动，投资企业按其应享有份额而增加或减少资本公积。

票据百宝箱

收款收据（具体如图8-3所示）是企业向外单位收取款项后，开具给付款单位的业务单据。主要包括日期、收款金额、收款事由、相关经办人员等信息。

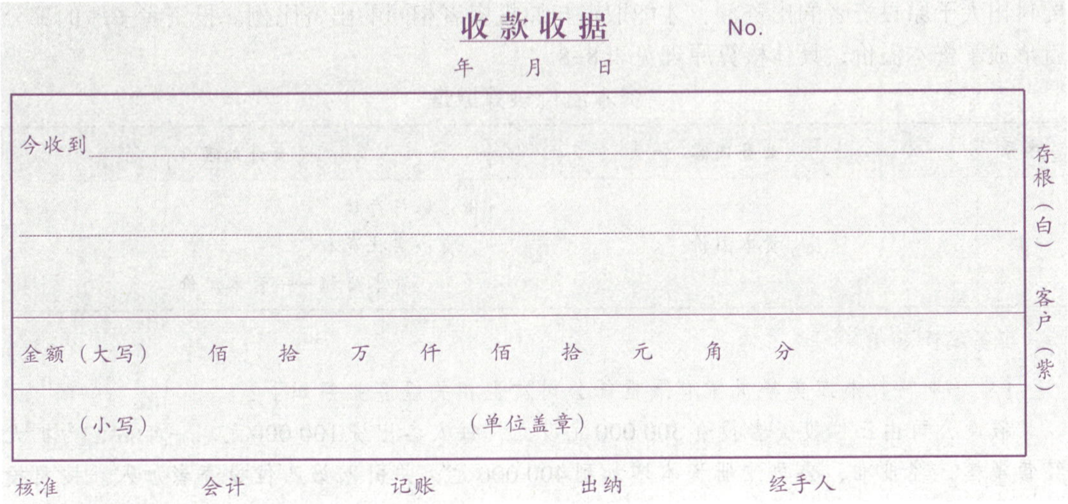
收款收据　No.
年　月　日
今收到
金额（大写）　佰　拾　万　仟　佰　拾　元　角　分
（小写）　（单位盖章）
核准　会计　记账　出纳　经手人
存根（白）　客户（紫）

图8-3　收款收据

（二）资本公积与实收资本（或股本）的区别

①来源和性质不同。实收资本（或股本）是指投资者按照企业章程或合同、协议的约定，实际投入企业并依法进行注册的资本，它体现了企业所有者与企业的基本产权关系。资本公积是投资者的出资额超出其在注册资本中所占份额的部分，以及直接计入所有者权益的利得和损失，它不直接表明所有者与企业的基本产权关系。

②用途不同。实收资本（或股本）的构成比例是确定所有者参与企业财务经营决策的基础，也是企业进行利润分配或股利分配的依据，同时还是企业清算时确定所有者对净资产要求权的依据。资本公积的用途主要是用来转增资本（或股本），资本公积不体现各所有者的占有比例，也不能作为所有者参与企业财务经营决策或进行利润分配（或股利分配）的依据。

（三）资本公积与留存收益的区别

资本公积的来源不是企业实现的利润，资本公积主要来自资本溢价（或股本溢价）等。留存收益是企业从历年实现的利润中提取或形成的留存于企业的内部积累，来源于企业生产经营活动实现的利润。

二、资本公积的账务处理

为了核算企业资本公积的增减变动，企业应设置“资本公积”科目。该账户属于所有者权益类账户。该账户下应设置“资本（或股本）溢价”和“其他资本公积”两个明细账户，进行明细核算。

资本公积

资本公积的核算包括资本溢价（或股本溢价）的核算、其他资本公积的核算和资本公积转增资本的核算（具体见本项目任务1）等内容。

（一）资本溢价

除股份有限公司外的其他类型的企业，在企业创立时，投资者认缴的出资额与注册资本一致，一般不会产生资本溢价。但在企业重组或者新的投资者加入时，常常会出现资本溢价。因为在企业进行正常生产经营后，其资本利润率通常要高于企业初创阶段，同时企业存在内部积累，新投资者加入企业后，对内部积累也要分享，所以新加入的投资者往往要付出大于原投资者的出资额，才能取得与原投资者相同的出资比例。投资者多缴的部分就形成了资本溢价，具体核算原理见表8-8。

表8-8　资本溢价核算原理

序号	业务内容	会计处理
1	资本溢价	借：银行存款 　贷：实收资本 　　　资本公积——资本溢价

实务案例8-8

【背景资料】浙江美华机械有限责任公司发生相关经济业务如下：

假设公司由三位投资者投资300 000元设立，每人各出资100 000元。一年后，为扩大经营规模，经批准，公司注册资本增加到400 000元，并引入第四位投资者加入。按照投资协议，新投资者需缴入现金120 000元，同时享有该公司四分之一的股份。公司已收到现金投资。假定不考虑其他因素。

【要求】根据上述业务资料，完成相关的会计处理。

【分析提示】会计分录如下：

借：银行存款　　120 000

　贷：实收资本　　100 000

　　　资本公积——资本溢价　　20 000

（二）股本溢价

股份有限公司是以发行股票的方式筹集股本的，股票可按面值发行，也可按溢价发行，我国目前不准折价发行。与其他类型的企业不同，股份有限公司在成立时可能会溢价发行股票，由此产生股本溢价。股本溢价的数额等于股份有限公司发行股票时实际收到的款额超过股票面值总额的部分。

在按面值发行股票的情况下，企业发行股票取得的收入，应全部作为股本处理；在溢价发行股票的情况下，企业发行股票取得的收入，其中股票面值部分作为股本处理，超出股票面值的溢价收入应作为股本溢价处理。

发行股票相关的手续费、佣金等交易费用，如果是溢价发行股票的，应从溢价中抵扣，冲减资本公积（股本溢价）；按面值发行股票或溢价金额不足以抵扣的，应将不足抵扣的部分冲减盈余公积和未分配利润。具体核算原理见表8-9。

表8-9　股本溢价核算原理

<table>
<tr><th>序号</th><th colspan="2">业务内容</th><th>会计处理</th></tr>
<tr><td>1</td><td colspan="2">股本溢价</td><td>借：银行存款
　贷：股本
　　资本公积——股本溢价</td></tr>
<tr><td rowspan="2">2</td><td rowspan="2">发行股票的交易费用</td><td>溢价发行</td><td>借：资本公积——股本溢价
　贷：银行存款</td></tr>
<tr><td>按面值发行股票或溢价金额不足以抵扣</td><td>借：资本公积——股本溢价
　　盈余公积
　　利润分配——未分配利润
　贷：银行存款</td></tr>
</table>

实务案例8-9

【背景资料】浙江丽华机械股份有限公司发生相关经济业务如下：

假设公司首次公开发行了普通股60 000 000股，每股面值1元，每股发行价格为4元。公司与证券公司约定，证券公司按发行收入的3%收取佣金，从发行收入中扣除。假定收入的股款已存入银行，不考虑其他因素。

【要求】根据上述业务资料，完成相关的会计处理。

【分析提示】会计分录如下：

股票发行的净收入=60 000 000×4−60 000 000×4×3%=232 800 000（元）

应记入"资本公积"账户的金额=溢价收入−发行佣金

=60 000 000×（4−1）−60 000 000×4×3%

=172 800 000（元）

拓展训练　资本公积核算

借：银行存款　　232 800 000

　贷：股本　　60 000 000

　　资本公积——股本溢价　　172 800 000

任务3　盈余公积业务

任务3　盈余公积业务

企业从历年实现的利润中提取或形成的留存于企业的内部积累，称之为留存收益，主要包括企业的盈余公积和未分配利润两个部分。

一、盈余公积的基本内容

盈余公积是指企业按照有关规定从净利润中提取的积累资金。公司制企业的盈余公积包括法定盈余公积和任意盈余公积。

（一）法定盈余公积

按照《公司法》的有关规定，公司制企业应当按照净利润（减弥补以前年度亏损，下同）的10%提取法定盈余公积。按照《企业所得税法》的规定，以前年度亏损（5年内）可用税前利润弥补，从第6年起只能用税后利润弥补。非公司制企业法定盈余公积的提取比例可超过净利润的10%。法定盈余公积累计额已达注册资本的50%时可以不再提取。值得注意的是，如果以前年度未分配利润有盈余（即年初未分配利润余额为正数），在计算提取法定盈余公积的基数时，不应包括企业年初未分配利润；如果以前年度有亏损（即年初未分配利润余额为负数），应先弥补以前年度亏损再提取盈余公积。

（二）任意盈余公积

公司制企业可根据股东会或股东大会的决议提取任意盈余公积。非公司制企业经类似权力机构批准，也可提取任意盈余公积。法定盈余公积和任意盈余公积的区别在于其各自计提的依据不同，前者以国家的法律法规为依据；后者由企业的权力机构自行决定。

企业提取的盈余公积经批准可用于弥补亏损、转增资本、发放现金股利或利润等。

票据百宝箱

盈余公积计算表（具体见表8-10）是用于计算公司法定盈余公积、任意盈余公积的工作表格，主要包括项目、计提比例、计提金额等信息。

表8-10 盈余公积计算表

项目	计提比例	计提金额
法定盈余公积		
任意盈余公积		
小 计		

复核： 制表： 会计：

二、盈余公积的账务处理

为了核算企业盈余公积的提取及使用情况，企业应设置“盈余公积”科目。该账户属于所有者权益类账户。该账户下应设置“法定盈余公积”和“任意盈余公积”等明细账户，进行明细核算。

（一）提取盈余公积

企业按规定提取盈余公积时，应通过“利润分配”和“盈余公积”等科目核算。具体核算原理见表8-11。

账户

盈余公积

表8-11 提取盈余公积核算原理

序号	业务内容	会计处理
1	提取法定盈余公积	借：利润分配——提取法定盈余公积 贷：盈余公积——法定盈余公积

续表

序号	业务内容	会计处理
2	提取任意盈余公积	借：利润分配——提取任意盈余公积 　贷：盈余公积——任意盈余公积
3	结转利润分配所属明细科目	借：利润分配——未分配利润 　贷：利润分配——提取法定盈余公积 　　　　　　——提取任意盈余公积

实务案例 8-10

【背景资料】浙江美华机械有限责任公司发生相关经济业务如下：

公司2024年度实现净利润6 000 000元，年初未分配利润为1 000 000元。经股东会批准，公司按当年净利润的10%提取法定盈余公积、5%提取任意盈余公积。假定不考虑其他因素。

【要求】根据上述业务资料，完成相关的会计处理。

【分析提示】会计分录如下：

● 计提盈余公积时：

本年提取法定盈余公积金额=6 000 000×10%=600 000（元）

本年提取任意盈余公积金额=6 000 000×5%=300 000（元）

借：利润分配——提取法定盈余公积	600 000	
——提取任意盈余公积	300 000	
贷：盈余公积——法定盈余公积		600 000
——任意盈余公积		300 000

● 结转利润分配所属明细科目：

借：利润分配——未分配利润	900 000	
贷：利润分配——提取法定盈余公积		600 000
——提取任意盈余公积		300 000

（二）盈余公积弥补亏损

当企业使用税前利润和税后利润仍不足以弥补以前年度亏损时，可以用所提取的盈余公积来加以弥补。具体核算原理见表8-12。

表8-12　盈余公积弥补亏损核算原理

序号	业务内容	会计处理
1	盈余公积补亏	借：盈余公积 　贷：利润分配——盈余公积补亏
2	结转利润分配所属明细科目	借：利润分配——盈余公积补亏 　贷：利润分配——未分配利润

实务案例 8-11

【背景资料】浙江美华机械有限责任公司发生相关经济业务如下：

假设公司经股东会批准，用以前年度提取的盈余公积弥补2024年度的亏损，当年弥补亏损的数额为500 000元。假定不考虑其他因素。

【要求】根据上述业务资料，完成相关的会计处理。

【分析提示】会计分录如下：

●盈余公积弥补亏损时：

借：盈余公积　　500 000

　贷：利润分配——盈余公积补亏　　500 000

●结转利润分配所属明细科目：

借：利润分配——盈余公积补亏　　500 000

　贷：利润分配——未分配利润　　500 000

（三）盈余公积转增资本/股本

盈余公积转增资本（股本）时，转增后留存的盈余公积的数额不得少于注册资本的25%。具体内容见本项目任务1的账务处理。

（四）用盈余公积发放现金股利或利润

企业可以用盈余公积发放现金股利或利润，具体核算原理见表8-13。

表8-13　盈余公积发放现金股利/利润核算原理

序号	业务内容	会计处理
1	用盈余公积发放现金股利	借：盈余公积 　贷：应付股利
2	用盈余公积发放利润	借：盈余公积 　贷：应付利润

实务案例8-12

【背景资料】浙江丽华机械股份有限公司发生相关经济业务如下：

2023年12月31日，假设公司普通股股本为50 000 000股，每股面值1元，可供投资者分配的利润为5 000 000元，盈余公积为20 000 000元。2024年3月20日，股东大会批准了2023年度利润分配方案，以2023年12月31日为登记日，按每股0.2元发放现金股利。公司共需要分派10 000 000元现金股利，其中动用可供投资者分配的利润5 000 000元、盈余公积5 000 000元。假定不考虑其他因素。

【要求】根据上述业务资料，完成相关的会计处理。

【分析提示】会计分录如下：

●宣告分派现金股利时：

借：利润分配——应付现金股利　　5 000 000

　　盈余公积　　5 000 000

　贷：应付股利　　10 000 000

●支付现金股利时：

借：应付股利　　10 000 000

　贷：银行存款　　10 000 000

拓展训练

盈余公积核算

同步测验

一、单项选择题

1.下列各项中，不属于所有者权益的是（　　）。

A.资本溢价　　B.计提的盈余公积

C.投资者投入的资本　　D.应付高管人员的基本薪酬

2.甲上市公司发行普通股1 000万股，每股面值1元，每股发行价格5元，支付手续费20万元，支付咨询费60万元。该公司发行普通股计入股本的金额为（　　）万元。

A.1 000　　B.4 920　　C.4 980　　D.5 000

3.甲股份有限公司按法定程序报经批准后采用收购本公司股票方式减资，购回股票支付价款低于股票面值总额的，所注销库存股账面余额与冲减股本的差额应计入（　　）。

A.盈余公积　　B.营业外收入　　C.资本公积　　D.未分配利润

4.甲有限责任公司由两位投资者投资200万元设立，每人各出资100万元。一年后，为扩大经营规模，经批准，甲有限责任公司注册资本增加到300万元，并引入第三位投资者加入。按照投资协议，新投资者需要缴入现金120万元，同时享有该公司1/3的股份。甲有限责任公司已收到该现金投资。假定不考虑其他因素，甲有限责任公司接受第三位投资者时应确认的资本公积为（　　）万元。

A.110　　B.100　　C.20　　D.200

5.甲股份有限公司委托东方证券公司发行普通股2 000万股，每股面值1元，每股发行价格为5元。根据约定，股票发行成功后，甲股份有限公司应按发行收入的2%向东方证券公司支付发行费。如果不考虑其他因素，股票发行成功后，甲股份有限公司记入“资本公积”账户的金额应为（　　）万元。

A.9 800　　B.200　　C.7 800　　D.8 000

6.下列各项中，不属于留存收益的是（　　）。

A.资本溢价　　B.任意盈余公积　　C.未分配利润　　D.法定盈余公积

7.甲公司2024年年初所有者权益总额为1 360万元，当年实现净利润450万元，提取盈余公积45万元，向投资者分配现金股利200万元，本年内以资本公积转增资本50万元，投资者追加现金投资30万元。该公司年末所有者权益总额为（　　）万元。

A.1 565　　B.1 595　　C.1 640　　D.1 795

8.有限责任公司货币出资金额不得低于注册资本的（　　）。

A.15%　　B.20%　　C.无相关规定　　D.35%

9.下列各项中，会导致留存收益总额发生增减变动的是（　　）。

A.资本公积转增资本　　B.盈余公积补亏

C.盈余公积转增资本　　D.以当年净利润弥补以前年度亏损

10.甲企业准备用盈余公积转增资本，若注册资本为100万元，盈余公积年末余额为40万元，最多可用盈余公积转增资本（　　）万元。

A.25　　B.15　　C.40　　D.35

二、多项选择题

1.下列项目中，可能引起资本公积变动的有（　　）。

A.与发行权益性证券直接相关的手续费、佣金等交易费用

B.计入当期损益的利得

C.用资本公积转增资本

D.处置采用权益法核算的长期股权投资

2.企业弥补亏损的来源包括（　　）。

A.用以后年度税前利润弥补　　B.用以后年度税后利润弥补

C.用以前年度留存收益弥补　　D.用以前年度实收资本弥补

3.下列各项中，会引起负债和所有者权益同时发生变动的有（　　）。

A.以盈余公积补亏　　B.以现金回购本公司股票

C.宣告发放现金股利　　D.转销确实无法支付的应付账款

4.股份有限公司委托其他单位发行股票支付的手续费或佣金等相关费用的金额，可能记入的会计科目有（　　）。

A.长期待摊费用　　B.资本公积　　C.盈余公积　　D.投资收益

5.下列各项中，不会引起留存收益变动的有（　　）。

A.盈余公积补亏　　B.计提法定盈余公积　　C.盈余公积转增资本　　D.计提任意盈余公积

6.下列各项中，不会引起所有者权益总额发生增减变动的有（　　）。

A.宣告发放股票股利　　B.资本公积转增资本

C.盈余公积转增资本　　D.接受投资者追加投资

7.下列各项中，不属于留存收益的有（　　）。

A.净利润　　B.资本公积　　C.实收资本　　D.盈余公积

8.实收资本增加的途径有（　　）。

A.资本公积转增资本　　B.盈余公积转增资本　　C.所有者投入　　D.企业盈利

9.企业按规定提取的盈余公积可用于（　　）。

A.转增资本　　B.弥补亏损　　C.扩大生产经营　　D.发放工资

10.企业吸收投资者出资，下列会计账户的余额可能发生变化的有（　　）。

A.实收资本　　B.资本公积　　C.盈余公积　　D.未分配利润

三、判断题

1.企业在一定期间发生亏损，则企业在这一会计期间的所有者权益一定减少。（　　）

2.企业溢价发行股票发生的手续费、佣金应从溢价中抵扣，溢价金额不足抵扣的，调整留存收益。（　　）

3.资本公积反映的是企业收到投资者出资额超出其在注册资本或股本中所占份额的部分及直接计入当期损益的利得和损失。（　　）

4.股份有限公司“股本”账户的期末贷方余额，就是股票的发行价与发行股数的乘积。（　　）

5.“利润分配——未分配利润”账户的年末贷方余额，反映企业累计未分配利润的数额。（　　）

6.由于所有者权益和负债都是对企业资产的要求权，因此两者性质是一样的。（　　）

7.任意盈余公积的计提比例由企业自行决定，其用途和法定盈余公积相同。（　　）

8.所有者权益在数量上等于企业全部资产减去流动负债后的余额。（　　）

9.相同数量的投资，如果由于出资时间不同，其在企业中所享有的权利也不同。（　　）

10.留存收益指企业从历年实现的利润中提取或留存于企业的内部积累，它来源于企业的生产经营活动所实现的利润。（　　）

四、计算分析题

1.甲公司委托南方证券公司代理发行普通股6 000 000股，每股面值1元，每股发行价格2元，企业与证券公司约定，证券公司按发行收入的2%收取佣金，从发行收入中扣除，假定收到的股款已存入银行。

要求：根据上述业务资料，编制相关的会计分录。

2.甲公司2023年至2024年发生与其股票有关的业务如下：

（1）2023年1月4日，经股东大会决议，并报有关部门核准，增发普通股40 000万股，每股面值1元，每股发行价格5元，股款已全部收到并存入银行。假定不考虑相关税费。

（2）2023年6月20日，经股东大会决议，并报有关部门核准，以资本公积4 000万元转增股本。

（3）2024年6月20日，经股东大会决议，并报有关部门核准，以银行存款回购本公司股票100万股，每股回购价格为3元。

（4）2024年6月26日，经股东大会决议，并报有关部门核准，将回购的本公司股票100万股注销。

要求：根据上述业务资料，编制相关的会计分录。

3.甲公司于设立时收到黄山公司作为资本投入的不需要安装的机器设备一台，合同约定该机器设备的价值为600 000元，增值税进项税额为78 000元。合同约定的固定资产的账面价值与公允价值相符，不考虑其他因素。同时，公司接受衡山公司投入原材料一批，投资合同约定原材料的价值为200 000元，取得的增值税专用发票上注明的增值税为26 000元，投资者占该公司注册资本的份额为180 000元，不考虑其他因素。

要求：根据上述业务资料，编制相关的会计分录。

4.甲公司原由投资者南方公司和投资者北方公司共同出资成立，每人出资200 000元，各占50%的股份。经营两年后，投资者南方公司和北方公司决定增加公司资本，接受新投资者东方公司的投资。经有关部门批准后，甲公司实施增资，将实收资本增加到900 000元。经三方协商，一致同意，完成合同约定的出资后；三方投资者各拥有公司300 000元实收资本，并各占公司1/3的股份。协议约定投入资产按评估值入账。各投资者的出资情况如下：

（1）投资者南方公司以一台设备投入公司作为增资，该设备原价180 000元，已提折旧95 000元，评估确认净值126 000元。

（2）投资者北方公司以一批原材料投入公司作为增资，该批材料账面价值105 000元，评估确认价值110 000元，税务部门认定应交增值税为14 300元。投资者北方公司已开具了增值税专用发票。

（3）投资者东方公司以银行存款390 000元投入甲公司。

要求：根据上述业务资料，编制三位投资者相关的会计分录。

5.甲公司2023年和2024年有关资料如下：

（1）公司2023年税后利润为200万元，经股东大会批准，决定按10%提取法定盈余公积，分派现金股利80万元。

（2）公司现有股东情况如下：A公司占股25%，B公司占股30%，C公司占股10%，D公司占股5%，其他股东占股30%。经公司股东大会决议，以盈余公积100万元转增资本，并已办妥转增手续。

（3）2024年公司尚有未弥补亏损280万元，该亏损系2018年产生，决议以盈余公积补亏100万元。

要求：根据上述业务资料，编制相关的会计分录。

参考答案

项目九　收入岗位

学习目标

- 理解收入岗位的相关会计规范要求
- 掌握销售商品收入的会计核算方法
- 掌握提供劳务收入的会计核算方法
- 掌握让渡资产使用权收入的会计核算方法
- 掌握收入岗位的账务处理

岗位工作导图

收入岗位工作导图如图9-1所示。

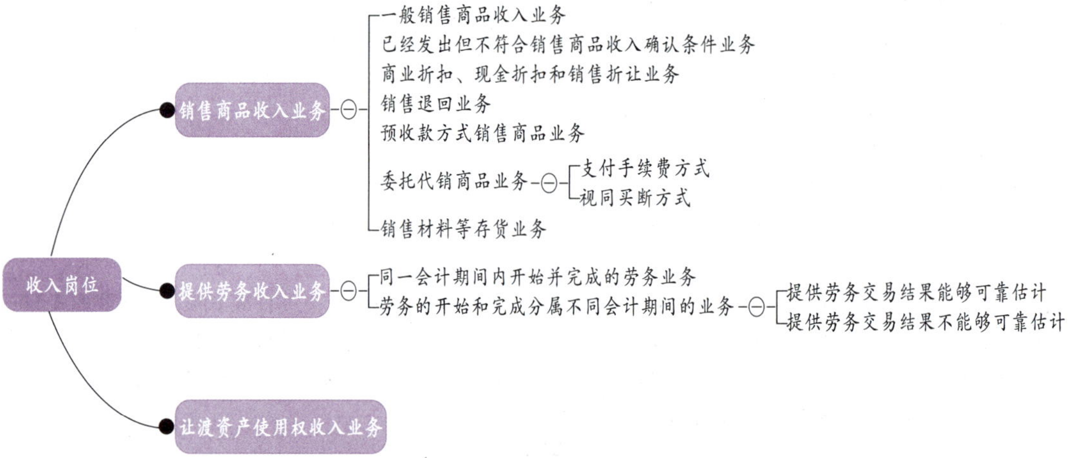

图9-1　收入岗位工作导图

任务1　销售商品收入业务

任务1
销售商品收入业务

收入是指企业在日常活动中形成的、会导致所有者权益增加的、与所有者投入资本无关的经济利益的总流入。收入按企业从事日常活动的性质不同，分为销售商品收入、提供劳务收入和让渡资产使用权收入。收入按企业经营业务的主次不同，分为主营业务收入和其他业务收入。其中：主营业务收入是指企业为完成其经营目标所从事的经常性活动实现的收入。其他业务收入是指企业为完成其经营目标所从事的与经常性活动相关的活动实现的收入。

一、销售商品收入的确认

企业应当在履行了合同中的履约义务，即在客户取得相关商品控制权时确认收入。取得相关商品控制权，是指能够主导该商品的使用并从中获得几乎全部的经济利益。当企业与客户之间的合同同时满足下列条件时，企业应当在客户取得相关商品控制权时确认收入：

①合同各方已批准该合同并承诺将履行各自义务；

②该合同明确了合同各方与所转让商品或提供劳务（以下简称“转让商品”）相关的权利和义务；

③该合同有明确的与所转让商品相关的支付条款；

④该合同具有商业实质，即履行该合同将改变企业未来现金流量的风险、时间分布或金额；

⑤企业因向客户转让商品而有权取得的对价很可能收回。

按照《企业会计准则第14号——收入》（2017年修订）的相关规定，收入确认和计量的基本步骤大致分为以下五步：

第一步，识别与客户订立的合同；

第二步，识别合同中的单项履约义务；

第三步，确定交易价格；

第四步，将交易价格分摊至各单项履约义务；

第五步，履行各单项履约义务时确认收入。

上述第一步、第二步和第五步主要与收入的确认有关，第三步和第四步主要与收入的计量有关。

主营业务收入

二、销售商品业务的账务处理

不同行业企业的主营业务收入所包括的内容不同，如工业企业的主营业务收入主要包括销售商品、自制半成品、代制品、代修品，提供工业性劳务等实现的收入；商业企业的主营业务收入主要包括销售商品实现的收入；咨询公司的主营业务收入主要包括提供咨询服务实现的收入；安装公司的主营业务收入主要包括提供安装服务实现的收入。企业通过“主营业务收入”科目核算其实现的主营业务收入，并通过“主营业务成本”科目核算为取得主营业务收入发生的相关成本。

主营业务成本

其他业务收入

企业实现的其他业务收入主要包括：原材料销售收入、包装物租金收入、固定资产租金收入、无形资产使用费收入等。企业通过“其他业务收入”科目核算其实现的其他业务收入，并通过“其他业务成本”科目核算为取得其他业务收入发生的相关成本。

其他业务成本

（一）一般销售商品业务的收入处理

企业在进行销售商品的会计处理时，首先要考虑销售商品收入是否符合收入确认条件。如果符合收入准则所规定的确认条件的，企业应及时确认收入并结转相关销售成本。

视频

一般销售商品业务收入的计量与核算

企业判断销售商品收入满足确认条件的，应当提供确凿的证据。通常情况下，销售商品采用托收承付方式的，在办妥托收手续时确认收入；采用交款提货销售商品方式的，在开出发票账单收到货款时确认收入。

票据百宝箱

托收承付是指根据购销合同由收款人发货后委托银行向异地付款人收取款项，由付款人向银行承认付款的结算方式。托收凭证（具体如图9-2所示）一式五联，第一联作收款人开户银行给收款人的受理回单；第二联收款人开户银行作贷方凭证；第三联付款人开户银行作借方凭证；第四联付款人开户银行凭以汇款或收款人开户银行作收账通知；第五联付款人开户银行给付款人按期付款的通知。

托收凭证（受理回单） 1

年　月　日

<table>
<tr><td>业务类型</td><td colspan="5">委托汇款（ □邮划、 □电划） 托收承付（ □邮划、 □电划）</td></tr>
<tr><td rowspan="4">付款人</td><td>全称</td><td></td><td rowspan="4">收款人</td><td>全称</td><td></td></tr>
<tr><td>账号</td><td></td><td>账号</td><td></td></tr>
<tr><td>地址</td><td></td><td>地址</td><td></td></tr>
<tr><td>开户行</td><td></td><td>开户行</td><td></td></tr>
<tr><td>金额</td><td colspan="3">人民币（大写）</td><td colspan="2">千 百 十 万 千 百 十 元 角 分</td></tr>
<tr><td>款项内容</td><td></td><td>托收凭据名称</td><td></td><td>附寄单证张数</td><td></td></tr>
<tr><td>商品发运情况</td><td></td><td colspan="2">合同名称号码</td><td colspan="2"></td></tr>
<tr><td colspan="2">备注：
复核：　记账：</td><td colspan="2">款项收妥日期：
年　月　日</td><td colspan="2">收款人开户银行签章
年　月　日</td></tr>
</table>

图9-2　托收凭证

企业销售商品满足收入确认条件时，应当按照已收或应收合同或协议价款的公允价值确定销售商品收入金额。通常情况下，购货方已收或应收的合同或协议价款即为公允价值，应当以此确定销售商品收入的金额。企业在销售商品时，应确认所实现的收入以及结转的相关销售成本。具体核算原理见表9-1。

表9-1　一般销售商品业务核算原理

序号	业务内容	会计处理
1	确认销售收入	借：银行存款/应收账款/应收票据 　贷：主营业务收入 　　　应交税费——应交增值税（销项税额）
2	结转销售成本	借：主营业务成本 　贷：库存商品

实务案例9-1

【背景资料】浙江美华机械有限责任公司发生相关经济业务如下：

2024年12月17日，公司采用托收承付结算方式销售A商品一批，开出的增值税专用发票上注明的售价为600 000元，增值税为78 000元；商品已经发出，并已向银行办妥托收手续。该批A商品的成本为420 000元。

【要求】根据上述业务资料，完成相关的会计处理。

【分析提示】会计分录如下：

●2024年12月17日，确认销售收入时：

借：应收账款　　678 000

　贷：主营业务收入　　600 000

　　　应交税费——应交增值税（销项税额）　　78 000

●2024年12月17日，结转销售成本时：

借：主营业务成本　　420 000

　贷：库存商品　　420 000

（二）已经发出但不符合销售商品收入确认条件的商品处理

拓展训练

收入确认

如果企业售出商品不符合销售商品收入确认的五项条件，不应确认收入。为了单独反映已经发出但尚未确认销售收入的商品成本，企业应增设“发出商品”科目。“发出商品”科目核算一般销售方式下，已经发出但尚未确认销售收入的商品成本。如果销售该商品的纳税义务已经发生，应确认应交的增值税销项税额。如果纳税义务没有发生，则不需进行上述处理。具体核算原理见表9-2。

表9-2　　已经发出但不符合销售商品收入确认条件业务核算原理

序号	业务内容		会计处理
1	发出商品但不符合收入确认条件		借：发出商品 　贷：库存商品
2	增值税纳税义务已经发生		借：应收账款 　贷：应交税费——应交增值税（销项税额）
3	符合收入确认条件	纳税义务前期已发生	借：应收账款 　贷：主营业务收入
		纳税义务前期未发生	借：应收账款 　贷：主营业务收入 　　　应交税费——应交增值税（销项税额）
4	结转销售成本		借：主营业务成本 　贷：发出商品

实务案例9-2

【背景资料】浙江美华机械有限责任公司发生相关经济业务如下：

2024年10月20日，公司采用托收承付结算方式向江山公司销售B商品一批，开出的增值税专用发票上注明的售价为100 000元、增值税为13 000元；该批商品成本为65 000

元。公司在销售该批商品时已得知江山公司资金流转发生暂时困难，但为了减少存货积压，同时也为了维持与江山公司长期以来建立的商业关系，公司仍将商品发出，并办妥托收手续。销售商品的纳税义务已经发生。2024年12月12日，江山公司经营情况逐渐好转，并承诺于12月20日支付购货款。12月20日，公司收到销售款113 000元。

【要求】根据上述业务资料，完成相关的会计处理。

【分析提示】会计分录如下：

● 2024年10月20日，发出商品时：

借：发出商品　　65 000

　贷：库存商品　　65 000

● 2024年10月20日，确认应交的增值税销项税额时：

借：应收账款——江山公司　　13 000

　贷：应交税费——应交增值税（销项税额）　　13 000

● 2024年12月12日，确认收入时：

借：应收账款——江山公司　　100 000

　贷：主营业务收入　　100 000

● 2024年12月12日，结转成本时：

借：主营业务成本　　65 000

　贷：发出商品　　65 000

● 2024年12月20日，收到货款时：

借：银行存款　　113 000

　贷：应收账款——江山公司　　113 000

拓展训练

发出商品

（三）销售退回的处理

企业将商品控制权转让给客户之后，可能会因为各种原因（如客户对所购商品的款式不满意等）允许客户依照有关合同、法律要求、声明或承诺、以往的习惯做法等选择退货，此销售为附有销售退回条款的销售。

企业应在客户取得相关商品控制权时，按照因向客户转让商品而预期有权收取的对价金额（即不包含预期因销售退回将退还的金额）确认收入，按照预期因销售退回将退还的金额确认负债；同时，按照预期将退回商品转让时的账面价值，扣除收回该商品预计发生的成本（包括退回商品的价值减损）后的余额确认一项资产，按照所转让商品转让时的账面价值，扣除上述资产成本的净额结转成本。每一资产负债表日，企业应当重新估计未来销售退回情况，如有变化，应当作为会计估计变更进行会计处理。具体核算原理见表9-3。

表9-3　　销售退回业务核算原理

序号	业务		会计处理
1	销售商品	确认收入	借：应收账款/银行存款 　贷：主营业务收入（扣除预计退货款） 　　　预计负债——应付退货款 　　　应交税费——应交增值税（销项税额）

续表

序号	业务		会计处理
1	销售商品	结转成本	借：主营业务成本 应收退货成本 贷：库存商品
2	退回商品	调整款项	借：预计负债——应付退货款 应交税费——应交增值税（销项税额） 贷：应收账款/银行存款
		调整库存	借：库存商品 贷：应收退货成本
3	未退回商品	冲减收入	借：预计负债——应付退货款 贷：主营业务收入
		调整成本	借：主营业务成本 贷：应收退货成本

实务案例9-3

【背景资料】浙江美华机械有限责任公司发生相关经济业务如下：

2023年10月1日，向乙公司销售5 000件健身器材，单位销售价格为500元，单位成本为400元，开出的增值税专用发票上注明的销售价格为250万元，增值税税额为32.5万元。健身器材已经发出。但款项尚未收到。根据协议约定，乙公司应于2023年12月1日之前支付货款，在2024年3月31日之前有权退还健身器材。甲公司根据过去的经验，估计该批健身器材的退货率约为20%。在2023年12月31日甲公司对退货率进行了重新评估，认为只有10%的健身器材会被退回。2024年3月31日发生销售退回，实际退货量为400件，退货款项已经支付。甲公司为增值税一般纳税人，健身器材发出时纳税义务已经发生，实际发生退回时取得税务机关开具的红字增值税专用发票。假定健身器材发出时控制权转移给乙公司。

【要求】根据上述业务资料，完成相关的会计处理。

【分析提示】会计分录如下：

● 2023年10月1日发出健身器材时：

借：应收账款	2 825 000	
贷：主营业务收入（2 500 000×80%）		2 000 000
预计负债——应付退货款		500 000
应交税费——应交增值税（销项税额）		325 000
借：主营业务成本	1 600 000	
应收退货成本	400 000	
贷：库存商品（400×5 000）		2 000 000

● 2023年12月1日前收到货款时：

借：银行存款	2 825 000	

贷：应收账款　　2 825 000

●2023年12月31日，公司对退货率进行重新评估：

借：预计负债——应付退货款　　250 000

　贷：主营业务收入　　250 000

借：主营业务成本　　200 000

　贷：应收退货成本　　200 000

●2024年3月31日发生销售退回，实际退货量为400件，退货款项已经支付：

借：库存商品（400×400）　　160 000

　　应交税费——应交增值税（销项税额）(500×400×13%)　　26 000

　　预计负债——应付退货款　　250 000

　贷：主营业务收入　　50 000

　　　银行存款（500×400×113%）　　226 000

　　　应收退货成本　　160 000

借：主营业务成本（少退100件结转的成本）　　40 000

　贷：应收退货成本　　40 000

拓展训练

销售退回

（四）采用预收款方式销售商品的处理

预收款销售方式下，销售方直到收到最后一笔款项才将商品交付购货方，表明商品所有权上的主要风险和报酬只有在收到最后一笔款项时才转移给购货方，销售方通常应在发出商品时确认收入，在此之前预收的货款应确认为合同负债。具体核算原理见表9-4。

表9-4　预收款方式销售商品业务核算原理

序号	业务内容		会计处理
1	收到预收款		借：银行存款 　贷：合同负债
2	发出商品		借：合同负债 　贷：主营业务收入 　　　应交税费——应交增值税（销项税额） 借：主营业务成本 　贷：库存商品
3	尾款结算	补付货款	借：合同负债 　贷：银行存款
		退回多余款	借：银行存款 　贷：合同负债

实务案例9-4

【背景资料】浙江美华机械有限责任公司发生相关经济业务如下：

2024年8月11日，公司与星辰公司签订协议，采用预收款方式向星辰公司销售C商品一批。该批商品实际成本为620 000元。协议约定，该批商品销售价格为800 000元，增值税为104 000元；星辰公司应在协议签订时预付60%的货款（按销售价格计算），剩余货款于9月12日商品发出时支付。

【要求】根据上述业务资料，完成相关的会计处理。

【分析提示】会计分录如下：

●2024年8月11日，收到预收款时：

借：银行存款　　480 000

　贷：合同负债——星辰公司　　480 000

●2024年9月12日，收到剩余货款及增值税税款时：

借：合同负债——星辰公司　　480 000

　　银行存款　　424 000

　贷：主营业务收入　　800 000

　　　应交税费——应交增值税（销项税额）　　104 000

借：主营业务成本　　620 000

　贷：库存商品　　620 000

（五）采用委托代销方式销售商品的处理

委托代销商品主要包括视同买断和支付手续费两种情况，具体会计核算内容如下：

1.支付手续费方式

支付手续费代销方式下，委托方在发出商品时，商品所有权上的主要风险和报酬并未转移给受托方，委托方在发出商品时通常不应确认销售商品收入，而应在收到受托方开出的代销清单时确认销售商品收入，同时将应支付的代销手续费计入销售费用；受托方应在代销商品销售后，按合同或协议约定的方法计算确定代销手续费，确认收入。具体核算原理见表9-5。

表9-5　委托代销商品业务（支付手续费）核算原理

序号	业务内容	会计处理
1	委托方会计处理	●发出货物： 借：发出商品 　贷：库存商品 ●收到代销清单： 借：应收账款 　贷：主营业务收入 　　　应交税费——应交增值税（销项税额） 借：主营业务成本 　贷：发出商品 ●收到款项： 借：银行存款 　　销售费用 　贷：应收账款

续表

序号	业务内容	会计处理
2	受托方会计处理	●收到商品： 借：受托代销商品 　贷：受托代销商品款 ●对外销售： 借：银行存款 　贷：受托代销商品 　　　应交税费——应交增值税（销项税额） ●收到增值税专用发票： 借：应交税费——应交增值税（进项税额） 　贷：应付账款——委托方 ●支付货款并计算代销手续费： 借：应付账款——委托方 　　受托代销商品款 　贷：银行存款 　　　其他业务收入

实务案例9-5

【背景资料】浙江美华机械有限责任公司发生相关经济业务如下：

2024年6月1日，公司委托汉王公司销售商品300件，商品已经发出，每件成本为60元。合同约定汉王公司应按每件100元对外销售，公司按售价的12%向汉王公司支付手续费。2024年6月30日，汉王公司对外实际销售100件，开出的增值税专用发票上注明的销售价格为10 000元、增值税为1 300元，款项已经收到。公司收到汉王公司开具的代销清单时，向汉王公司开具一张相同金额的增值税专用发票。假定：公司发出商品时纳税义务尚未发生；商品采用实际成本核算；汉王公司采用进价核算代销商品。

【要求】根据上述业务资料，完成相关的会计处理。

【分析提示】会计分录如下：

委托方（浙江美华机械有限责任公司）：

●2024年6月1日，发出商品时：

借：发出商品	18 000	
贷：库存商品		18 000

●2024年6月30日，收到代销清单时：

借：应收账款	11 300	
贷：主营业务收入		10 000
应交税费——应交增值税（销项税额）		1 300
借：主营业务成本	6 000	
贷：发出商品		6 000

代销手续费金额=10 000×12%=1 200（元）

借：销售费用 1 200
　贷：应收账款 1 200

●2024年6月30日，收到汉王公司支付的货款时：

借：银行存款 10 100
　贷：应收账款 10 100

受托方（汉王公司）：

●2024年6月1日，收到商品时：

借：受托代销商品 30 000
　贷：受托代销商品款 30 000

●2024年6月，对外销售时：

借：银行存款 11 300
　贷：受托代销商品 10 000
　　　应交税费——应交增值税（销项税额） 1 300

●2024年6月30日，收到增值税专用发票时：

借：应交税费——应交增值税（进项税额） 1 300
　贷：应付账款 1 300

●2024年6月30日，支付货款并计算代销手续费时：

借：受托代销商品款 10 000
　　应付账款 1 300
　贷：银行存款 10 100
　　　其他业务收入 1 200

2.视同买断方式

视同买断方式代销商品，是指委托方和受托方签订合同或协议，委托方按合同或协议收取代销的货款，实际售价由受托方自定，实际售价与合同或协议价之间的差额归受托方所有。

①如果委托方和受托方之间的协议明确标明，受托方在取得代销商品后，无论是否能够卖出、是否获利，均与委托方无关，委托方和受托方之间的代销商品交易，与委托方直接销售商品给受托方没有实质区别，在符合销售商品收入确认条件时，委托方应确认相关销售商品收入。具体核算原理见表9-6。

表9-6 委托代销商品业务（视同买断）核算原理-1

序号	业务内容	会计处理
1	委托方会计处理	●发出货物： 借：应收账款 　贷：主营业务收入 　　　应交税费——应交增值税（销项税额） 借：主营业务成本 　贷：库存商品

续表

序号	业务内容	会计处理
2	受托方会计处理	●收到商品： 借：库存商品 　　应交税费——应交增值税（进项税额） 　贷：应付账款——委托方 ●对外销售： 借：银行存款 　贷：主营业务收入 　　应交税费——应交增值税（销项税额） 借：主营业务成本 　贷：库存商品 ●支付货款： 借：应付账款——委托方 　贷：银行存款

实务案例 9-6

【背景资料】浙江美华机械有限责任公司发生相关经济业务如下：

2024年9月1日，公司委托民生公司销售商品100件，协议价为300元/件，成本为150元/件。代销协议约定，民生公司在取得代销商品后，无论是否能够卖出、是否获利，均与公司无关。该批商品已经发出，货款尚未收到，公司开出的增值税专用发票上注明的增值税为3 900元。

【要求】根据上述业务资料，完成相关的会计处理。

【分析提示】会计分录如下：

2024年9月1日，公司发出委托代销商品时：

借：应收账款	33 900	
贷：主营业务收入		30 000
应交税费——应交增值税（销项税额）		3 900
借：主营业务成本	15 000	
贷：库存商品		15 000

②如果委托方和受托方之间的协议明确标明，将来受托方没有将商品售出时可以将商品退回给委托方，那么，委托方在交付商品时不确认收入，受托方也不作购进商品处理；受托方将商品销售后，按实际售价确认销售收入，并向委托方开具代销清单，委托方收到代销清单时，再确认本企业的销售收入。具体核算原理见表9-7。

表9-7　委托代销商品业务（视同买断）核算原理-2

序号	业务内容	会计处理
1	委托方会计处理	●发出货物： 借：发出商品 　贷：库存商品

续表

序号	业务内容	会计处理
1	委托方会计处理	●收到代销清单： 借：应收账款 　贷：主营业务收入 　　　应交税费——应交增值税（销项税额） 借：主营业务成本 　贷：发出商品 ●收到款项： 借：银行存款 　贷：应收账款
2	受托方会计处理	●收到商品： 借：受托代销商品 　贷：受托代销商品款 ●对外销售： 借：银行存款 　贷：主营业务收入 　　　应交税费——应交增值税（销项税额） 借：主营业务成本 　贷：受托代销商品 借：受托代销商品款 　贷：应付账款——委托方 ●支付货款： 借：应付账款——委托方 　　应交税费——应交增值税（进项税额） 　贷：银行存款

实务案例 9-7

【背景资料】浙江美华机械有限责任公司发生相关经济业务如下：

2024年10月1日，公司委托顺华公司代销商品1 000件，协议价为每件1 000元，增值税税率为13%，实际成本为每件800元。代销协议明确标明，将来顺华公司没有将商品售出时可以将商品退回给公司。顺华公司按每件1 200元的价格销售，增值税税率为13%。2024年10月31日，公司收到顺华公司交来的代销清单和销售款，代销清单列明已销售代销商品的60%。公司收到顺华公司开来的代销清单时开具增值税专用发票。假定：公司发出商品时纳税义务尚未发生；商品采用实际成本核算；顺华公司采用进价核算代销商品。

【要求】根据上述业务资料，完成相关的会计处理。

【分析提示】会计分录如下：

委托方（浙江美华机械有限责任公司）：

●2024年10月1日，商品交付顺华公司时：

借：发出商品　　　　　　　　　　　　　　800 000

　贷：库存商品　　　　　　　　　　　　　　　800 000

●2024年10月31日，收到代销清单时：

借：应收账款——顺华公司　　678 000

　贷：主营业务收入　　600 000

　　　应交税费——应交增值税（销项税额）　　78 000

借：主营业务成本　　480 000

　贷：发出商品　　480 000

●2024年10月31日，收到顺华公司的货款时：

借：银行存款　　678 000

　贷：应收账款——顺华公司　　678 000

受托方（顺华公司）：

●2024年10月1日，收到代销的商品时：

借：受托代销商品　　1 000 000

　贷：受托代销商品款　　1 000 000

●2024年10月，销售商品时：

借：银行存款　　813 600

　贷：主营业务收入　　720 000

　　　应交税费——应交增值税（销项税额）　　93 600

借：主营业务成本　　600 000

　贷：受托代销商品　　600 000

借：受托代销商品款　　600 000

　贷：应付账款——浙江美华机械有限责任公司　　600 000

●2024年10月31日，按合同协议价款支付代销商品款时：

借：应付账款——浙江美华机械有限责任公司　　600 000

　　应交税费——应交增值税（进项税额）　　78 000

　贷：银行存款　　678 000

拓展训练

委托代销商品

（六）销售材料等存货的处理

企业日常活动中，存在销售原材料、包装物等业务，此类存货的销售也视同商品销售，其收入确认和计量原则比照商品销售。企业销售原材料、包装物等存货实现的收入作为其他业务收入处理，结转的相关成本作为其他业务成本处理。具体核算原理见表9-8。

表9-8　销售材料业务核算原理

序号	业务内容	会计处理
1	确认材料销售收入	借：银行存款 　贷：其他业务收入 　　　应交税费——应交增值税（销项税额）
2	结转材料销售成本	借：其他业务成本 　贷：原材料/周转材料

实务案例9-8

【背景资料】浙江美华机械有限责任公司发生相关经济业务如下：

2024年10月21日，公司对外销售一批原材料，增值税专用发票上注明的货款为10 000元、增值税为1 300元，款项已存入银行。该批原材料的成本为8 600元。

【要求】根据上述业务资料，完成相关的会计处理。

【分析提示】会计分录如下：

● 2024年10月21日，确认原材料销售收入时：

借：银行存款　　11 300

　贷：其他业务收入　　10 000

　　　应交税费——应交增值税（销项税额）　　1 300

● 2024年10月21日，结转已销原材料的实际成本时：

借：其他业务成本　　8 600

　贷：原材料　　8 600

拓展训练

其他业务收入

任务2　提供劳务收入业务

任务2

提供劳务收入业务

企业提供劳务的种类有很多，如旅游、运输、饮食、广告、咨询、代理、培训、产品安装等。有的劳务一次就能完成，且一般为现金交易，如饮食、理发、照相等；有的劳务需要花费一段较长的时间才能完成，如安装、旅游、培训、远洋运输等。企业提供劳务收入的确认原则因劳务完成时间的不同而不同。

一、在同一会计期间内开始并完成的劳务

对于一次就能完成的劳务，或在同一会计期间内开始并完成的劳务，应在提供劳务交易完成时确认收入，确认的金额通常为从接受劳务方已收或应收的合同或协议价款，确认原则可参照销售商品收入的确认原则。

企业对外提供劳务，如属于企业的主营业务，所实现的收入应作为主营业务收入处理，结转的相关成本应作为主营业务成本处理；如属于主营业务以外的其他经营活动，所实现的收入应作为其他业务收入处理，结转的相关成本应作为其他业务成本处理。企业对外提供劳务发生的支出一般先通过“合同履约成本”科目予以归集，待确认为费用时，再由“合同履约成本”科目转入“主营业务成本”或“其他业务成本”科目。

对于一次就能完成的劳务，企业应在提供劳务完成时确认收入及相关成本。对于持续一段时间但在同一会计期间内开始并完成的劳务，企业应在为提供劳务发生相关支出时确认劳务成本，劳务完成时再确认劳务收入，并结转相关劳务成本。具体核算原理见表9-9。

劳务成本

表9-9　同一会计期间内开始并完成的劳务业务核算原理

序号	业务内容	会计处理
1	一次性完成的劳务	借：应收账款/银行存款 　贷：主营业务收入/其他业务收入 　　　应交税费——应交增值税（销项税额） 借：主营业务成本/其他业务成本 　贷：银行存款 　　　应付职工薪酬
2	持续一段时间完成的劳务	借：合同履约成本 　贷：银行存款 　　　应付职工薪酬 借：应收账款/银行存款 　贷：主营业务收入/其他业务收入 　　　应交税费——应交增值税（销项税额） 借：主营业务成本/其他业务成本 　贷：合同履约成本

实务案例9-9

【背景资料】浙江美华机械有限责任公司发生相关经济业务如下：

业务1：2024年5月10日，公司接受一项设备安装任务，该项安装任务可一次性完成，合同总价款为9 000元，增值税810元，款项已收。实际发生安装成本5 000元，全部用银行存款支付。假定安装业务属于公司的主营业务以外的其他经营活动。

业务2：2024年5月12日，公司接受一项设备安装任务，该项安装任务需要3个月，合同总价款为12 000元，增值税1 080元，款项未收。8月12日，安装任务完成，实际发生安装成本9 000元，全部为安装人员薪酬。假定安装业务属于公司的主营业务以外的其他经营活动。

【要求】根据上述业务资料，完成相关的会计处理。

【分析提示】会计分录如下：

业务1：

● 2024年5月10日，确认安装劳务收入时：

借：银行存款　9 810
　贷：其他业务收入　9 000
　　　应交税费——应交增值税（销项税额）　810

● 2024年5月10日，结转安装劳务成本时：

借：其他业务成本　5 000
　贷：银行存款　5 000

业务2：

● 2024年5—8月，确认安装劳务成本时：

借：合同履约成本　9 000
　贷：应付职工薪酬　9 000

●2024年8月12日，确认安装劳务收入时：

借：银行存款　　13 080

　贷：其他业务收入　　12 000

　　　应交税费——应交增值税（销项税额）　　1 080

●2024年8月12日，结转安装劳务成本时：

借：其他业务成本　　9 000

　贷：合同履约成本　　9 000

二、劳务的开始和完成分属不同的会计期间

（一）提供劳务交易结果能够可靠估计

如果劳务的开始和完成分属不同的会计期间，且企业在资产负债表日提供劳务交易的结果能够可靠估计的，应采用完工百分比法确认提供劳务收入。

完工百分比法，是指按照提供劳务交易的完工进度确认收入和费用的方法。在这种方法下，确认的提供劳务收入金额能够提供各个会计期间关于提供劳务交易及其业绩的有用信息。

票据百宝箱

完工百分比法计算表（具体见表9-10），是用于计算各个会计年度劳务收入和费用的工作表格，主要包括：合同总价、估计合同总成本（累计实际工程成本、估计至完工尚需投入成本）、完工百分比、确认劳务收入（累计应确认劳务收入、本期应确认劳务收入）、确认本期劳务成本等信息。

表9-10　**完工百分比法计算表**

项　目	年份1	年份2	年份3
1.合同总价			
2.估计合同总成本			
其中：累计实际工程成本			
估计至完工尚需投入成本			
3.完工百分比			
4.确认劳务收入			
其中：累计应确认劳务收入			
本期应确认劳务收入			
5.确认本期劳务成本			

企业应当在资产负债表日按照提供劳务收入总额乘以完工进度扣除以前会计期间累计已确认劳务收入后的金额，确认当期劳务收入；同时，按照提供劳务估计总成本乘以完工进度扣除以前会计期间累计已确认劳务成本后的金额，结转当期劳务成本。用公式表示如下：

本期确认的劳务收入=劳务总收入×截至本期末劳务的完工进度-以前期间累计已确认的劳务收入

本期确认的劳务成本=劳务总成本×截至本期末劳务的完工进度-以前期间累计已确认的劳务成本

企业采用完工百分比法确认提供劳务收入时，应按计算确定的提供劳务收入金额确认收入，同时结转劳务成本，具体核算原理见表9-11。

表9-11　劳务的开始与完成分属不同会计期间业务核算原理（完工百分比法）

序号	业务内容	会计处理
1	归集劳务成本	借：合同履约成本 　贷：银行存款 　　　应付职工薪酬
2	预收劳务款	借：银行存款 　贷：合同负债
3	确认劳务收入	借：银行存款/合同负债/应收账款 　贷：主营业务收入 　　　应交税费——应交增值税（销项税额）
4	结转劳务成本	借：主营业务成本 　贷：合同履约成本

实务案例9-10

【背景资料】浙江美华机械有限责任公司发生相关经济业务如下：

2024年12月1日，公司接受一项设备安装任务，安装期4个月，合同总收入600 000元，增值税税率为9%。截至12月31日，公司预收安装费400 000元，实际发生安装费用250 000元（假设均为安装人员薪酬），估计还会发生安装费用150 000元。假设公司按实际发生的成本占估计总成本的比例确定劳务的完工进度。

【要求】根据上述业务资料，完成相关的会计处理。

【分析提示】

● 2024年12月31日，计算劳务收入与劳务成本：

2024年实际发生的成本占估计总成本的比例=250 000÷（250 000+150 000）×100%=62.5%

2024年12月31日确认的劳务收入=600 000×62.5%−0=375 000（元）

2024年12月31日结转的劳务成本=（250 000+150 000）×62.5%−0=250 000（元）

● 2024年12月，实际发生劳务成本时：

借：合同履约成本——设备安装　　250 000

　贷：应付职工薪酬　　250 000

● 2024年12月，预收劳务款时：

借：银行存款　　400 000

　贷：合同负债　　400 000

● 2024年12月31日，确认劳务收入并结转劳务成本时：

确认增值税税额=375 000×9%=33 750（元）

借：合同负债　　408 750

　贷：主营业务收入　　375 000

　　　应交税费——应交增值税（销项税额）　　33 750

借：主营业务成本　　250 000

贷：合同履约成本——设备安装 250 000

（二）提供劳务交易结果不能可靠估计

拓展训练 完工百分比法

如劳务的开始和完成分属不同的会计期间，且企业在资产负债表日提供劳务交易结果不能可靠估计的，企业不能采用完工百分比法确认提供劳务收入。此种情况下，企业应正确预计已经发生的劳务成本能否得到补偿，根据不同的情况进行不同的会计处理：

①已经发生的劳务成本预计全部能够得到补偿的，应按已经发生的预计能够得到补偿的劳务成本金额确认提供劳务收入，并按相同金额结转已经发生的劳务成本。

②已经发生的劳务成本预计只能部分得到补偿的，应按能够得到补偿的劳务成本金额确认收入，并结转已经发生的劳务成本。

③已经发生的劳务成本预计全部不能得到补偿的，应将已经发生的劳务成本总额计入当期损益，不确认劳务收入。

实务案例 9-11

【背景资料】浙江美华机械有限责任公司发生相关经济业务如下：

2024年10月1日，公司接受一项劳务，合同总收入为1 200 000元，成本为900 000元；因对方发生财务困难，造成合同无法履行。10月份已经发生成本80 000元，均为安装人员薪酬。假定不考虑相关税费问题。

情况1：公司预计得到补偿的金额为80 000元（系公司10月1日收取的对方预收款80 000元）。

情况2：公司预计得到补偿的金额为60 000元（系公司10月1日收取的对方预收款60 000元）。

情况3：公司预计得到补偿的金额为零（该公司未收取相关的预收款）。

【要求】根据上述业务资料，完成相关的会计处理。

【分析提示】会计分录如下：

●2024年10月1日，预收劳务款时：

情况1：预收劳务款80 000元。

借：银行存款 80 000

贷：合同负债 80 000

情况2：预收劳务款60 000元。

借：银行存款 60 000

贷：合同负债 60 000

情况3：未收取劳务款，不做相关会计处理。

●2024年10月，归集相关的劳务成本时：

借：合同履约成本 80 000

贷：应付职工薪酬 80 000

●2024年10月31日，确认劳务收入并结转劳务成本时：

情况1：已发生的劳务成本预计全额能够得到补偿。

借：合同负债 80 000

　　贷：主营业务收入　　　　80 000
借：主营业务成本　　　　80 000
　　贷：合同履约成本　　　　80 000
情况2：已发生的劳务成本预计只能部分得到补偿。
借：合同负债　　　　60 000
　　贷：主营业务收入　　　　60 000
借：主营业务成本　　　　80 000
　　贷：合同履约成本　　　　80 000
情况3：已发生的劳务成本预计全部不能得到补偿。
借：主营业务成本　　　　80 000
　　贷：合同履约成本　　　　80 000

拓展训练
劳务成本不能可靠估计

任务3　让渡资产使用权收入业务

任务3
让渡资产使用权收入业务

让渡资产使用权收入主要指让渡无形资产等资产使用权的使用费收入。出租资产取得的租金、进行债权投资收取的利息、进行股权投资取得的现金股利等，也构成让渡资产使用权收入。

票据百宝箱

存款利息单（具体如图9-3所示）是银行向存款人支付利息的凭证。存款利息金额的大小因存款种类和期限的长短而不同。存款的期限越长，存款人的利息收入越高；活期存款最不稳定，所以存款人的利息收入也最低。存款利息=存款本金×存款利率×存款期限。根据存款期限的不同，存款利息也有年息、月息、日息等。存款利息单主要包括付款银行及账号、收款单位及账号、大小写金额等信息。

兴业银行 INDUSTRIAL BANK CO., LTD.　存款利息单（客户联）

日期：　年　月　日　　No.

付款银行： 账号：	收款单位： 账号：
金额（大写）	（小写）
备注：上列款项已由我行转入您单位账户 积数： 利率：	（银行盖章）

此联为客户回单联

复核　　经办

图9-3　存款利息单

企业让渡资产使用权的使用费收入，一般通过“其他业务收入”科目核算；让渡资产所计提的摊销额等，一般通过“其他业务成本”科目核算。具体核算原理见表9-12。

表 9-12　　让渡资产使用权业务核算原理

序号	业务内容	会计处理
1	确认让渡资产使用权的使用费收入	借：银行存款/应收账款 　贷：其他业务收入 　　　应交税费——应交增值税（销项税额）
2	计提让渡资产的摊销额	借：其他业务成本 　贷：累计摊销等

实务案例 9-12

【背景资料】浙江美华机械有限责任公司发生相关经济业务如下：

业务1：2024年1月1日，公司向红星公司转让产品专利权的使用权，协议约定转让期为5年，每年年末收取使用费200 000元，增值税12 000元。2024年12月31日，收到专利权的使用费。该专利权每年计提的摊销额为120 000元，每月计提金额为10 000元。

业务2：2024年5月12日，公司向蓝晶公司转让软件的使用权，一次性收取使用费80 000元，增值税4 800元，不提供后续服务，款项已经收回。

业务3：公司向黄鹤公司转让商品的商标使用权，约定黄鹤公司每年年末按年销售收入的10%支付使用费，适用的增值税税率为6%，公司均于每年年末收取使用费，使用期为10年。2024年黄鹤公司实现销售收入1 200 000元；2025年黄鹤公司实现销售收入1 800 000元。

【要求】根据上述业务资料，完成相关的会计处理。

【分析提示】会计分录如下：

业务1：

● 2024年年末确认使用费收入时：

借：银行存款	212 000	
贷：其他业务收入		200 000
应交税费——应交增值税（销项税额）		12 000

● 2024年每月计提专利权摊销额时：

借：其他业务成本	10 000	
贷：累计摊销		10 000

业务2：确认转让软件的使用费收入时：

借：银行存款	84 800	
贷：其他业务收入		80 000
应交税费——应交增值税（销项税额）		4 800

业务3：

● 2024年年末确认使用费收入：

应确认的使用费收入=1 200 000×10%=120 000（元）

应确认的增值税税额=120 000×6%=7 200（元）

借：银行存款	127 200	
贷：其他业务收入		120 000
应交税费——应交增值税（销项税额）		7 200

●2025年年末确认使用费收入：

应确认的使用费收入=1 800 000×10%=180 000（元）

应确认的增值税税额=180 000×6%=10 800（元）

借：银行存款　　190 800

　贷：其他业务收入　　180 000

　　　应交税费——应交增值税（销项税额）　　10 800

拓展训练

让渡资产使用权

同步测验

一、单项选择题

1.下列各项中，符合收入会计要素定义，可以确认为收入的是（　　）。

A.出售无形资产收取的价款　　B.出售固定资产收取的价款

C.出售投资性房地产收取的价款　　D.确认的政府补助利得

2.企业对于已经发出但不符合收入确认条件的商品，其成本应借记的科目是（　　）。

A.在途物资　　B.发出商品　　C.库存商品　　D.主营业务成本

3.企业销售商品确认收入后，对于客户预计发生的销售退回，应当（　　）。

A.确认当期财务费用　　B.冲减当期主营业务收入

C.确认当期管理费用　　D.确认当期主营业务成本

4.甲企业2024年8月1日赊销一批商品，售价为120 000元（不含增值税），适用的增值税税率为13%。规定的现金折扣条件为“2/10，1/20，N/30”，计算现金折扣时考虑增值税。客户于2024年8月15日付清货款。甲企业收款金额为（　　）元。

A.118 800　　B.137 592　　C.134 244　　D.140 400

5.甲企业10月销售商品100件，每件售价2.5万元，当月发生现金折扣15万元、销售折让25万元。该企业上述业务计入当月主营业务收入的金额为（　　）万元。

A.225　　B.250　　C.210　　D.235

6.甲工业企业销售产品，每件110元（不含税），若客户购买200件（含200件）以上，每件可得到10元的商业折扣。客户2024年12月10日购买该企业产品200件，规定的现金折扣条件为“2/10，1/20，N/30”，适用的增值税税率为13%。该企业于12月26日收到该笔款项时，应给予客户的现金折扣为（　　）。（假定计算现金折扣时不考虑增值税）

A.0　　B.200元　　C.234元　　D.220元

7.下列各项关于收入确认的表述中，正确的是（　　）。

A.采用预收货款方式销售商品，应在收到货款时确认收入

B.采用分期收款方式销售商品，应在货款全部收回时确认收入

C.采用交款提货方式销售商品，应在开出发票收到货款时确认收入

D.采用支付手续费委托代销方式销售商品，应在发出商品时确认收入

8.企业采用支付手续费方式委托代销商品，委托方确认商品销售收入的时间是（　　）。

A.签订代销协议时　　B.发出商品时　　C.收到代销清单时　　D.收到代销款时

9.甲企业2023年10月承接一项设备安装劳务，劳务合同总收入为200万元，预计合同总成本为140万元，合同价款在签订合同时已收取，采用完工百分比法确认劳务收入。2023年已确认劳务收入80万元，截至2024年12月31日，该劳务的累计完工进度为60%。2024年该企业应确认的劳务收入为（　　）万元。

A.36　　B.40　　C.72　　D.120

10.下列各项中，应计入其他业务成本的是（　　）。

A.库存商品盘亏净损失　　B.经营租出固定资产折旧

C.向灾区捐赠的商品成本　　D.火灾导致原材料毁损净损失

二、多项选择题

1.下列各项中，工业企业应确认为其他业务收入的有（　　）。

A.对外销售材料收入　　B.出售专利所有权收益

C.处置营业用房净收益　　D.转让商标使用权收入

2.下列各项中，可用于确定所提供劳务完工进度的方法有（　　）。

A.根据测量的已完工作量加以确定

B.按已经发生的成本占估计总成本的比例计算确定

C.按已经收到的金额占合同总金额的比例计算确定

D.按已经提供的劳务占应提供劳务总量的比例计算确定

3.下列各项中，工业企业应计入其他业务成本的有（　　）。

A.销售材料的成本　　B.单独计价包装物的成本

C.出租包装物的成本　　D.经营租赁出租设备计提的折旧

4.下列各项中，应列入利润表“营业成本”项目的有（　　）。

A.出售商品的成本　　B.销售材料的成本

C.出租非专利技术的摊销额　　D.以经营租赁方式出租设备计提的折旧额

5.甲企业2024年12月10日收到乙公司因质量问题而退回的商品5件，每件商品成本为200元。该批商品系甲公司2024年9月13日出售给乙公司，每件商品售价为400元，适用的增值税税率为13%，贷款尚未收到，甲公司已于2024年9月13日确认销售商品收入，并开出增值税专用发票。因乙公司提出的退货要求符合销售合同约定，甲公司同意退货。甲公司应在验收退货入库时做的会计处理为（　　）。

A.借记“库存商品”1 000，贷记“应收退货成本”1 000

B.借记“预计负债”2 000，借记“应交税费——应交增值税（销项税额）”260，贷记“应收账款”2 260

C.借记“库存商品”1 000，贷记“发出商品”1 000

D.借记“应收账款”260，贷记“应交税费——应交增值税（销项税额）”260

6.下列有关收入确认的表述中，正确的有（　　）。

A.在同一会计期间内开始并完成的劳务，应按完工百分比法确认收入

B.在资产负债表日，已发生的合同成本预计全部不能收回时，应将已发生的成本确认为当期损益，不确认收入

C.在提供劳务交易的结果不能可靠估计的情况下，已经发生的劳务成本预计能够得到补偿时，应在资产负债表日按已经发生的劳务成本确认成本

D.劳务的开始和完成分属不同的会计期间，在劳务的交易结果能够可靠地计量的情况下，应在资产负债表日按完工百分比法确认收入

7.企业跨期提供劳务的，期末可以按照完工百分比法确认收入的条件包括（　　）。

A.劳务总收入能够可靠地计量　　B.相关的经济利益能够流入企业

C.劳务的完工程度能够可靠地确定　　D.劳务总成本能够可靠地计量

8.下列有关收入确认的表述中，正确的有（　　）。

A.如劳务的开始和完成分属于不同会计期间，应按完工百分比法确认收入

B.在收取手续费方式下，委托代销方式销售商品时要在收到受托方开具的代销清单时确认收入

C.资产使用费收入应当按合同规定确认

D.在预收款销售方式下，收到货款时确认收入

9.企业销售产品发生退回，则下列处理中，正确的有（　　）。

A.按预期有权收取对价的金额确认收入

B.收入不包含预期因销售退回将退回的金额

C.预计退回部分的收入金额，记入“预计负债”账户

D.预计退回部分的成本金额，记入“应收退货成本”账户

10.下列有关收入确认的表述中，正确的有（　　）。

A.企业出售投资性房地产产生的经济利益流入，应确认为收入

B.企业出售原材料产生的经济利益流入，应确认为收入

C.企业出售固定资产产生的经济利益流入，应确认为收入

D.企业出售长期股权投资产生的经济利益流入，应确认为收入

三、判断题

1.已完成销售手续、但购买方在当月尚未提取的产品，销售方仍应作为本企业库存商品核算。（　　）

2.企业已确认销售收入的售出商品发生销售退回，且不属于资产负债表日后事项的，应在发生时冲减当期的销售收入。（　　）

3.企业劳务的开始和完成分属不同的会计期间，且在资产负债表日提供劳务交易的结果能够可靠估计的，应采用完工百分比法确认劳务收入。（　　）

4.企业让渡资产使用权，如果合同或协议规定一次性收取使用费，且不提供后续服务的，应当视同销售该资产一次性确认收入。（　　）

5.如果商品售出后，企业仍可以对售出商品实施有效控制，说明此项商品销售不成立，不应该确认销售商品收入。（　　）

6.预收款销售方式下，应该在发出商品时确认销售收入。（　　）

7.企业销售商品一批，并已收到款项，即使商品的成本不能够可靠地计量，也要确认相关的收入。（　　）

8.企业的收入包括主营业务收入、其他业务收入和营业外收入。（　　）

四、计算分析题

1.甲公司为增值税一般纳税人，适用的增值税税率为13%。2024年5月1日，向金星公司销售商品1 000件，每件标价2 200元，实际售价2 000元（售价中不含增值税税额），已开出增值税专用发票，商品已交付给金星公司。

要求：编制公司销售商品时的会计分录（“应交税费”科目要求写出明细科目及专栏）。

2.甲公司为增值税一般纳税人，适用的增值税税率为13%。商品销售价格除特别注明外均为不含增值税价，所有劳务均属于工业性劳务。销售实现时结转销售成本。公司销售商品和提供劳务均为主营业务。2024年12月，公司销售商品和提供劳务的资料如下：

（1）公司经营以旧换新业务，12月31日销售W产品2件，单价为22.6万元（含税价格），单位销售成本为16万元；同时收回2件同类旧商品，每件回收价为0.5万元（不考虑增值税）。公司收到扣除旧商品的款项存入银行。

（2）12月15日，与明宇公司签订一项设备维修合同。该合同规定，该设备维修总价款为100万元（不含增值税），于维修任务完成并验收合格后一次结清。12月31日，该设备维修任务完成并经明宇公司验收合格。公司实际发生的维修费用为60万元（均为修理人员工资）。12月31日，鉴于明宇公司发生重大财务困难，公司预计很可能收到的维修款为56.5万元（含增值税税额）。

（3）12月25日，与银河公司签订协议，委托其代销商品一批。根据代销协议，公司按代销协议价收取所代销商品的货款，商品实际售价由受托方自定。该批商品的协议价为100万元（不含增值税税额），实际成本为60万元。商品已运往银河公司。假定发出商品时符合收入确认条件。

（4）12月31日，与星河公司签订一件特制商品的合同。该合同规定，商品总价款为100万元（不含增值税税额），自合同签订日起2个月内交货。合同签订日，收到星河公司预付的款项50万元，并存入银行。商品制造工作尚未开始。

（5）12月31日，收到环球公司退回的当月1日所购商品的20%。经核查，该批商品存在质量问题，

公司同意了环球公司的退货要求。当日，收到环球公司交来的税务机关开具的进货退出证明单，并开具红字增值税专用发票和支付退货款项。

要求：(1) 编制公司12月份发生的上述经济业务的会计分录。

(2) 计算公司12月份主营业务收入和主营业务成本。

3. 甲公司系增值税一般纳税人，适用的增值税税率为13%，适用的所得税税率为25%。销售单价除标明为含税价格外，均为不含税价格。公司2024年12月发生如下业务：

(1) 采用视同买断代销方式委托东方企业销售A产品100件，协议价为每件2 000元。该产品每件成本为1 000元，合同约定，无论产品是否卖出或获利，均与本公司无关。商品已发出，符合销售商品收入确认条件，公司尚未收到款项。

(2) 接受神舟公司的委托，代其销售E产品1 000件，按售价的10%收取手续费。双方的协议价为每件200元，公司已将受托代销的E产品按每件200元全部售出并同时收到款项。向神舟公司开出代销清单并收到神舟公司开具的增值税专用发票。公司扣除手续费后将剩余款项支付给神舟公司。

(3) 12月15日，向红星公司销售材料一批，价款为20 000元。该材料发出成本为16 000元。当日收取面值为22 600元的银行承兑汇票一张。

(4) 12月18日，靖江公司要求退回本年11月20日购买的10件A产品。该产品销售单价为2 000元，单位销售成本为1 000元，其销售收入20 000元已确认入账，价款尚未收取。经查明退货原因系发货错误，同意靖江公司退货，并办理退货手续和开具红字增值税专用发票。公司收到退回的货物。

(5) 12月20日，收到外单位租用本公司办公用房下一年度租金100 000元，款项已收存银行。

要求：根据上述业务资料，编制相关会计分录。

参考答案

项目十　费用岗位

学习目标

- 理解费用岗位的相关会计规范要求
- 掌握成本费用的会计核算方法
- 掌握期间费用的会计核算方法
- 掌握费用岗位的账务处理

岗位工作导图

费用岗位工作导图如图10-1所示。

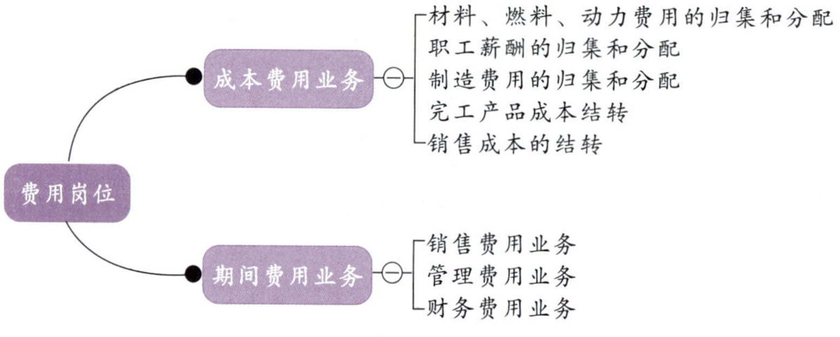

图10-1　费用岗位工作导图

任务1　成本费用业务

任务1
成本费用业务

费用是指企业在日常活动中发生的、会导致所有者权益减少的、与向所有者分配利润无关的经济利益的总流出。费用包括企业日常活动所产生的经济利益的总流出，主要指企业为取得营业收入进行产品销售等营业活动所发生的企业资金的流出，具体包括成本费用和期间费用。其中：产品生产成本是指企业在生产产品过程中所发生的材料费用、职工薪酬等，以及不能直接计入而按一定标准分配计入的各种间接费用。产品成本核算是对生产经营过程中实际发生的成本、费用进行计算，并进行相应的账务处理。

一、成本核算的基本程序

成本核算的基本程序是指对企业在生产经营过程中发生的各项生产费用和期间费用，按照成本核算的要求，逐步进行归集和分配，最后计算出各种产品的生产成本和各项期间费用的过程。成本核算的一般程序如下：

①根据生产特点和成本管理的要求，确定成本核算对象。

②确定成本项目。成本项目的设置应根据管理上的要求确定，对于工业企业而言，一般可设置“直接材料”、“燃料及动力”、“直接人工”和“制造费用”等项目。

③设置有关成本和费用明细账，如生产成本明细账、制造费用明细账、产成品和自制半成品明细账等。

④收集确定各种产品的生产量、入库量、在产品盘存量以及材料、工时、动力消耗等，并对所有已发生费用进行审核。

⑤归集所发生的全部费用，并按照确定的成本计算对象予以分配，按成本项目计算各种产品的在产品成本、产成品成本和单位成本。

⑥结转产品销售成本。为了进行成本核算，企业一般应设置“生产成本”“制造费用”“销售费用”“管理费用”“财务费用”等科目。如果需要单独核算废品损失和停工损失，还应设置“废品损失”和“停工损失”科目。

二、成本费用的账务处理

为了按照用途归集各项成本，正确计算产品成本，应设置“生产成本”“制造费用”等科目。其中：“生产成本”科目核算企业进行生产活动所发生的各项产品成本，包括生产各种产成品、自制半成品、提供劳务、自制材料、自制工具以及自制设备等所发生的各项成本。该科目应按产品品种等成本核算对象设置“基本生产成本”和“辅助生产成本”明细科目。

生产成本

“制造费用”科目核算企业为生产产品和提供劳务而发生的各项间接费用，以及虽然直接用于产品生产但管理上不要求或不便于单独核算的费用。该科目可按不同的生产车间、部门和费用项目进行明细核算。

制造费用

票据百宝箱

产品成本汇总计算表（具体见表10-1）分别按照直接材料、直接人工、制造费用等产品成本项目，计算企业生产的各个产品的总成本以及单位成本，为企业产品成本管理工作提供相关的业务数据。

表10-1　产品成本汇总计算表

成本项目	产品名称：		产品名称：	
	总成本	单位成本	总成本	单位成本
直接材料				
直接人工				
制造费用				
产品生产成本				

审核人：　　　　　　　　　　　　　　　　制单人：

（一）材料、燃料、动力费用的归集和分配

企业发生材料、燃料、动力等各项要素费用时，对于直接用于产品生产、构成产品实体的原材料，一般分产品领用，应根据领退料凭证直接记入相应产品成本的“直接材料”项目。对于不能分产品领用的材料，企业需要采用适当的分配方法，分配记入各相关产品成本的“直接材料”项目。

材料、燃料、动力费用分配，一般通过材料、燃料、动力分配表进行，分配表应根据领退料凭证和有关资料编制，其中：退料凭证的数额应从领料凭证的数额中扣除；对外购电力而言，应根据有关的转账凭证或付款凭证等资料编制。具体核算原理见表 10-2。

表 10-2　材料、燃料、动力费用的归集和分配核算原理

序号	业务内容	会计处理
1	材料费用的归集与分配	借：生产成本——基本生产成本 　　　　　　——辅助生产成本 　　制造费用 　　管理费用 　贷：原材料
2	燃料费用的归集与分配	借：生产成本——基本生产成本 　　　　　　——辅助生产成本 　　制造费用 　　管理费用 　贷：原材料
3	动力费用的归集与分配	借：生产成本——基本生产成本 　　　　　　——辅助生产成本 　　制造费用 　　管理费用 　贷：银行存款

实务案例 10-1

【背景资料】浙江美华机械有限责任公司发生相关经济业务如下：

2024 年 12 月 31 日，公司生产产品耗用的材料费用具体见“材料费用分配表”（表 10-3）。

表 10-3　材料费用分配表

2024 年 12 月 31 日　　单位：元

应借科目		成本项目	直接计入	分配计入	材料费用合计
基本生产成本	车床	直接材料	17 000	—	17 000
	铣床	直接材料	9 700	—	9 700
制造费用	基本车间	直接材料	500	—	500
合计			27 200	—	27 200

【要求】根据上述业务资料，编制会计分录。

【分析提示】会计分录如下：

2024 年 12 月 31 日，分配直接材料费用时：

借：生产成本——基本生产成本（车床）　17 000
　　　　　　——基本生产成本（铣床）　9 700
　　制造费用——基本车间　500
　贷：原材料　27 200

拓展训练

材料费用归集与分配

（二）职工薪酬的归集和分配

职工薪酬的归集，应以相关的原始记录作为依据。计时工资，以考勤记录中的工作时间记录为依据；计件工资，以产量记录中的产品数量和质量记录为依据；计时工资和计件工资以外的各种奖金、津贴、补贴等，按照国家和企业的有关规定计算。

工资结算和支付的凭证为工作结算单或工资单，为了便于成本核算和管理，一般按车间、部门分别填制，是职工薪酬分配的依据。直接进行产品生产的生产工人的职工薪酬，直接记入产品成本的“直接人工”成本项目；不能直接计入产品成本的职工薪酬，按工时、产品产量、产值比例等方式进行合理分配，记入各有关产品成本的“直接人工”项目。职工薪酬的分配，应通过职工薪酬费用分配表进行，分配表根据工资结算单和有关的分配标准等资料编制。具体核算原理见表10-4。

表10-4　职工薪酬的归集和分配核算原理

序号	业务内容	会计处理
1	职工薪酬的归集与分配	借：生产成本——基本生产成本 　　　　　　——辅助生产成本 　　制造费用 　　管理费用 　贷：应付职工薪酬

实务案例10-2

【背景资料】浙江美华机械有限责任公司发生相关经济业务如下：

2024年12月31日，公司生产产品耗用的职工薪酬具体见“职工薪酬费用分配表”（表10-5）。

表10-5　职工薪酬费用分配表

2024年12月31日　　单位：元

应借科目		成本项目	生产工人职工薪酬	其他人员职工薪酬	职工薪酬合计
基本生产成本	车床	直接人工	42 000		42 000
	铣床	直接人工	18 000		18 000
制造费用	基本车间	直接人工		2 000	2 000
管理费用	管理部门	直接人工		8 000	8 000
合计			60 000	10 000	70 000

【要求】根据上述业务资料，编制会计分录。

【分析提示】会计分录如下：

2024年12月31日，分配直接人工费用时：

借：生产成本——基本生产成本（车床）　42 000
　　　　　　——基本生产成本（铣床）　18 000
　　制造费用——基本车间　2 000

借：管理费用　　8 000

　贷：应付职工薪酬　　70 000

（三）制造费用的归集和分配

制造费用的内容比较复杂，包括物料消耗，车间管理人员的薪酬，车间管理用房屋和设备的折旧费、租赁费和保险费，车间管理用具摊销，车间管理用的照明费、水费、取暖费、劳动保护费、设计制图费、试验检验费、差旅费、办公费以及季节性及修理期间停工损失等。"制造费用"科目应当根据有关付款凭证、转账凭证和相关成本分配表进行登记。企业应当根据制造费用的性质，合理选择分配方法，根据计算结果编制制造费用分配表。分配方法一经确定，不得随意变更，如需变更，应当在附注中予以说明。具体核算原理见表10-6。

表10-6　　制造费用的归集和分配核算原理

序号	业务内容	会计处理
1	归集制造费用	借：制造费用 　贷：银行存款/原材料/应付职工薪酬
2	分配制造费用	借：生产成本——基本生产成本 　　　　　——辅助生产成本 　贷：制造费用

实务案例10-3

【背景资料】浙江美华机械有限责任公司发生相关经济业务如下：

2024年12月31日，公司本月"制造费用"账户归集的借方金额为6 900元，会计人员采用生产工时分配法进行制造费用的分配，具体见"制造费用分配表"（表10-7）。

表10-7　　制造费用分配表

2024年12月31日　　金额单位：元

项目		分配标准（生产工时）	分配率*	制造费用分配额
基本车间	车床	3 500	1.38	4 830
	铣床	1 500	1.38	2 070
合计		5 000	1.38	6 900

*分配率=6 900÷（3 500+1 500）=1.38（元/工时）

【要求】根据上述业务资料，编制会计分录。

【分析提示】会计分录如下：

2024年12月31日，分配制造费用时：

借：生产成本——基本生产成本（车床）　　4 830

　　　　　——基本生产成本（铣床）　　2 070

　贷：制造费用——基本车间　　6 900

（四）完工产品成本结转

企业完工产品经产成品仓库验收入库后，其成本应从"生产成本——基本生产成本”科目及所属产品成本明细账的贷方转出，转入“库存商品”科目的借方。“生产成本——基本生产成本”科目的月末余额反映基本生产的在产品成本，是基本生产过程中占用的生产资金，应与所属各种产品明细账中月末在产品成本之和核对相符。具体核算原理见表10-8。

表10-8　完工产品成本结转核算原理

序号	业务内容	会计处理
1	产品完工验收入库	借：库存商品 　贷：生产成本——基本生产成本

实务案例10-4

【背景资料】浙江美华机械有限责任公司发生相关经济业务如下：

2024年12月31日，公司完工车床4 000台，共196 000元，已全部验收入库；未完工车床1 000台，共计38 740元。具体见“产品成本计算表”（表10-9）。

表10-9　产品成本计算表

产品：车床　　2024年12月31日　　单位：元

项目	直接材料	直接人工	制造费用	合计
月初在产品成本	30 000	8 120	6 620	44 740
本月发生费用	120 000	45 400	24 600	190 000
生产费用合计	150 000	53 520	31 220	234 740
完工产品产量	4 000	4 000	4 000	4 000
在产品约当产量	1 000	460	460	—
约当总产量	5 000	4 460	4 460	—
约当产量分配率	30	12	7	
完工产品成本	120 000	48 000	28 000	196 000
月末在产品成本	30 000	5 520	3 220	38 740

【要求】根据上述业务资料，编制会计分录。

【分析提示】会计分录如下：

拓展训练

2024年12月31日，结转完工产品的成本时：

借：库存商品——车床　　196 000

　贷：生产成本——基本生产成本（车床）　　196 000

完工产品成本计算

（五）销售成本的结转

企业在确认销售商品收入、提供劳务收入的同时，需要将已销售商品、已提供劳务的成本等计入当期损益，主要涉及“主营业务成本”“其他业务成本”等科目，具体核算原理见表10-10。

表10-10　　销售成本结转核算原理

序号	业务内容	会计处理
1	结转产品成本	借：主营业务成本 　贷：库存商品
2	结转劳务成本	借：主营业务成本 　贷：劳务成本
3	结转材料成本	借：其他业务成本 　贷：原材料

实务案例10-5

【背景资料】浙江美华机械有限责任公司发生相关经济业务如下：

2024年12月31日，公司结转已销售的A、B、C三种产品的实际成本，分别为10 000元、20 000元、25 000元；结转已销售的甲、乙两种材料的实际成本，分别为5 000元、12 000元。

【要求】根据上述业务资料，编制会计分录。

【分析提示】会计分录如下：

●2024年12月31日，结转已销售产品的实际成本时：

借：主营业务成本　　55 000

　贷：库存商品——A产品　　10 000

　　　　　　　——B产品　　20 000

　　　　　　　——C产品　　25 000

●2024年12月31日，结转已销售材料的实际成本时：

借：其他业务成本　　17 000

　贷：原材料——甲材料　　5 000

　　　　　　——乙材料　　12 000

任务2　期间费用业务

期间费用是指企业日常活动发生的不能计入特定核算对象的成本，而应计入发生当期损益的费用，主要核算对象包括企业为组织和管理整个经营活动所发生的各项费用。期间费用包括销售费用、管理费用和财务费用。

任务2 期间费用业务

一、销售费用

销售费用是指企业在销售商品和材料、提供劳务的过程中发生的各项费用，包括保险费、包装费、展览费、广告费、运输费、装卸费等，以及为销售本企业商品而专设的销售机构（含销售网点、售后服务网点等）的职工薪酬、业务费、折旧费等经营费用。企业发生的与专设销售机构相关的固定资产修理费用等后续支出也属于销售费用。

销售费用

企业应通过“销售费用”科目，核算销售费用的发生和结转情况。

“销售费用”科目应按销售费用的费用项目进行明细核算。具体核算原理见表10-11。

表10-11　销售费用核算原理

序号	业务内容	会计处理
1	发生销售费用	借：销售费用 　应交税费——应交增值税（进项税额） 　贷：银行存款/库存现金 　　应付职工薪酬
2	结转销售费用	借：本年利润 　贷：销售费用

实务案例10-6

【背景资料】浙江美华机械有限责任公司发生相关经济业务如下：

业务1：2024年12月6日，公司为宣传新产品发生广告费70 000元，增值税4 200元，均用银行存款支付。

业务2：公司销售部2024年12月份共发生费用224 200元，其中：销售人员薪酬100 000元；销售部专用办公设备折旧费50 000元；用银行存款支付业务招待费70 000元（均为个人消费类支出），增值税4 200元（不允许抵扣进项税额）。

业务3：2024年12月12日，公司销售一批产品，销售过程中发生运输费6 000元，增值税540元；装卸费2 000元，增值税120元；产品保险费5 000元，增值税300元。均用银行存款支付。

业务4：2024年12月31日，公司将本月发生的“销售费用”307 200元结转至“本年利润”科目。

【要求】根据上述业务资料，编制会计分录。

【分析提示】会计分录如下：

业务1：2024年12月6日，支付广告费时：

借：销售费用——广告费　　70 000

　应交税费——应交增值税（进项税额）　　4 200

　贷：银行存款　　74 200

业务2：2024年12月，支付销售部门相关费用时：

借：销售费用　　224 200

　贷：银行存款　　74 200

　　应付职工薪酬　　100 000

　　累计折旧　　50 000

业务3：2024年12月12日，支付相关产品销售费用时：

借：销售费用——运输费　　6 000

　　——装卸费　　2 000

　　——保险费　　5 000

　应交税费——应交增值税（进项税额）　　960

　贷：银行存款　　13 960

业务4：2024年12月31日，结转销售费用时：

借：本年利润　　　　　　　　　　　　　　　　　307 200

　贷：销售费用　　　　　　　　　　　　　　　　　307 200

拓展训练

销售费用核算

视频

管理费用核算

二、管理费用

管理费用是指企业为组织和管理生产经营活动发生的各种费用，包括企业在筹建期间发生的开办费、董事会和行政管理部门在企业的经营管理中发生的以及应由企业统一负担的公司经费（包括行政管理部门职工工资及福利费、物料消耗、低值易耗品摊销、办公费和差旅费等）、行政管理部门负担的工会经费、董事会费（包括董事会成员津贴、会议费和差旅费等）、聘请中介机构费、咨询费（含顾问费）、诉讼费、业务招待费等。企业生产车间（部门）和行政管理部门发生的固定资产修理费用等后续支出，也作为管理费用核算。

票据百宝箱

差旅费报销单（具体如图10-2所示）是主要用于报销出差费用的业务单据，主要包括出差事由、出差部门与人员、出差费用明细金额等相关内容。

差旅费报销单

报销日期			预算科目		专项名称			预算项目				
部门			出差人					出差事由				
出发		到达		交通费			住宿费			其他费用		
日期	地点	日期	地点	交通工具	单据张数	金额	天数	单据张数	金额	项目	单据	金额
										行李费		
										市内车费		
										手续费		
										出差补贴		
										节约奖励		
合计												
报销总额	人民币（大写）									预借款		
	人民币（小写）						补领不足			归还多余		

主管：　　审核：　　报销人：　　部门：

图10-2　差旅费报销单

企业应通过“管理费用”科目，核算管理费用的发生和结转情况。

“管理费用”科目应按管理费用的费用项目进行明细核算。商品流通企业管理费用不多的，可不设本科目，相关核算内容可并入“销售费用”科目核算。具体核算原理见表10-12。

账户

管理费用

表10-12　　管理费用核算原理

序号	业务内容	会计处理
1	发生管理费用	借：管理费用 　　应交税费——应交增值税（进项税额） 　贷：银行存款/库存现金 　　应付职工薪酬
2	结转管理费用	借：本年利润 　贷：管理费用

实务案例10-7

【背景资料】浙江美华机械有限责任公司发生相关经济业务如下：

业务1：2024年12月3日，公司管理部门发生业务招待费50 000元（均为个人消费类支出）、增值税3 000元，均用银行存款支付。

业务2：2024年12月12日，公司向某公司有关专家咨询产品的设计方案，以现金支付咨询费10 000元、增值税600元，取得了增值税专用发票。

业务3：公司行政部2024年12月份共发生费用224 000元，其中：行政人员薪酬150 000元，行政部专用办公设备折旧费45 000元，报销行政人员差旅费21 000元（假定报销人均未预借差旅费），其他费用8 000元（均用银行存款支付）。

业务4：2024年12月31日，公司将本月发生的"管理费用"287 000元结转至"本年利润"科目。

【要求】根据上述业务资料，编制会计分录。

【分析提示】会计分录如下：

业务1：2024年12月3日，支付业务招待费时：

借：管理费用——业务招待费　　53 000

　贷：银行存款　　53 000

业务2：2024年12月12日，支付咨询费时：

借：管理费用——咨询费　　10 000

　　应交税费——应交增值税（进项税额）　　600

　贷：库存现金　　10 600

业务3：2024年12月，支付行政部的相关费用时：

借：管理费用　　224 000

　贷：应付职工薪酬　　150 000

　　　累计折旧　　45 000

　　　库存现金　　21 000

　　　银行存款　　8 000

业务4：2024年12月31日，结转管理费用时：

借：本年利润　　287 000

　贷：管理费用　　287 000

拓展训练

管理费用核算

三、财务费用

财务费用是指企业为筹集生产经营所需资金等而发生的筹资费用，包括利息支出（减利息收入）、汇兑损益以及相关的手续费等。

企业应通过"财务费用"科目，核算财务费用的发生和结转情况。

"财务费用"科目应按财务费用的费用项目进行明细核算。具体核算原理见表10-13。

财务费用

表 10-13 财务费用核算原理

序号	业务内容	会计处理
1	发生财务费用	借：财务费用 　贷：银行存款 　　　长期借款 　　　应付利息
2	结转财务费用	借：本年利润 　贷：财务费用

实务案例 10-8

【背景资料】浙江美华机械有限责任公司发生相关经济业务如下：

业务1：2024年12月2日，公司用银行存款支付银行手续费400元。

业务2：2024年12月10日，公司在购买材料业务中，获得对方给予的现金折扣5 000元。

业务3：2024年12月31日，公司用银行存款支付本月应负担的短期借款利息25 000元。

业务4：2024年12月1日，公司向银行借入生产经营用短期借款360 000元，期限6个月，年利率5%，该借款本金到期后一次归还，利息分月预提，按季支付。

业务5：2024年12月31日，公司将本月发生的“财务费用”21 900元结转至“本年利润”科目。

【要求】根据上述业务资料，编制会计分录。

【分析提示】会计分录如下：

业务1：2024年12月2日，支付银行手续费时：

借：财务费用——手续费　　400

　贷：银行存款　　400

业务2：2024年12月10日，获得现金折扣时：

借：应付账款　　5 000

　贷：财务费用　　5 000

业务3：2024年12月31日，支付短期借款利息时：

借：财务费用——利息支出　　25 000

　贷：银行存款　　25 000

业务4：2024年12月31日，预提短期借款利息时：

预提12月应计利息=360 000×5%÷12=1 500（元）

借：财务费用——利息支出　　1 500

　贷：应付利息　　1 500

业务5：2024年12月31日，结转财务费用时：

借：本年利润　　21 900

　贷：财务费用　　21 900

拓展训练

财务费用核算

同步测验

一、单项选择题

1.企业因销售商品发生的运输费，应当（　　）。

A.确认当期销售费用　　B.冲减当期主营业务收入

C.确认当期管理费用　　D.确认当期主营业务成本

2.下列各项中，不应计入销售费用的是（　　）。

A.因销售产品发生的保险费用

B.为推广新产品而发生的广告费用

C.随同商品出售且单独计价的包装物成本

D.随同商品出售而不单独计价的包装物成本

3.下列各项中，应计入管理费用的是（　　）。

A.因销售产品发生的保险费用　　B.聘请中介机构年报审计费

C.专设售后服务网点的职工薪酬　　D.企业负担的生产职工养老保险费

4.下列各项中，应列入利润表“管理费用”项目的是（　　）。

A.计提的坏账准备　　B.出租无形资产的摊销额

C.支付中介机构的咨询费　　D.处置固定资产的净损失

5.下列各项中，应计入管理费用的是（　　）。

A.筹建期间的开办费　　B.预计产品质量保证损失

C.生产车间管理人员工资　　D.专设销售机构的固定资产修理费

6.甲企业向银行借入生产经营用短期借款36万元，期限6个月，年利率5%，本金到期一次性归还，利息分月预提，按季支付，每月月末应计提的利息是（　　）元。

A.1 500　　B.3 000　　C.4 500　　D. 6 000

7.企业销售商品时代垫的运杂费应记入（　　）科目。

A.管理费用　　B.销售费用　　C.其他应收款　　D.应收账款

8.下列各项中，不应计入产品成本的是（　　）。

A.直接用于产品生产构成产品实体的原材料　　B.专设销售机构人员的工资及福利费

C.生产车间固定资产的折旧费　　D.生产过程中发生的废品损失

9.企业专设销售机构固定资产的折旧费应记入（　　）科目。

A.其他业务成本　　B.制造费用　　C.销售费用　　D.管理费用

10.下列各项中，不属于企业期间费用的有（　　）。

A.固定资产维修费　　B.聘请中介机构费

C.生产车间管理人员工资　　D.企业发生的生产工人福利费用

二、多项选择题

1.企业根据产品生产的特点，可以设置的成本项目主要包括（　　）。

A.直接材料　　B.燃料及动力　　C.直接人工　　D.制造费用

2.企业成本费用的会计核算，主要包括（　　）。

A.材料、燃料、动力费用的归集和分配　　B.职工薪酬的归集和分配

C.制造费用的归集和分配　　D.完工产品成本结转

3.下列各项费用，应通过“管理费用”科目核算的有（　　）。

A.诉讼费　　B.研发费用

C.业务招待费　　D.日常经营活动聘请中介机构费

4.下列各项中，属于期间费用的会计科目有（　　）。

A.管理费用　B.财务费用　C.合同负债　D.预计负债

5.下列各项中，应计入财务费用的有（　）。

A.银行承兑汇票手续费　B.购买交易性金融资产手续费

C.外币应收账款汇兑损失　D.商业汇票贴现发生的贴现息

6.下列各项中，应计入财务费用的有（　）。

A.企业发行股票支付的手续费　B.企业支付的银行承兑汇票手续费

C.企业购买商品时取得的现金折扣　D.企业销售商品时发生的销售退回

7.下列各项中，不应确认为财务费用的有（　）。

A.企业筹建期间的借款费用　B.资本化的借款利息支出

C.销售商品发生的商业折扣　D.支付的银行承兑汇票手续费

8.下列各项中，应计入期间费用的有（　）。

A.应交税费　B.销售费用　C.管理费用　D.财务费用

9.下列各项中，应记入“财务费用”科目中的有（　）。

A.诉讼费　B.业务招待费

C.汇兑损失　D.购货单位的销售退回

10.下列各项中，不应计入管理费用的有（　）。

A.销售商品发生的销售退回　B.管理部门固定资产折旧

C.咨询费　D.专设销售机构房屋的修理费

三、判断题

1.企业为销售商品发生的广告宣传费，应在实际发生时冲减当期收入。（　）

2.工业企业为拓展销售市场所发生的业务招待费，应计入管理费用。（　）

3.制造费用与管理费用不同，本期发生的管理费用直接影响本期损益，而本期发生的制造费用不一定影响本期损益。（　）

4.管理费用、制造费用、销售费用都属于企业的期间费用。（　）

5.企业出售固定资产发生的处置净损失也属于企业的费用。（　）

6.企业向银行或其他金融机构借入的各种款项所发生的利息，均应记入“财务费用”科目。（　）

7.直接生产费用都是直接计入费用，间接生产费用都是间接计入费用。（　）

8.制造费用的分配方法一经确定，不得随意变更。（　）

9.固定资产折旧费应当全部计入产品的成本。（　）

10.销售退回应在实际发生时计入当期财务费用。（　）

四、计算分析题

1.甲公司2024年12月份发生以下相关业务：

（1）发生无形资产的研究费用10万元；

（2）发生专设销售部门人员工资25万元；

（3）支付业务招待费15万元，增值税0.9万元；

（4）支付销售产品保险费5万元，增值税0.3万元；

（5）支付本月短期借款利息0.1万元。

要求：根据上述业务资料，编制相关会计分录。

2.甲公司2023年12月与固定资产、无形资产有关的业务如下；

（1）2023年12月1日，经营租出一项无形资产。无形资产的账面价值为120万元，预计使用年限为10年，预计净残值为零。

（2）2023年12月20日，购入一台设备供销售部门使用，采用年数总和法计提折旧。该设备原价

160万元，预计使用年限为5年，预计净残值为10万元。

要求：（1）计算公司2024年1月应计提的折旧额和摊销额。

（2）编制公司2024年1月计提折旧和摊销的会计分录。

3.甲公司生产车间生产A、B、C三种产品，A产品实耗生产工人工时1 000小时，B产品实耗生产工人工时400小时，C产品实耗生产工人工时600小时，该车间本月制造费用发生额为64 600元。

要求：采用生产工时比例法，计算分配各种产品应分担的制造费用，并编制有关会计分录。

4.甲公司生产A、B两种产品，共耗用原材料费用66 000元，单件产品原材料消耗定额：A产品20千克/件，B产品10千克/件，每千克原材料单价15元。本月投产A产品170件，B产品210件，实际消耗原材料4 400千克。

要求：按照原材料定额费用比例分配计算A、B产品实际原材料费用，并编制有关会计分录。

5.甲公司2024年6月份发生的产品生产费用如下：耗用外购主要材料250 000元、外购辅助材料80 000元、外购低值易耗品70 000元。其中：生产A产品耗用外购主要材料150 000元、外购辅助材料50 000元、生产工人工资80 000元，基本生产车间一般消耗外购主要材料100 000元、辅助材料30 000元、低值易耗品70 000元、车间设备折旧费5 000元、车间管理人员工资60 000元；厂部管理人员工资100 000元、厂部办公用房及其设备折旧费55 000元。该企业各月实际发生的职工福利费相差较大，本月职工福利费按不超过工资总额的14%据实扣除。

要求：（1）计算费用要素：外购材料、折旧费、职工薪酬的金额。

（2）计算产品成本项目：直接材料、直接人工和制造费用的金额。

参考答案

项目十一　利润岗位

学习目标

- 理解利润岗位的相关会计规范要求
- 掌握利润形成业务的会计核算方法
- 掌握利润分配业务的会计核算方法
- 掌握利润岗位的账务处理

岗位工作导图

利润岗位工作导图如图11-1所示。

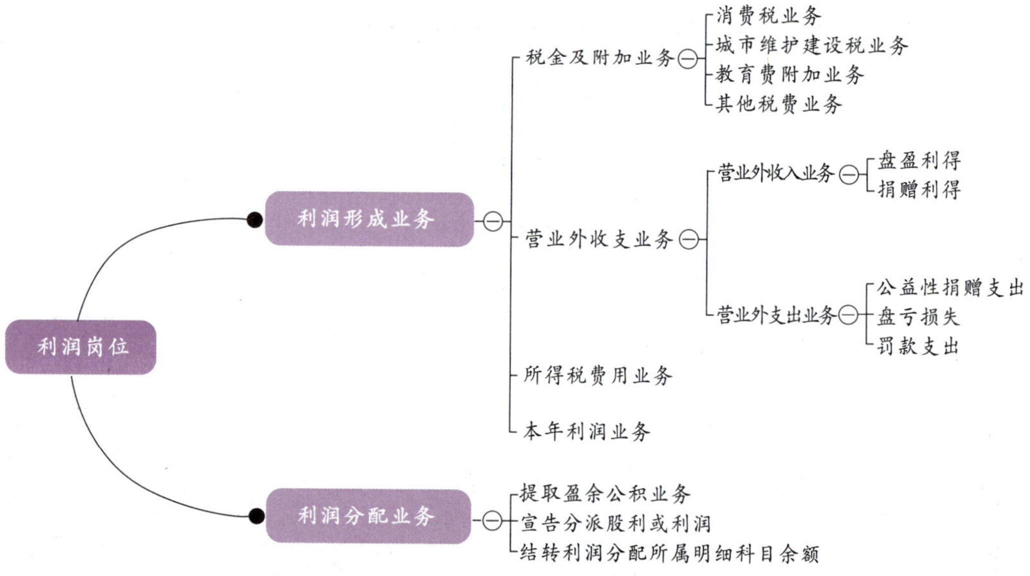

图11-1　利润岗位工作导图

任务1　利润形成业务

任务1

利润形成业务

利润是指企业在一定会计期间的经营成果。利润包括收入减去费用后的净额、直接计入当期利润的利得和损失等。利得是指由企业非日常活动所形成的、会导致所有者权益增加的、与所有者投入资本无关的经济利益的流入。损失是指由企业非日常活动所形成的、会导致所有者权益减少的、与向所有者分配利润无关的经济利益的流出。

未计入当期利润的利得和损失扣除所得税影响后的净额计入其他综合收益项目。净利润与其他综合收益的合计金额为综合收益总额。

一、利润形成的基本认识

（一）营业利润

营业利润=营业收入−营业成本−税金及附加−销售费用−管理费用−研发费用−财务费用+其他收益+投资收益（−投资损失）+净敞口套期收益+公允价值变动收益（−公允价值变动损失）−信用减值损失−资产减值损失+资产处置收益（−资产处置损失）

其中：营业收入是指企业经营业务所确认的收入总额，包括主营业务收入和其他业务收入。

营业成本是指企业经营业务所发生的实际成本总额，包括主营业务成本和其他业务成本。

投资收益（或损失）是指企业以各种方式对外投资所取得的收益（或发生的损失）。

公允价值变动收益（或损失）是指企业交易性金融资产等公允价值变动形成的应计入当期损益的利得（或损失）。

资产减值损失是指企业计提各项资产减值准备所形成的损失。

资产处置收益（或损失），反映企业出售划分为持有待售的非流动资产（金融工具、长期股权投资和投资性房地产除外）或处置组确认的利得（或损失），以及处置未划分为持有待售的固定资产、在建工程、生产性生物资产及无形资产而产生的利得（或损失）；同时还包括债务重组中因处置非流动资产（金融工具、长期股权投资和投资性房地产除外）产生的利得或损失和非货币性资产交换中换出非流动资产（金融工具、长期股权投资和投资性房地产除外）产生的利得或损失。

其他收益是指计入其他收益的政府补助等。

（二）利润总额

利润总额=营业利润+营业外收入−营业外支出

其中：营业外收入是指企业发生的营业利润以外的收益。

营业外支出是指企业发生的营业利润以外的支出。

拓展训练

利润的形成

（三）净利润

净利润=利润总额−所得税费用

其中：所得税费用是指企业确认的应从当期利润总额中扣除的所得税费用。

二、利润形成的账务处理

（一）税金及附加的核算

税金及附加是指企业经营活动应负担的相关税费，包括消费税、城市维护建设税、教育费附加、房产税、城镇土地使用税、车船税、印花税、资源税等，但不包括增值税等税种。

企业应当设置“税金及附加”科目，核算企业经营活动发生的消费税、城市维护建设税、教育费附加、房产税、城镇土地使用税、车船税、印花税、资源税等相关税费。

税金及附加

票据百宝箱

企业纳税申报是指纳税人按照税法规定的期限和内容向税务机关提交有关纳税事项

书面报告的法律行为，是纳税人履行纳税义务、承担法律责任的主要依据，是税务机关税收管理信息的主要来源和税务管理的一项重要制度。具体纳税申报流程如图 11-2 所示。

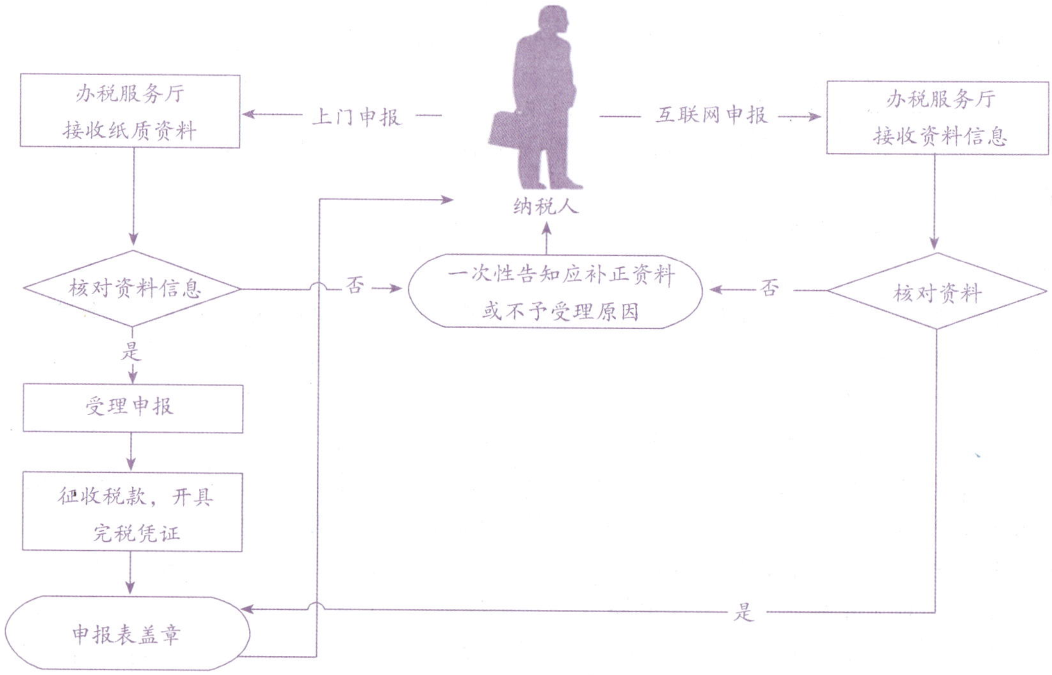

图 11-2 纳税申报流程

1. 消费税的核算

消费税是对生产、委托加工和进口应税消费品（主要指烟、酒、高档化妆品、高档次及高能耗的消费品）征收的一种流转税。

消费税的计税方法主要有从价定率、从量定额、从价定率和从量定额复合计税等三种。从价定率是根据商品销售价格和规定的税率计算应交消费税；从量定额是根据商品销售数量和规定的单位税额计算应交消费税；复合计税是从价定率、从量定额两种计税方法的结合。具体核算原理见表 11-1。

表 11-1 消费税核算原理

序号	业务内容	会计处理
1	计算应缴纳的消费税	借：税金及附加 贷：应交税费——应交消费税
2	交纳消费税	借：应交税费——应交消费税 贷：银行存款

实务案例 11-1

【背景资料】浙江美华机械有限责任公司发生相关经济业务如下：

2024 年 5 月 6 日，公司取得应纳消费税的销售商品收入 4 000 000 元。该产品适用的消费税税率为 25%。2024 年 6 月 12 日，实际向税务机关申报缴纳相关的消费税。

【要求】根据上述业务资料，完成相关的会计处理。

【分析提示】会计分录如下：

●2024年5月6日，计算应交消费税时：

应交消费税=4 000 000×25%=1 000 000（元）

借：税金及附加　　1 000 000

　贷：应交税费——应交消费税　　1 000 000

●2024年6月12日，实际交纳消费税时：

借：应交税费——应交消费税　　1 000 000

　贷：银行存款　　1 000 000

2.城市维护建设税和教育费附加的核算

城市维护建设税和教育费附加是对从事生产经营活动的单位和个人，以其实际缴纳的增值税、消费税为依据，按纳税人所在地适用的不同税率计算征收的一种税。具体核算原理见表11-2。

表11-2　城市维护建设税和教育费附加核算原理

序号	业务内容	会计处理
1	计算应缴纳的城市维护建设税	借：税金及附加 　贷：应交税费——应交城市维护建设税
2	计算应缴纳的教育费附加	借：税金及附加 　贷：应交税费——应交教育费附加
3	交纳城市维护建设税	借：应交税费——应交城市维护建设税 　贷：银行存款
4	交纳教育费附加	借：应交税费——应交教育费附加 　贷：银行存款

实务案例11-2

【背景资料】浙江美华机械有限责任公司发生相关经济业务如下：

2024年7月31日，公司当月实际应交增值税350 000元，应交消费税250 000元，城市维护建设税税率为7%，教育费附加征收率为3%。2024年8月2日，实际向税务机关申报缴纳相关的城市维护建设税和教育费附加（假设不考虑地方教育附加，下同）。

【要求】根据上述业务资料，完成相关的会计处理。

【分析提示】会计分录如下：

●2024年7月31日，计算应交城市维护建设税和教育费附加时：

城市维护建设税=（350 000+250 000）×7%=42 000（元）

教育费附加=（350 000+250 000）×3%=18 000（元）

借：税金及附加　　60 000

　贷：应交税费——应交城市维护建设税　　42 000

　　　　　　——应交教育费附加　　18 000

●2024年8月2日，实际交纳城市维护建设税和教育费附加时：

借：应交税费——应交城市维护建设税　　42 000

　　　　　——应交教育费附加　　18 000

贷：银行存款　60 000

3.其他税费的核算

土地增值税是对转让国有土地使用权、地上建筑物及其附着物并取得增值性收入的单位和个人所征收的一种税。企业连同地上建筑物及其附着物一并转让的土地使用权应缴纳的土地增值税，应在“固定资产清理”科目核算；企业单独转让的土地使用权所涉及的土地增值税，应冲减无形资产处置的损益；房地产开发经营企业销售房地产应缴纳的土地增值税，应在“税金及附加”科目核算。

房产税是国家在城市、县城、建制镇和工矿区征收的由产权所有人缴纳的一种税。城镇土地使用税是以城市、县城、建制镇和工矿区范围内使用土地的单位和个人为纳税人，按其实际占用的土地面积和规定的税额计算征收。车船税是以车辆、船舶为课税对象，向车船的所有人或管理人征收的一种税。资源税是对在我国领域和管辖海域开采应税资源而征收的一种税。企业应交的房产税、城镇土地使用税、车船税、资源税等在“税金及附加”科目核算。

（二）营业外收支的核算

1.营业外收入的核算

营业外收入是指企业发生的营业利润以外的收益。营业外收入并不是企业经营资金耗费所产生的，实际上是经济利益的净流入，不需要与有关的费用进行配比。营业外收入主要包括与企业日常活动无关的政府补助、盘盈利得、捐赠利得等。

企业应通过“营业外收入”科目，核算营业外收入的取得及结转情况。该科目可按照营业外收入的项目进行明细核算。

营业外收入

（1）盘盈利得。

盘盈利得是指企业对现金等资产清查盘点时发生盘盈，报经批准后计入营业外收入的金额。具体核算原理见表11-3。

表11-3　盘盈利得核算原理

序号	业务内容	会计处理
1	批准结转企业盘盈现金等资产	借：待处理财产损溢 　贷：营业外收入

实务案例11-3

【背景资料】浙江美华机械有限责任公司发生相关经济业务如下：

2024年10月25日，公司在现金清查中盘盈100元；报经批准后，2024年10月30日，结转入营业外收入。

【要求】根据上述业务资料，完成相关的会计处理。

【分析提示】会计分录如下：

●2024年10月25日，公司发现现金盘盈时：

借：库存现金　100

　贷：待处理财产损溢　100

●2024年10月30日，经批准转入营业外收入时：

借：待处理财产损溢　100

贷：营业外收入 100

（2）捐赠利得。

捐赠利得是指企业接受捐赠产生的利得。具体核算原理见表11-4。

表11-4 捐赠利得核算原理

序号	业务内容	会计处理
1	企业接受货币捐赠	借：库存现金 　　银行存款 　贷：营业外收入
2	企业接受非货币捐赠	借：原材料 　　固定资产 　　无形资产 　　应交税费——应交增值税（进项税额） 　贷：营业外收入

实务案例11-4

【背景资料】浙江美华机械有限责任公司发生相关经济业务如下：

2024年8月26日，公司收到南方投资管理公司的货币性捐赠180 000元，当日到账。

【要求】根据上述业务资料，完成相关的会计处理。

【分析提示】会计分录如下：

2024年8月26日，收到货币性捐赠时：

借：银行存款 180 000

贷：营业外收入 180 000

拓展训练

营业外收入

2.营业外支出的核算

营业外支出是指企业发生的营业利润以外的支出，主要包括公益性捐赠支出、盘亏损失、罚款支出等。

企业应通过“营业外支出”科目，核算营业外支出的发生及结转情况。该科目应按照营业外支出的项目进行明细核算。

账户

营业外支出

（1）公益性捐赠支出。

公益性捐赠支出是指企业对外进行公益性捐赠发生的支出。具体核算原理见表11-5。

表11-5 公益性捐赠支出核算原理

序号	业务内容	会计处理
1	货币性捐赠支出	借：营业外支出 　贷：库存现金 　　　银行存款
2	非货币性捐赠支出	借：资产处置损益 　贷：原材料 　　　固定资产清理 　　　无形资产

票据百宝箱

公益事业捐赠统一票据（具体如图11-3所示）是指各级人民政府及其部门、公益性事业单位、公益性社会团体及其他公益性组织按照自愿、无偿原则，依法接受用于公益事业的捐赠财物时，向提供捐赠的自然人、法人和其他组织开具的凭证。

公益事业捐赠统一票据
UNIFIED INVOICE OF DONATION FOR PUBLIC WELFARE

国财
捐赠人 Donor:　　　　年 Y　月 M　日 D　　　　№

捐赠项目 For purpose	实物（外币）种类 Material objects(Currency)	数量 Amount	金额 Total amount									
			千	百	十	万	千	百	十	元	角	分
金额合计（小写）In Figures												
金额合计（大写）In Words	仟　佰　拾　万　仟　佰　拾　元　角　分											

第一联 存根

接受单位（盖章）：Receiver's Seal　　复核人：Verified by　　开票人：Handling Person

感谢您对公益事业的支持！ Thank you for Support of public welfare!

图11-3　公益事业捐赠统一票据

实务案例11-5

【背景资料】浙江美华机械有限责任公司发生相关经济业务如下：

2024年12月15日，公司通过省红十字会向灾区捐赠1 000 000元，用银行存款转账支付。

【要求】根据上述业务资料，完成相关的会计处理。

【分析提示】会计分录如下：

借：营业外支出　　　　1 000 000

　贷：银行存款　　　　1 000 000

（2）盘亏损失。

盘亏损失主要指对于财产清查盘点中盘亏的资产，查明原因并报经批准后计入营业外支出的损失。其中：非常损失是指企业对于因客观因素（如自然灾害等）造成的损失，扣除保险公司赔偿后应计入营业外支出的净损失。具体核算原理见表11-6。

表11-6　盘亏损失核算原理

序号	业务内容	会计处理
1	批准结转企业盘亏资产	借：营业外支出 　贷：待处理财产损溢

实务案例11-6

【背景资料】浙江美华机械有限责任公司发生相关经济业务如下：

2024年12月18日，公司发生原材料意外灾害损失350 000元，经批准同日全部转作营业外支出。假设不考虑相关税费。

【要求】根据上述业务资料，完成相关的会计处理。

【分析提示】会计分录如下：

●2024年12月18日，发生原材料意外灾害损失时：

借：待处理财产损溢　　350 000
　贷：原材料　　350 000

●2024年12月18日，批准处理意外灾害损失时：

借：营业外支出　　350 000
　贷：待处理财产损溢　　350 000

（3）罚款支出。

罚款支出是指企业支付的行政罚款、税务罚款，以及其他违反法律法规、合同协议等而支付的罚款、违约金、赔偿金等支出。

实务案例11-7

【背景资料】浙江美华机械有限责任公司发生相关经济业务如下：

2024年12月25日，公司用银行存款支付税款滞纳金10 000元。

【要求】根据上述业务资料，完成相关的会计处理。

【分析提示】会计分录如下：

2024年12月25日，支付税款滞纳金时：

借：营业外支出　　10 000
　贷：银行存款　　10 000

（三）所得税费用的核算

企业的所得税费用包括当期所得税和递延所得税两个部分。其中，当期所得税是指当期应交所得税；递延所得税包括递延所得税资产和递延所得税负债。递延所得税资产是指以未来期间很可能取得的用来抵扣可抵扣暂时性差异的应纳税所得额为限确认的一项资产。递延所得税负债是指根据应纳税暂时性差异计算的未来期间应付所得税的金额。

1.应交所得税的计算

应交所得税是指企业按照税法规定计算确定的针对当期发生的交易和事项，应交纳给税务部门的所得税金额，即当期应交所得税。应纳税所得额是在企业税前会计利润（即利润总额）的基础上调整确定的。计算公式为：

应纳税所得额=税前会计利润+纳税调整增加额-纳税调整减少额

其中：纳税调整增加额主要包括税法规定允许扣除项目中，企业已计入当期费用但超过税法规定扣除标准的金额（如超过税法规定标准的职工福利费、工会经费、职工教育经费、业务招待费、公益性捐赠支出、广告费和业务宣传费等），以及企业已计入当期损失但税法规定不允许扣除项目的金额（如税款滞纳金、罚款、罚金）。

纳税调整减少额主要包括按税法规定允许弥补的亏损和准予免税的项目，如国债利息收入和前5年内的未弥补亏损等。

企业当期所得税的计算公式为：

应交所得税=应纳税所得额×所得税税率

实务案例11-8

【背景资料】浙江美华机械有限责任公司发生相关经济业务如下：

公司2024年度按企业会计准则计算的税前会计利润为19 800 000元，所得税税率为25%。

其中：包括本年收到的国库券利息收入300 000元。该公司全年实发工资、薪金2 000 000元，职工福利费300 000元，工会经费50 000元，职工教育经费210 000元；经查，该公司当年营业外支出中有120 000元为税款滞纳金。假定该公司全年无其他纳税调整事项。

根据税法的规定，企业发生的合理的工资、薪金支出准予据实扣除；企业发生的职工福利费支出，不超过工资、薪金总额14%的部分准予扣除；企业拨缴的工会经费不超过工资、薪金总额2%的部分准予扣除；除国务院财政、税务主管部门另有规定外，企业发生的职工教育经费支出，不超过工资、薪金总额8%的部分准予扣除，超过部分准予结转以后纳税年度扣除。

【要求】根据上述业务资料，计算该公司2024年度应交所得税金额。

【分析提示】具体见表11-7。

表11-7 **企业纳税事项调整明细表** 单位：元

序号	调整事项	税收标准	调增金额	调减金额
1	国库券利息收入	免税		300 000
2	职工福利费	2 000 000×14%=280 000	300 000−280 000=20 000	
3	工会经费	2 000 000×2%=40 000	50 000−40 000=10 000	
4	职工教育经费	2 000 000×8%=160 000	210 000−160 000=50 000	
5	税款滞纳金	不允许抵扣	120 000	
合计			200 000	300 000

应纳税所得额=19 800 000+200 000−300 000=19 700 000（元）

当期应交所得税=19 700 000×25%=4 925 000（元）

2.所得税费用的账务处理

企业应通过“所得税费用”科目，核算企业所得税费用的确认及其结转情况。

所得税费用

企业根据企业会计准则的规定，计算确定的当期所得税和递延所得税之和，即为应当从当期利润总额中扣除的所得税费用，公式如下：

所得税费用=当期所得税+递延所得税

$$\text{递延所得税}=\left(\text{递延所得税负债期末数}-\text{递延所得税负债期初数}\right)-\left(\text{递延所得税资产期末数}-\text{递延所得税资产期初数}\right)$$

期末，应将“所得税费用”科目的余额转入“本年利润”科目，结转后本科目应无余额。具体核算原理见表11-8。

表11-8 **所得税费用核算原理**

序号	业务内容	会计处理
1	确认企业所得税费用	借：所得税费用 递延所得税资产（可能在贷方） 贷：应交税费——应交所得税 递延所得税负债（可能在借方）
2	缴纳企业所得税	借：应交税费——应交所得税 贷：银行存款

实务案例 11-9

【背景资料】浙江美华机械有限责任公司发生相关经济业务如下：

公司2024年度应交所得税金额为5 000 000元，递延所得税负债年初数为400 000元、年末数为500 000元，递延所得税资产年初数为250 000元、年末数为200 000元。

【要求】根据上述业务资料，完成相关的会计处理。

【分析提示】公司所得税费用计算如下：

递延所得税=（500 000−400 000）−（200 000−250 000）=150 000（元）

所得税费用=当期所得税+递延所得税=5 000 000+150 000=5 150 000（元）

借：所得税费用　　5 150 000

　贷：应交税费——应交所得税　　5 000 000

　　　递延所得税负债（500 000−400 000）　　100 000

　　　递延所得税资产（250 000−200 000）　　50 000

（四）本年利润的核算

拓展训练

所得税费用

1.结转本年利润的方法

会计期末结转本年利润的方法有表结法和账结法两种。

（1）表结法。表结法下，各损益类科目每月月末只需结计出本月发生额和月末累计余额，不结转到“本年利润”科目，只有在年末时才将全年累计余额结转入“本年利润”科目。但每月月末要将损益类科目的本月发生额合计数填入利润表的本月数栏，同时将本月末累计余额填入利润表的本年累计数栏，通过利润表计算反映各期的利润（或亏损）。表结法下，年中损益类科目无须结转入“本年利润”科目，从而减少了转账环节和工作量，同时并不影响利润表的编制及有关损益指标的利用。

（2）账结法。账结法下，每月月末均需编制转账凭证，将在账上结计出的各损益类科目的余额结转入“本年利润”科目。结转后，“本年利润”科目的本月余额反映当月实现的利润或发生的亏损；“本年利润”科目的本年余额反映本年累计实现的利润或发生的亏损。账结法在各月均可通过“本年利润”科目提供当月及本年累计的利润（或亏损）额，但增加了转账环节和工作量。

2.结转本年利润的会计处理

视频

本年利润核算

账户

本年利润

企业应设置“本年利润”科目，核算企业本年度实现的净利润（或发生的净亏损）。

会计期末，企业应将损益类科目进行结转，记入“本年利润”科目。结转后损益类科目无余额，“本年利润”科目如为贷方余额，表示当期实现的净利润；如为借方余额，表示当期发生的净亏损。年度终了，企业还应将“本年利润”科目的本年累计金额转入“利润分配——未分配利润”科目。具体核算原理见表11-9。

表 11-9 **利润形成核算原理**

<table>
<tr><th>序号</th><th colspan="2">业务内容</th><th>会计处理</th></tr>
<tr><td>1</td><td colspan="2">结转收入、利得等损益类科目余额</td><td>借：主营业务收入
其他业务收入
营业外收入
公允价值变动损益（净收益）
投资收益（净收益）
资产处置损益（净收益）
贷：本年利润</td></tr>
<tr><td>2</td><td colspan="2">结转费用、损失等损益类科目余额</td><td>借：本年利润
贷：主营业务成本
其他业务成本
税金及附加
管理费用
销售费用
财务费用
资产减值损失
营业外支出
公允价值变动损益（净损失）
投资收益（净损失）
资产处置损益（净损失）
所得税费用</td></tr>
<tr><td rowspan="2">3</td><td rowspan="2">结转“本年利润”科目</td><td>实现净利润</td><td>借：本年利润
贷：利润分配——未分配利润</td></tr>
<tr><td>发生净亏损</td><td>借：利润分配——未分配利润
贷：本年利润</td></tr>
</table>

实务案例 11-10

【背景资料】浙江美华机械有限责任公司发生相关经济业务如下：

公司2024年度有关损益类科目的年末余额见表11-10（该企业采用表结法年末一次结转损益类科目，所得税税率为25%，不存在所得税纳税调整事项）。

表 11-10 **损益类科目的年末余额明细表**

科目名称	借或贷	结账前余额（元）
主营业务收入	贷	6 000 000
其他业务收入	贷	700 000
公允价值变动损益	贷	150 000
投资收益	贷	600 000
营业外收入	贷	50 000
主营业务成本	借	4 000 000
其他业务成本	借	400 000
税金及附加	借	80 000
销售费用	借	500 000
管理费用	借	770 000
财务费用	借	200 000
资产减值损失	借	100 000
营业外支出	借	250 000

【要求】根据上述业务资料，完成相关的会计处理。

【分析提示】

● 结转各项收入、利得类科目时：

借：主营业务收入 6 000 000
　　其他业务收入 700 000
　　公允价值变动损益 150 000
　　投资收益 600 000
　　营业外收入 50 000
　贷：本年利润 7 500 000

● 结转各项费用、损失类科目时：

借：本年利润 6 300 000
　贷：主营业务成本 4 000 000
　　　其他业务成本 400 000
　　　税金及附加 80 000
　　　销售费用 500 000
　　　管理费用 770 000
　　　财务费用 200 000
　　　资产减值损失 100 000
　　　营业外支出 250 000

● 确认所得税费用时：

应交所得税税额=（7 500 000−6 300 000）×25%=300 000（元）

借：所得税费用 300 000
　贷：应交税费——应交所得税 300 000

● 将所得税费用结转入“本年利润”科目时：

借：本年利润 300 000
　贷：所得税费用 300 000

● 结转“本年利润”科目年末余额时：

“本年利润”科目年末余额=7 500 000−6 300 000−300 000=900 000（元）

借：本年利润 900 000
　贷：利润分配——未分配利润 900 000

拓展训练
本年利润

任务 2 利润分配业务

任务 2
利润分配业务

利润分配是指企业根据国家有关规定和企业章程、投资者协议等，对企业当年可供分配的利润所进行的分配。

可供分配的利润 = 当年实现的净利润（或净亏损）+年初未分配利润（或−年初未弥补亏损）+其他转入

利润分配的顺序依次是：①弥补以前年度亏损；②提取法定盈余公积；③提取任意盈余公积；④向投资者分配利润。

未分配利润是企业实现的净利润经过弥补亏损、提取盈余公积和向投资者分配利润后留存于企业的历年结存利润。相对于所有者权益的其他部分来说，企业对于未分配利润的使用具有较大的自主权。

票据百宝箱

应付利润计算表（具体见表11-11），是用于计算公司应付利润的工作表格，主要包括项目、计提比例、计提金额等信息。

表11-11　**应付利润计算表**

年　月　日　　　　金额单位：元

项　目	计提比例	计提金额
应付利润		

复核：　　　　制表：

企业应通过“利润分配”科目，核算企业利润的分配（或亏损的弥补）和历年分配（或弥补）后的未分配利润（或未弥补亏损）。

该科目应分别“提取法定盈余公积”“提取任意盈余公积”“应付现金股利（利润）”“盈余公积补亏”“未分配利润”等进行明细核算。具体核算原理见表11-12。

利润分配

表11-12　**利润分配核算原理**

序号	业务内容		会计处理
1	本年利润转入	实现盈利	借：本年利润 　贷：利润分配——未分配利润
		发生亏损	借：利润分配——未分配利润 　贷：本年利润
2	提取盈余公积		借：利润分配——提取法定盈余公积 　　　　　　——提取任意盈余公积 　贷：盈余公积
3	宣告分派现金股利或利润		借：利润分配——应付现金股利 　　　　　　——应付利润 　贷：应付股利 　　　应付利润
4	将利润分配所属明细科目结转至“利润分配——未分配利润”科目		借：利润分配——未分配利润 　贷：利润分配——提取法定盈余公积 　　　　　　——提取任意盈余公积 　　　　　　——应付现金股利 　　　　　　——应付利润

实务案例 11-11

【背景资料】浙江美华机械有限责任公司发生相关经济业务如下：

假设公司2024年年初未分配利润为100 000元，本年实现净利润2 400 000元，本年提取法定盈余公积240 000元，宣告分配利润600 000元。假定不考虑其他因素。

【要求】根据上述业务资料，完成相关的会计处理。

【分析提示】

●2024年年末，结转本年利润时：

借：本年利润　　2 400 000

　贷：利润分配——未分配利润　　2 400 000

●2024年年末，提取法定盈余公积时：

借：利润分配——提取法定盈余公积　　240 000

　贷：盈余公积　　240 000

●2024年年末，宣告分配利润时：

借：利润分配——应付利润　　600 000

　贷：应付利润　　600 000

●2024年年末，结转“利润分配”科目所属明细科目时：

借：利润分配——未分配利润　　840 000

　贷：利润分配——提取法定盈余公积　　240 000

　　　　　　——应付利润　　600 000

同步测验

一、单项选择题

1.2024年5月，甲公司销售商品实际应交增值税38万元，应交消费税35万元；适用的城市维护建设税税率为7%，教育费附加征收率为3%。假定不考虑其他因素，甲公司当月应列入利润表“税金及附加”项目的金额为（　　）万元。

A.7.3　　B.38.5　　C.42.3　　D.80.3

2.甲企业2024年2月主营业务收入为100万元，主营业务成本为80万元，管理费用为5万元，资产减值损失为2万元，投资收益为10万元。假定不考虑其他因素，该企业当月的营业利润为（　　）万元。

A.13　　B.15　　C.18　　D.23

3.下列各项中，不应计入营业外收入的是（　　）。

A.销售商品收入　　B.捐赠利得

C.收发差错造成存货盘盈　　D.确实无法支付的应付账款

4.甲企业转让一台旧设备，取得价款56万元，发生清理费用2万元。该设备原值为60万元，已提折旧10万元。假定不考虑其他因素，出售该设备影响当期损益的金额为（　　）万元。

A.4　　B.6　　C.54　　D.56

5.下列交易或事项中，不应确认为营业外支出的是（　　）。

A.公益性捐赠支出　　B.罚款支出　　C.固定资产报废损失　　D.固定资产减值损失

6.甲企业2024年度利润总额为1 800万元，其中本年度国债利息收入200万元，已计入营业外支出的税收滞纳金6万元；企业所得税税率为25%。假定不考虑其他因素，该企业2024年度所得税费用为（　　）万元。

A.400　　B.401.5　　C.450　　D.498.5

7.公司年末存在余额的会计科目为（　　）。

A.本年利润　　B.营业外收入　　C.资产减值损失　　D.固定资产减值准备

8.公司年初盈余公积余额为400万元，本期提取60万元盈余公积，转增资本260万元，则期末盈余公积的余额为（　　）万元。

A.400　　B.460　　C.200　　D.260

9.下列各项中，不属于利润分配的是（　　）。

A.提取法定盈余公积　　B.提取任意盈余公积

C.宣告分派优先股股利　　D.结转应交所得税

10.企业于会计期末结账时，应将本期发生的各类支出转入（　　）。

A.“本年利润”账户借方　　B.“本年利润”账户贷方

C.“利润分配”账户借方　　D.“利润分配”账户贷方

二、多项选择题

1.下列各项中，应计入税金及附加的有（　　）。

A.处置无形资产应交的增值税　　B.销售商品应交的增值税

C.销售应税产品应交的资源税　　D.销售应税消费品应交的消费税

2.企业销售商品交纳的下列各项税费中，记入“税金及附加”科目的有（　　）。

A.消费税　　B.增值税　　C.教育费附加　　D.城市维护建设税

3.下列各项中，影响当期利润表中利润总额的有（　　）。

A.固定资产盘盈　　B.确认所得税费用　　C.对外捐赠固定资产　　D.无形资产出售利得

4.下列各项中，不应确认为营业外收入的有（　　）。

A.存货盘盈　　B.固定资产出租收入

C.固定资产盘盈　　D.无法查明原因的现金溢余

5.下列各项中，应计入营业外支出的有（　　）。

A.公益性捐赠支出　　B.存货自然灾害损失

C.固定资产毁损报废损失　　D.长期股权投资处置损失

6.下列各项中，影响利润表“所得税费用”项目金额的有（　　）。

A.当期应交所得税　　B.递延所得税资产

C.递延所得税负债　　D.代扣代缴的个人所得税

7.下列各项中，年度终了需要转入“利润分配——未分配利润”科目的有（　　）。

A.本年利润　　B.利润分配——应付现金股利

C.利润分配——盈余公积补亏　　D.利润分配——提取法定盈余公积

8.下列各科目中，年末应无余额的有（　　）。

A.管理费用　　B.所得税费用　　C.本年利润　　D.长期待摊费用

9.下列各项中，影响企业当期营业利润的有（　　）。

A.所得税费用　　B.固定资产减值损失

C.销售商品收入　　D.投资性房地产公允价值变动收益

10.下列不需要进行会计处理的业务有（　　）。

A.用盈余公积转增资本　　B.用资本公积转增资本

C.用税前利润补亏　　D.用税后利润补亏

三、判断题

1.年度终了，除“未分配利润”明细科目外，“利润分配”科目下的其他明细科目应当无余额。（　　）

2.企业采用“表结法”结转本年利润的，年度内每月月末损益类科目发生额合计数和月末累计余额

无须转入“本年利润”科目，但要将其填入利润表，在年末时将损益类科目全年累计余额转入“本年利润”科目。（　）

3.投资收益属于利润总额的内容，但不属于营业利润的内容。（　）

4.企业当年实现的净利润即为企业当年可供分配的利润。（　）

5.企业在以前年度的亏损尚未弥补完前，应按规定提取盈余公积。（　）

6.营业利润是主营业务利润和其他业务利润之和。（　）

7.企业向股东分派现金股利，不会导致所有者权益总额的变化。（　）

8.利润是反映了一定会计期间的收入和费用支出相抵之后的经营成果，属于静态的会计要素。（　）

9.营业外收支与企业正常的生产经营活动无直接关系，偶发性很强，前后不发生联系，但是属于利润总额的组成部分。（　）

10.企业利润的会计处理有月结法和账结法两种方法。（　）

四、计算分析题

1.甲公司为从事国家重点扶持的公共基础设施建设项目的企业，根据税法的规定，2024年度免交所得税。公司2024年度发生的有关交易或事项如下：

（1）以盈余公积转增资本5 500万元；

（2）向股东分配股票股利4 500万元；

（3）接受现金捐赠350万元；

（4）因自然灾害发生固定资产净损失200万元；

（5）持有的交易性金融资产公允价值上升60万元；

（6）因处置联营企业股权相应结转原计入资本公积贷方的金额50万元；

（7）因其他债权投资的公允价值上升使其他综合收益增加85万元。

要求：（1）完成公司上述业务（1）至（7）的会计分录。

（2）计算上述交易或事项对公司2024年度营业利润的影响额。

（3）计算上述交易或事项对公司2024年度利润总额的影响额。

（4）计算上述交易或事项对公司2024年度所有者权益的影响额。

2.甲公司年初“利润分配——未分配利润”账户余额为贷方10万元，2024年度产生净利润100万元，按照10%提取法定盈余公积，5%提取任意盈余公积，50%分配现金股利。

要求：（1）完成2024年利润分配的相关会计分录。

（2）计算公司2024年年末未分配利润。

3.甲公司2024年12月结转前损益类科目余额见表11-13。

表11-13　损益类科目余额表　单位：万元

科目名称	借方余额	贷方余额
主营业务收入		1 150
主营业务成本	500	
税金及附加	20	
投资收益		40
销售费用	40	
管理费用	150	
公允价值变动损益		20
财务费用	20	
资产减值损失	80	
营业外收入		30
营业外支出	10	

要求：（1）完成结转公司2024年度损益类科目的会计分录。

（2）计算公司2024年度营业利润、利润总额。

4.甲公司为增值税一般纳税人，适用的增值税税率为13%。2024年9月份发生下列经济业务（假设除增值税以外的其他税费不予考虑）：

（1）5日，销售商品一批，价款300 000元，增值税39 000元，款项尚未收到，该批商品成本为180 000元。

（2）10日，取得出租固定资产收入5 000元，增值税650元，款项尚未收回。

（3）11日，出售一项专利权，该专利权的账面余额为50 000元，累计计提的摊销金额为25 000元，累计计提的减值准备为5 000元，取得的出售价款为18 000元，款项已收到并存入银行。

（4）15日，收到货币资金捐赠400 000元。

（5）24日，取得出租包装物收入3 000元，增值税390元，款项已收到并存入银行。

要求：（1）根据上述经济业务，编制相关会计分录。

（2）计算本月营业利润、利润总额。

5.甲公司系增值税一般纳税人，所得税税率为25%，增值税税率为13%。库存材料采用实际成本核算。该公司2024年年初未分配利润为670万元，2024年度发生有关经济业务如下：

（1）向A公司销售产品一批，增值税专用发票上注明的价款为100万元，增值税为13万元，销售成本为60万元，款项尚未收到。

（2）取得罚款收入6万元，存入银行。

（3）结转固定资产清理净收益6.8万元。

（4）以银行存款支付违反税收规定的罚款3万元、非公益性捐赠支出2万元。

（5）以银行存款支付广告费7万元。

（6）销售材料一批，材料成本为7万元，销售价格为10万元，增值税1.3万元，款项已经收到并存入银行。

（7）计提短期借款利息0.5万元。

（8）公司拥有B企业60%的股权（双方的所得税税率相同），采用成本法核算，B企业宣告发放现金股利100万元。

（9）计提管理部门使用的固定资产年折旧12.5万元。

（10）公司本年度发生其他管理费用3万元，已用银行存款支付。

（11）公司应纳所得税7.5万元（无纳税调整事项）。

要求：（1）编制2024年度有关经济业务的会计分录。

（2）计算公司2024年度的营业利润、利润总额、净利润。

（3）编制损益类科目结转至本年利润、本年利润结转至利润分配的相关分录。

项目十二　总账报表岗位

学习目标

- 理解总账报表岗位的相关会计规范要求
- 掌握资产负债表的编制方法
- 掌握利润表的编制方法
- 掌握所有者权益变动表的编制方法
- 掌握现金流量表的编制方法
- 掌握会计报表附注的编制方法

岗位工作导图

总账报表岗位工作导图如图12-1所示。

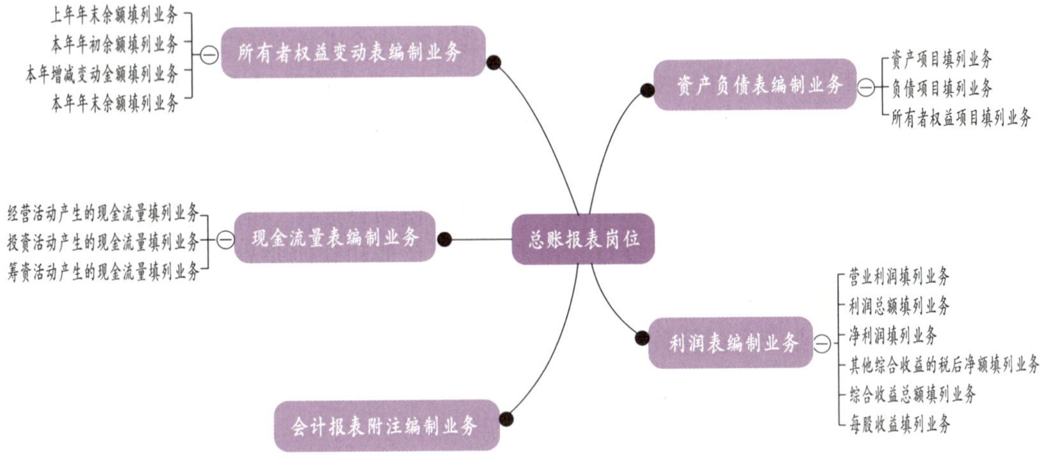

图12-1　总账报表岗位工作导图

任务1　资产负债表编制业务

任务1

资产负债表编制业务

资产负债表是指反映企业在某一特定日期财务状况的报表。资产负债表主要反映资产、负债和所有者权益三方面的内容，并满足“资产=负债+所有者权益”平衡式。

一、资产负债表的基本结构

（一）资产

资产是由过去的交易或事项形成并由企业在某一特定日期所拥有或控制的、预期会给企业带来经济利益的资源。资产应当按照流动资产和非流动资产两大类别在资产负债表中列示，在流动资产和非流动资产类别下进一步按性质分项列示。

流动资产是指预计在一个正常营业周期中变现、出售或耗用，或者主要为交易目的而持有，或者预计在资产负债表日起一年内（含一年）变现的资产，或者自资产负债表日起一年内交换其他资产或清偿负债的能力不受限制的现金或现金等价物。资产负债表中列示的流动资产项目通常包括：货币资金、交易性金融资产、应收票据、应收账款、预付款项、其他应收款、存货、合同资产、持有待售资产和一年内到期的非流动资产等。

非流动资产是指流动资产以外的资产。资产负债表中列示的非流动资产项目通常包括：债权投资、其他债权投资、长期应收款、长期股权投资、其他权益工具投资、其他非流动金融资产、投资性房地产、固定资产、在建工程、生产性生物资产、油气资产、无形资产、开发支出、长期待摊费用、递延所得税资产以及其他非流动资产等。

（二）负债

负债是反映在某一特定日期企业所承担的、预期会导致经济利益流出企业的现时义务。负债应当按照流动负债和非流动负债在资产负债表中进行列示，在流动负债和非流动负债类别下进一步按性质分项列示。

流动负债是指预计在一个正常营业周期中清偿，或者主要为交易目的而持有，或者自资产负债表日起一年内（含一年）到期应予以清偿，或者企业无权自主地将清偿推迟至资产负债表日后一年以上的负债。资产负债表中列示的流动负债项目通常包括：短期借款、交易性金融负债、应付票据、应付账款、预收款项、合同负债、应付职工薪酬、应交税费、其他应付款、持有待售负债、一年内到期的非流动负债等。

非流动负债是指流动负债以外的负债。非流动负债项目通常包括：长期借款、应付债券、长期应付款、预计负债、递延收益、递延所得税负债和其他非流动负债等。

（三）所有者权益

所有者权益是企业资产扣除负债后的剩余权益，反映企业在某一特定日期股东（投资者）拥有的净资产的总额。所有者权益一般按照实收资本（股本）、其他权益工具、资本公积、其他综合收益、盈余公积和未分配利润等分项列示。

票据百宝箱

我国企业的资产负债表采用账户式结构。账户式资产负债表分左右两方。左方为资产项目，大体按资产的流动性大小排列，流动性大的资产排在前面，流动性小的资产排在后面，具体见表12-1。右方为负债及所有者权益项目，一般按要求清偿时间的先后顺序排列，需要在一年以内或者长于一年的一个正常营业周期内偿还的流动负债排在前面，在一年以上才需偿还的非流动负债排在中间，在企业清算之前不需要偿还的所有者权益项目排在后面。

账户式资产负债表中的资产各项目的总计等于负债和所有者权益各项目的总计，即资产负债表左方和右方平衡。通过账户式资产负债表，可以反映资产、负债、所有者权益之间的内在关系，即“资产=负债+所有者权益”。

表12-1　　　　　　　　　　　　资产负债表　　　　　　　　　　　　会企01表

编制单位：　　　　　　　　　　____年__月__日　　　　　　　　　　单位：元

资产	期末余额	上年年末余额	负债和所有者权益（或股东权益）	期末余额	上年年末余额
流动资产：			流动负债：		
货币资金			短期借款		
交易性金融资产			交易性金融负债		
衍生金融资产			衍生金融负债		
应收票据			应付票据		
应收账款			应付账款		
预付款项			预收款项		
其他应收款			合同负债		
存货			应付职工薪酬		
合同资产			应交税费		
持有待售资产			其他应付款		
一年内到期的非流动资产			持有待售负债		
其他流动资产			一年内到期的非流动负债		
流动资产合计			其他流动负债		
非流动资产：			流动负债合计		
债权投资			非流动负债：		
其他债权投资			长期借款		
长期应收款			应付债券		
长期股权投资			其中：优先股		
其他权益工具投资			永续债		
其他非流动金融资产			长期应付款		
投资性房地产			预计负债		
固定资产			递延收益		
在建工程			递延所得税负债		
生产性生物资产			其他非流动负债		
油气资产			非流动负债合计		
无形资产			负债合计		
开发支出			所有者权益（或股东权益）：		
商誉			实收资本（或股本）		
长期待摊费用			其他权益工具		
递延所得税资产			其中：优先股		
其他非流动资产			永续债		
非流动资产合计			资本公积		
			减：库存股		
			其他综合收益		
			盈余公积		
			未分配利润		
			所有者权益（或股东权益）合计		
资产总计			负债和所有者权益（或股东权益）总计		

企业衍生金融工具业务具有重要性的，应当在资产负债表资产项下“交易性金融资产”项目和“应收票据”项目之间增设“衍生金融资产”项目，在资产负债表负债项下“交易性金融负债”项目和“应付票据”项目之间增设“衍生金融负债”项目，分别反映企业衍生工具形成的资产和负债的期末余额。

二、资产负债表的编制方法

（一）资产负债表项目的填列方法

资产负债表各项目均需填列“上年年末余额”和“期末余额”两栏。其中“上年年末余额”栏目内各项目数字，应根据上年年末资产负债表的“期末余额”栏内所列数字填列。“期末余额”栏主要有以下几种填列方法：

1.根据总账科目余额填列

如“交易性金融资产”“短期借款”“应付职工薪酬”等项目，根据“交易性金融资产”“短期借款”“应付职工薪酬”各总账科目的余额直接填列；有些项目则需根据几个总账科目的期末余额计算填列，如“货币资金”项目，需根据“库存现金”“银行存款”“其他货币资金”三个总账科目的期末余额的合计数填列。

视频

资产负债表编制

实务案例 12-1

【背景资料】浙江美华机械有限责任公司发生相关经济业务如下：

业务1：2024年12月31日结账后的“库存现金”科目余额为10 000元，“银行存款”科目余额为4 000 000元，“其他货币资金”科目余额为1 000 000元。

业务2：2024年12月31日结账后的“交易性金融资产”科目余额为100 000元。

业务3：2024年12月1日公司向银行借入1年期借款320 000元，向其他金融机构借款230 000元（1年期），无其他短期借款业务发生。

业务4：公司年末宣布向股东发放现金股利400 000元，股票股利100 000元，现金股利尚未支付。

业务5：2024年12月31日公司应付宏达公司商业票据32 000元，应付恒达公司账款56 000元，应付丰达公司账款680 000元。

业务6：2024年12月31日公司应付管理人员工资300 000元、福利费42 000元，应付车间工作人员工资57 000元，无其他应付职工薪酬项目。

业务7：公司2024年1月1日发行了3年期一次还本付息的公司债券，面值为1 000 000元，当年12月31日应计提的利息为10 000元。

【要求】根据上述业务资料，完成资产负债表相关项目的填列。

【分析提示】具体见表12-2。

表12-2 资产负债表项目填列计算表-1 单位：元

报表项目	填列金额	计算过程
货币资金	5 010 000	“库存现金”总账余额10 000元+“银行存款”总账余额4 000 000元+“其他货币资金”总账余额1 000 000元=5 010 000（元）
交易性金融资产	100 000	“交易性金融资产”总账余额=100 000元
短期借款	550 000	“短期借款”总账余额=320 000+230 000=550 000（元）
其他应付款	400 000	“应付利息”总账余额+“应付股利”总账余额+“其他应付款”总账余额=400 000元 股票股利不通过“应付股利”科目核算
应付票据	32 000	“应付票据”总账余额=32 000元
应付账款	73 6000	“应付账款”总账余额=56 000+680 000=736 000（元）
应付职工薪酬	399 000	“应付职工薪酬”总账余额=300 000+42 000+57 000=399 000（元）
应付债券	1 010 000	“应付债券”总账余额=1 000 000+10 000=1 010 000（元）

2.根据明细账科目余额计算填列

如“应收账款”项目，需要根据“应收账款”和“预收账款”科目所属的相关明细科目的期末借方余额计算填列；“预付款项”项目，需要根据“应付账款”和“预付账款”两个科目所属的相关明细科目的期末借方余额计算填列。“应付账款”项目，需要根据“应付账款”和“预付账款”科目所属的相关明细科目的期末贷方余额计算填列；“预收款项”项目，需要根据“应收账款”和“预收账款”两个科目所属的相关明细科目的期末贷方余额计算填列。

实务案例12-2

【背景资料】浙江美华机械有限责任公司发生相关经济业务如下：

2024年12月31日，公司结账后相关科目所属明细科目借贷方余额见表12-3。

表12-3　科目余额明细资料　单位：元

科目名称	总账余额	明细科目借方余额合计	明细科目贷方余额合计
应收账款	1 500 000	1 600 000	100 000
预付账款	740 000	800 000	60 000
应付账款	1 400 000	400 000	1 800 000
预收账款	800 000	600 000	1 400 000

【要求】根据上述业务资料，完成资产负债表相关项目的填列。

【分析提示】具体见表12-4。

表12-4　资产负债表项目填列计算表-2　单位：元

报表项目	填列金额	计算过程
应收账款	2 200 000	“应收账款”科目所属明细科目借方余额1 600 000+“预收账款”科目所属明细科目借方余额600 000=2 200 000（元）
预付款项	1 200 000	“预付账款”科目所属明细科目借方余额800 000+“应付账款”科目所属明细科目借方余额400 000=1 200 000（元）
应付账款	1 860 000	“应付账款”科目所属明细科目贷方余额1 800 000+“预付账款”科目所属明细科目贷方余额60 000=1 860 000（元）
预收款项	1 500 000	“预收账款”科目所属明细科目贷方余额1 400 000+“应收账款”科目所属明细科目贷方余额100 000=1 500 000（元）

3.根据总账科目和明细账科目余额分析计算填列

如“长期借款”项目，需要根据“长期借款”总账科目余额扣除“长期借款”科目所属明细科目中将在一年内到期且企业不能自主地将清偿义务展期的长期借款后的金额计算填列。

实务案例12-3

【背景资料】浙江美华机械有限责任公司发生相关经济业务如下：

2024年12月31日结账后，“长期借款”科目所属明细科目借贷方余额见表12-5。

表 12-5 长期借款科目余额明细资料 金额单位：元

借款起始日期	借款期限（年）	金额（元）
2024 年 1 月 1 日	3	1 000 000
2022 年 1 月 1 日	5	2 000 000
2021 年 6 月 1 日	4	1 500 000

【要求】根据上述业务资料，完成资产负债表相关项目的填列（具体见表 12-6）。

【分析提示】

表 12-6 资产负债表项目填列计算表-3 单位：元

报表项目	填列金额	计算过程
长期借款	3 000 000	“长期借款”总账科目余额 4 500 000-一年内到期的长期借款 1 500 000=3 000 000（元）
一年内到期的非流动负债	1 500 000	一年内到期的长期借款=1 500 000 元

4.根据有关科目余额减去其备抵科目余额后的净额填列

如资产负债表中“应收票据”“应收账款”“长期股权投资”“在建工程”等项目，应当根据“应收票据”“应收账款”“长期股权投资”“在建工程”等科目的期末余额减去“坏账准备”“长期股权投资减值准备”“在建工程减值准备”等科目余额后的净额填列。“投资性房地产”“固定资产”项目，应当根据“投资性房地产”“固定资产”科目的期末余额减去“投资性房地产累计折旧/摊销”“累计折旧”“投资性房地产减值准备”“固定资产减值准备”等科目余额后的净额填列；“无形资产”项目，应当根据“无形资产”科目的期末余额，减去“累计摊销”“无形资产减值准备”等科目余额后的净额填列。

实务案例 12-4

【背景资料】浙江美华机械有限责任公司发生相关经济业务如下：

业务 1：公司 2024 年 12 月 31 日结账后，因出售商品应收广恒公司票据金额为 123 000 元，因提供劳务应收美恒公司票据 342 000 元，应收票据的坏账准备余额为 10 000 元。

业务 2：公司 2024 年 12 月 31 日结账后，“应收账款”科目所属各明细科目的期末借方余额合计 450 000 元、贷方余额合计 220 000 元，应收账款的坏账准备余额为 50 000 元，假定“预收账款”科目所属明细科目无借方余额。

业务 3：公司 2024 年 12 月 31 日结账后，“其他应收款”科目余额为 63 000 元，“坏账准备”科目余额中有关其他应收款的坏账准备为 2 000 元。

业务 4：公司 2024 年 12 月 31 日结账后，“长期股权投资”科目余额为 100 000 元，“长期股权投资减值准备”科目余额为 6 000 元。

业务 5：公司 2024 年 12 月 31 日结账后，“固定资产”科目余额为 1 000 000 元，“累计折旧”科目余额为 90 000 元，“固定资产减值准备”科目余额为 200 000 元。

业务 6：公司 2024 年交付安装的设备价值为 305 000 元，未完建筑安装工程已经耗用的材料为 64 000 元，工资费用支出为 70 200 元，“在建工程减值准备”科目余额为 20 000 元，安装工作尚未完成。

业务 7：公司 2024 年 12 月 31 日结账后，“无形资产”科目余额为 488 000 元，“累计摊销”科目余额为48 800元，“无形资产减值准备”科目余额为93 000元。

【要求】根据上述业务资料，完成资产负债表相关项目的填列。

【分析提示】具体见表12-7。

表12-7　资产负债表项目填列计算表-4　单位：元

报表项目	填列金额	计算过程
应收票据	455 000	“应收票据”总账科目余额减去相应的“坏账准备”科目余额后的净额=123 000+342 000−10 000=455 000（元）
应收账款	400 000	“应收账款”科目所属明细科目借方余额减去相应的“坏账准备”科目余额后的净额=450 000−50 000=400 000（元） “应收账款”科目所属明细科目贷方余额，应与“预收账款”科目所属明细科目贷方余额加总，填列为“预收款项”项目
其他应收款	61 000	“其他应收款”总账科目余额减去相应的“坏账准备”科目余额后的净额=63 000−2 000=61 000（元）
长期股权投资	94 000	“长期股权投资”总账科目余额减去其备抵科目“长期股权投资减值准备”科目余额后的净额=100 000−6 000=94 000（元）
固定资产	710 000	“固定资产”总账科目余额减去“累计折旧”和“固定资产减值准备”两个备抵科目余额后的净额=1 000 000−90 000−200 000=710 000（元）
在建工程	419 200	“在建工程”总账科目余额减去为该项工程已计提的减值准备总账科目余额后的净额=（交付安装设备价值305 000+工程耗用材料64 000+工程人员工资费用70 200）−在建工程减值准备20 000=419 200（元）
无形资产	346 200	“无形资产”总账科目余额减去“累计摊销”和“无形资产减值准备”两个备抵科目余额后的净额=488 000−48 800−93 000=346 200（元）

5.综合运用上述填列方法分析填列

如资产负债表中的“存货”项目，需要根据“原材料”“委托加工物资”“周转材料”“材料采购”“在途物资”“发出商品”“材料成本差异”等总账科目期末余额的分析汇总数，再减去“存货跌价准备”科目余额后的净额填列。

实务案例12-5

【背景资料】浙江美华机械有限责任公司发生相关经济业务如下：

公司采用计划成本核算材料，2024年12月31日结账后有关科目余额为：“材料采购”科目余额为140 000元（借方），“原材料”科目余额为2 400 000元（借方），“周转材料”科目余额为1 800 000元（借方），“库存商品”科目余额为1 600 000元（借方），“生产成本”科目余额为600 000元（借方），“材料成本差异”科目余额为120 000元（贷方），“存货跌价准备”科目余额为210 000元（贷方）。

【要求】根据上述业务资料，完成资产负债表相关项目的填列。

【分析提示】具体见表12-8。

表 12-8 资产负债表项目填列计算表-5 单位：元

报表项目	填列金额	计算过程
存货	6 210 000	“材料采购”（表示在途材料采购成本）、“原材料”、“周转材料”（包装物、低值易耗品等）、“库存商品”、“生产成本”（表示期末在产品金额）等各总账科目余额合计金额，加上或减去“材料成本差异”总账科目的余额（若为贷方余额，应减去；若为借方余额，应加上），再减去“存货跌价准备”总账科目余额后的净额=140 000+2 400 000+1 800 000+1 600 000+600 000−120 000−210 000=6 210 000（元）

（二）资产负债表项目的填列说明

拓展训练

资产负债表

资产负债表中资产、负债和所有者权益主要项目的填列说明如下：

1.资产项目的填列说明（具体见表 12-9）

表 12-9 资产项目的填列说明

报表项目	具体内容	填列方法
货币资金	反映企业库存现金、银行结算户存款、外埠存款、银行汇票存款、银行本票存款、信用卡存款、信用证保证金存款等的合计数	本项目应根据“库存现金”“银行存款”“其他货币资金”科目期末余额的合计数填列
交易性金融资产	反映企业持有的以公允价值计量且其变动计入当期损益的为交易目的所持有的债券投资、股票投资、基金投资、权证投资等金融资产	本项目应当根据“交易性金融资产”科目的期末余额填列
应收票据	反映企业因销售商品、提供劳务等而收到的商业汇票，包括银行承兑汇票和商业承兑汇票	本项目应根据“应收票据”科目的期末余额，减去“坏账准备”科目中有关应收票据计提的坏账准备期末余额后的净额填列
应收账款	反映企业因销售商品、提供劳务等经营活动应收取的款项	本项目应根据“应收账款”和“预收账款”科目所属各明细科目的期末借方余额合计数，减去“坏账准备”科目中有关应收账款计提的坏账准备期末余额后的净额填列
预付款项	反映企业按照购货合同规定预付给供应单位的款项等	本项目应根据“预付账款”和“应付账款”科目所属各明细科目的期末借方余额合计数，减去“坏账准备”科目中有关预付账款计提的坏账准备期末余额后的净额填列
其他应收款	反映企业除应收票据、应收账款、预付款项等经营活动以外的其他各种应收、暂付的款项	本项目应根据“应收利息”“应收股利”“其他应收款”科目的期末余额，减去“坏账准备”科目中有关其他应收款计提的坏账准备期末余额后的净额填列
存货	反映企业期末在库、在途和在加工中的各种存货的可变现净值。存货包括各种材料、商品、在产品、半成品、包装物、低值易耗品、委托代销商品等	本项目应根据“材料采购”“原材料”“库存商品”“周转材料”“委托加工物资”“委托代销商品”“生产成本”等科目的期末余额合计数，减去“受托代销商品款”“存货跌价准备”科目期末余额后的净额填列。材料采用计划成本核算，以及库存商品采用计划成本核算或售价核算的企业，还应按加或减“材料成本差异”“商品进销差价”后的金额填列

续表

报表项目	具体内容	填列方法
合同资产	反映企业已向客户转让商品而有权收取对价的权利，且该权利取决于时间流逝之外的其他因素	本项目应根据“合同资产”科目的期末余额，减去“合同资产减值准备”科目的期末余额后的金额填列
持有待售资产	反映资产负债表日划分为持有待售类别的非流动资产及划分为持有待售类别的处置组中的流动资产和非流动资产的期末账面价值	本项目应根据“持有待售资产”科目的期末余额，减去“持有待售资产减值准备”科目的期末余额后的金额填列
一年内到期的非流动资产	反映企业将于一年内到期的非流动资产项目金额	本项目应根据有关科目的期末余额分析填列
债权投资	反映资产负债表日企业以摊余成本计量的长期债权投资的期末账面价值	本项目应根据“债权投资”科目的期末余额，减去“债权投资减值准备”科目的期末余额后的金额填列
其他债权投资	反映资产负债表日企业以公允价值计量且其变动计入其他综合收益的长期债权投资的期末账面价值	本项目根据“其他债权投资”科目的期末余额填列
长期应收款	反映企业融资租赁产生的应收款项和采用递延方式分期收款、实质上具有融资性质的销售商品和提供劳务等经营活动产生的应收款项	本项目根据“长期应收款”科目的期末余额填列
长期股权投资	反映投资方对被投资单位实施控制、重大影响的权益性投资，以及对其合营企业的权益性投资	本项目应根据“长期股权投资”科目的期末余额，减去“长期股权投资减值准备”科目的期末余额后的净额填列
其他权益工具投资	反映资产负债表日企业以公允价值计量且其变动计入其他综合收益的非交易性权益工具投资的期末账面价值	本项目根据“其他权益工具投资”科目的期末余额填列
固定资产	反映企业各种固定资产原价减去累计折旧和减值准备后的净值和企业尚未清理完毕的固定资产清理净损益	本项目应根据“固定资产”科目的期末余额，减去“累计折旧”和“固定资产减值准备”科目的期末余额后的净额，以及“固定资产清理”科目的期末余额合并填列
在建工程	反映企业期末尚未达到预定可使用状态的在建工程的期末账面价值和企业为在建工程准备的各种物资的期末账面价值	本项目应根据“在建工程”科目的期末余额，减去“在建工程减值准备”科目的期末余额后的净额，以及“工程物资”科目的期末余额，减去“工程物资减值准备”科目的期末余额后的金额合并填列
无形资产	反映企业持有的专利权、非专利技术、商标权、著作权、土地使用权等无形资产的成本减去累计摊销和减值准备后的净值	本项目应根据“无形资产”科目的期末余额，减去“累计摊销”和“无形资产减值准备”科目的期末余额后的净额填列
长期待摊费用	反映企业已经发生但应由本期和以后各期负担的分摊期限在一年以上的各项费用	本项目应根据“长期待摊费用”科目的期末余额减去将于一年内（含一年）摊销的数额后的金额分析填列
递延所得税资产	反映企业根据所得税准则确认的可抵扣暂时性差异产生的所得税资产	本项目根据“递延所得税资产”科目的期末余额填列
其他非流动资产	反映企业除长期股权投资、固定资产、在建工程、无形资产等以外的其他非流动资产	本项目应根据有关科目的期末余额填列

2.负债项目的填列说明（具体见表12-10）

表12-10 负债项目的填列说明

报表项目	具体内容	填列方法
短期借款	反映企业向银行或其他金融机构等借入的期限在一年以下（含一年）的各种借款	本项目应根据“短期借款”科目的期末余额填列
交易性金融负债	反映资产负债表日企业承担的交易性金融负债，以及企业持有的直接指定为以公允价值计量且其变动计入当期损益的金融负债的期末账面价值	本项目应根据“交易性金融负债”科目的期末余额填列
应付票据	反映企业因购买材料、商品和接受劳务供应等而开出、承兑的商业汇票，包括银行承兑汇票和商业承兑汇票	本项目应根据“应付票据”科目的期末余额填列
应付账款	反映企业因购买材料、商品和接受劳务供应等经营活动应支付的款项	本项目应根据“应付账款”和“预付账款”科目所属各明细科目的期末贷方余额合计数填列
预收款项	反映企业按照购货合同规定预收供应单位的款项	本项目应根据“预收账款”和“应收账款”科目所属各明细科目的期末贷方余额合计数填列
合同负债	反映企业已收或应收客户对价而应向客户转让商品的义务	本项目应根据“合同负债”科目的期末余额填列
应付职工薪酬	反映企业为获得职工提供的服务或解除劳动关系而给予的各种形式的报酬或补偿。企业提供给职工配偶、子女、受赡养人、已故员工遗属及其他受益人等的福利，也属于职工薪酬	本项目主要包括短期薪酬、离职后福利、辞退福利和其他长期职工福利等
应交税费	反映企业按照税法规定计算应交纳的各种税费，包括增值税、消费税、所得税、土地增值税、城市维护建设税、房产税、城镇土地使用税、车船税、教育费附加等。企业代扣代缴的个人所得税，也通过本项目列示。企业所交纳的税金不需要预计应交数的，如印花税、耕地占用税等，不在本项目列示	本项目应根据“应交税费”科目的期末贷方余额填列，如“应交税费”科目期末为借方余额，应以“-”号填列
其他应付款	反映企业除预收款项、应付职工薪酬、应交税费等经营活动以外的其他各项应付、暂收的款项	本项目应根据“应付利息”“应付股利”“其他应付款”科目的期末余额填列
持有待售负债	反映资产负债表日处置组中与划分为持有待售类别的资产直接相关的负债的期末账面价值	本项目应根据“持有待售负债”科目的期末余额填列
一年内到期的非流动负债	反映企业非流动负债中将于资产负债表日后一年内到期部分的金额，如将于一年内偿还的长期借款	本项目应根据有关科目的期末余额减去将于一年内到期部分的金额分析填列
长期借款	反映企业向银行或其他金融机构借入的期限在一年以上（不含一年）的各项借款	本项目应根据“长期借款”科目的期末余额填列
应付债券	反映企业为筹集长期资金而发行的债券本金和利息	本项目应根据“应付债券”科目的期末余额填列
长期应付款	反映企业除长期借款和应付债券以外的其他各种长期应付款项	本项目应根据“长期应付款”科目的期末余额填列
递延收益	反映企业尚待确认的收益，以及暂时未确认的收益	本项目应根据“递延收益”科目的期末余额填列
递延所得税负债	反映企业根据应纳税暂时性差异计算的未来期间应付所得税的金额	本项目应根据“递延所得税负债”科目的期末余额填列
其他非流动负债	反映企业除长期借款、应付债券等项目以外的其他非流动负债。本项目应根据有关科目的期末余额填列	本项目应根据有关科目的期末余额减去将于一年内（含一年）到期偿还数后的余额分析填列

3.所有者权益项目的填列说明（具体见表12-11）

表12-11　所有者权益项目的填列说明

报表项目	具体内容	填列方法
实收资本（或股本）	反映企业各投资者实际投入的资本（或股本）总额	本项目应根据“实收资本（或股本）”科目的期末余额填列
其他权益工具	反映企业发行的除普通股以外分类为权益工具的金融工具的期末余额	本项目应根据“其他权益工具”科目的期末余额填列
资本公积	反映企业资本公积的期末余额	本项目应根据“资本公积”科目的期末余额填列
其他综合收益	反映企业其他综合收益的期末余额	本科目应根据“其他综合收益”科目的期末余额填列
盈余公积	反映企业盈余公积的期末余额	本项目应根据“盈余公积”科目的期末余额填列
未分配利润	反映企业尚未分配的利润	本项目应根据“本年利润”科目和“利润分配”科目的期末余额计算填列。未弥补的亏损在本项目内以“-”号填列

实务案例12-6

【背景资料】浙江美华机械有限责任公司为增值税一般纳税人，适用的增值税税率为13%，所得税税率为25%；原材料采用计划成本进行核算。该公司2023年12月31日的资产负债表见表12-12。其中：“应收账款”科目的期末余额为4 000 000元，“坏账准备”科目的期末余额为9 000元。存货、长期股权投资、固定资产、无形资产等资产均未计提相关的资产减值准备。

表12-12　资产负债表　会企01表

编制单位：浙江美华机械有限责任公司　2023年12月31日　单位：元

资　产	期末余额	上年年末余额	负债和所有者权益（或股东权益）	期末余额	上年年末余额
流动资产：		（略）	流动负债：		（略）
货币资金	14 063 000		短期借款	3 000 000	
交易性金融资产	150 000		交易性金融负债		
衍生金融资产			衍生金融负债		
应收票据	2 460 000		应付票据	2 000 000	
应收账款	3 991 000		应付账款	9 548 000	
预付款项	1 000 000		预收款项		
其他应收款	3 050 000		合同负债		
存货	25 800 000		应付职工薪酬	1 100 000	
合同资产			应交税费	366 000	
持有待售资产			其他应付款	500 000	
一年内到期的非流动资产			持有待售负债		
其他流动资产			一年内到期的非流动负债		
流动资产合计	50 514 000		其他流动负债	10 000 000	

续表

资 产	期末余额	上年年末余额	负债和所有者权益（或股东权益）	期末余额	上年年末余额
非流动资产：			流动负债合计	26 514 000	
债权投资			非流动负债：		
其他债权投资			长期借款	6 000 000	
长期应收款			应付债券		
长期股权投资	2 500 000		其中：优先股		
其他权益工具投资			永续债		
其他非流动金融资产			长期应付款		
投资性房地产			预计负债		
固定资产	8 000 000		递延收益		
在建工程	15 000 000		递延所得税负债		
生产性生物资产			其他非流动负债		
油气资产			非流动负债合计	6 000 000	
无形资产	6 000 000		负债合计	32 514 000	
开发支出			所有者权益（或股东权益）：		
商誉			实收资本（或股本）	50 000 000	
长期待摊费用			其他权益工具		
递延所得税资产			其中：优先股		
其他非流动资产	2 000 000		永续债		
非流动资产合计	33 500 000		资本公积		
			减：库存股		
			其他综合收益		
			盈余公积	1 000 000	
			未分配利润	500 000	
			所有者权益（或股东权益）合计	51 500 000	
资产总计	84 014 000		负债和所有者权益（或股东权益）总计	84 014 000	

2024年浙江美华机械有限公司发生如下经济业务：

（1）收到银行通知，用银行存款支付到期的商业承兑汇票1 000 000元。

（2）购入原材料一批，收到的增值税专用发票上注明的原材料价款为1 500 000元，增值税进项税额为195 000元，款项已通过银行转账支付，材料尚未验收入库。

（3）收到原材料一批，实际成本1 000 000元，计划成本950 000元，材料已验收入库，货款已于上月支付。

（4）用银行汇票支付采购材料价款，公司收到开户银行转来的银行汇票多余款收账通知，通知上填写的多余款为42 260元，购入材料998 000元，支付增值税进项税额129 740元。材料已验收入库，该批原材料计划成本1 000 000元。

（5）销售产品一批，开出的增值税专用发票上注明的价款为3 000 000元，增值税销项税额为390 000元，货款尚未收到。该批产品实际成本1 800 000元，产品已发出。

（6）公司将交易性金融资产（股票投资）出售，取得价款165 000元。该投资的成本为130 000元，公允价值变动为增值20 000元，处置收益为15 000元。假设不考虑相关税金。

（7）购入不需要安装的设备一台，收到的增值税专用发票上注明的设备价款为854 700元，增值税进项税额为111 111元，支付包装费、运杂费10 000元（增值税1 300元）。价款及包装费、运杂费均以银行存款支付，设备已交付使用。

（8）购入工程物资一批用于建造职工集体宿舍，收到的增值税专用发票上注明的物资价款和增值税进项税额合计为1 500 000元，款项已通过银行转账支付。

（9）工程本年度发生应付职工薪酬2 280 000元。

（10）一项工程完工交付生产使用，已办理竣工手续，固定资产价值14 000 000元。

（11）基本生产车间处置一台机床，原价2 000 000元，已提折旧1 800 000元；清理费用5 000元，增值税进项税额650元；残值收入8 000元，增值税销项税额1 040元，均通过银行存款收支。该项固定资产已清理完毕。

（12）从银行借入3年期借款10 000 000元，款项已存入银行账户。

（13）销售产品一批，开出的增值税专用发票上注明的销售价款为7 000 000元，增值税销项税额为910 000元，款项已存入银行。销售产品的实际成本为4 200 000元。

（14）公司将到期的一张面值为2 000 000元的无息银行承兑汇票（不含增值税），连同解讫通知和进账单交银行办理转账。收到银行盖章退回的进账单一联。款项银行已收妥。

（15）公司出售一台不需用设备，不含税售价3 000 000元，增值税销项税额390 000元，该设备原价4 000 000元，已提折旧1 500 000元。该项设备已由购入单位运走，不考虑相关的税费。

（16）通过公开市场交易取得交易性金融资产（股票投资），价款1 030 000元，交易费用20 000元，已通过证券资金账户转账支付。假设不考虑相关税费。

（17）支付本年度工资5 000 000元，其中包括支付在建工程人员的工资2 000 000元。

（18）分配应支付的职工工资3 000 000元（不包括在建工程应负担的工资），其中生产人员薪酬2 750 000元，车间管理人员薪酬100 000元，行政管理部门人员薪酬150 000元。

（19）提取职工福利费420 000元（不包括在建工程应负担的福利费280 000元），其中生产人员福利费385 000元，车间管理人员福利费14 000元，行政管理部门人员福利费21 000元。

（20）基本生产车间领用原材料，计划成本为7 000 000元，领用低值易耗品，计划成本500 000元，采用一次摊销法核算。

（21）结转基本生产车间领用原材料和低值易耗品应分摊的材料成本差异。材料成本差异率为5%。

（22）对行政管理部门使用的无形资产进行摊销，金额为600 000元；以银行存款支付本年基本生产车间应负担的电费900 000元，相关增值税税金117 000元。

（23）计提固定资产折旧1 000 000元，其中计入制造费用800 000元，计入管理费用200 000元。计提固定资产减值准备300 000元。

（24）收到应收账款510 000元，存入银行。计提应收账款坏账准备9 000元。

（25）用银行存款支付本期发生的广告牌制作费100 000元，增值税进项税额13 000元。

（26）计算并结转本期完工产品成本12 824 000元。期末没有在产品，本期生产的产品全部完工入库。

（27）公司发生业务招待费90 200元（含税），已用银行存款支付。

（28）公司采用商业承兑汇票结算方式销售产品一批，开出的增值税专用发票上注明的销售价款为2 500 000元，增值税销项税额为325 000元，收到2 825 000元的商业承兑汇票一张，所售产品实际成本为1 500 000元。

（29）公司将下月即将到期的2 925 000元的商业承兑汇票到银行办理贴现，贴现息为200 000元。

（30）公司本期产品销售应交纳的教育费附加为30 000元。

（31）用银行存款交纳增值税1 000 000元；教育费附加30 000元。（假设不考虑地方教育附加）

（32）本期在建工程应负担的长期借款利息费用2 000 000元，长期借款为分期付息。

（33）本期应计入损益的长期借款利息费用100 000元，长期借款为分期付息。

（34）归还短期借款本金2 500 000元。

（35）支付长期借款利息2 100 000元。

（36）归还长期借款本金6 000 000元。

（37）上年度销售产品一批，开出的增值税专用发票上注明的销售价款为100 000元，增值税销项税额为13 000元，购货方开出商业承兑汇票。本期由于购货方发生财务困难，无法按合同规定偿还债务，经双方协议，公司同意购货方用产品抵偿该应收票据。用于抵债的产品市价为80 000元，增值税税率为13%。

（38）持有的交易性金融资产2024年12月31日的公允价值为1 050 000元。

（39）结转本期产品销售成本7 500 000元。

（40）假设本例中，除计提固定资产减值准备300 000元造成固定资产账面价值与其计税基础存在差异外，不考虑其他项目的所得税影响。企业按照税法规定计算确定的应交所得税为948 650元，递延所得税资产为75 000元。

（41）将各收支科目结转本年净利润。

（42）按照净利润的10%提取法定盈余公积。

（43）将利润分配各明细科目的余额转入“未分配利润”明细科目，结转本年利润。

（44）用银行存款交纳当年应交所得税。

【要求】根据上述业务资料，编制公司2024年度经济业务的会计分录，并在此基础上编制资产负债表。

【分析提示】根据上述业务资料，编制会计分录如下：

（1）借：应付票据	1 000 000	
贷：银行存款		1 000 000
（2）借：材料采购	1 500 000	
应交税费——应交增值税（进项税额）	195 000	
贷：银行存款		1 695 000

（3）借：原材料	950 000	
材料成本差异	50 000	
贷：材料采购		1 000 000
（4）借：材料采购	998 000	
银行存款	42 260	
应交税费——应交增值税（进项税额）	129 740	
贷：其他货币资金		1 170 000
借：原材料	1 000 000	
贷：材料采购		998 000
材料成本差异		2 000
（5）借：应收账款	3 390 000	
贷：主营业务收入		3 000 000
应交税费——应交增值税（销项税额）		390 000
（6）借：银行存款	165 000	
贷：交易性金融资产——成本		130 000
——公允价值变动		20 000
投资收益		15 000
借：公允价值变动损益	20 000	
贷：投资收益		20 000
（7）借：固定资产	864 700	
应交税费——应交增值税（进项税额）	112 411	
贷：银行存款		977 111
（8）借：工程物资	1 500 000	
贷：银行存款		1 500 000
（9）借：在建工程	2 280 000	
贷：应付职工薪酬		2 280 000
（10）借：固定资产	14 000 000	
贷：在建工程		14 000 000
（11）借：固定资产清理	200 000	
累计折旧	1 800 000	
贷：固定资产		2 000 000
借：固定资产清理	5 000	
应交税费——应交增值税（进项税额）	650	
贷：银行存款		5 650
借：银行存款	9 040	
贷：固定资产清理		8 000
应交税费——应交增值税（销项税额）		1 040
借：资产处置损益	197 000	
贷：固定资产清理		197 000

（12）借：银行存款	10 000 000	
贷：长期借款		10 000 000
（13）借：银行存款	7 910 000	
贷：主营业务收入		7 000 000
应交税费——应交增值税（销项税额）		910 000
（14）借：银行存款	2 000 000	
贷：应收票据		2 000 000
（15）借：固定资产清理	2 500 000	
累计折旧	1 500 000	
贷：固定资产		4 000 000
借：银行存款	3 390 000	
贷：固定资产清理		3 000 000
应交税费——应交增值税（销项税额）		390 000
借：固定资产清理	500 000	
贷：资产处置损益		500 000
（16）借：交易性金融资产	1 030 000	
投资收益	20 000	
贷：其他货币资金		1 050 000
（17）借：应付职工薪酬	5 000 000	
贷：银行存款		5 000 000
（18）借：生产成本	2 750 000	
制造费用	100 000	
管理费用	150 000	
贷：应付职工薪酬——工资		3 000 000
（19）借：生产成本	385 000	
制造费用	14 000	
管理费用	21 000	
贷：应付职工薪酬——职工福利费		420 000
（20）借：生产成本	7 000 000	
贷：原材料		7 000 000
借：制造费用	500 000	
贷：周转材料——低值易耗品		500 000
（21）借：生产成本	350 000	
制造费用	25 000	
贷：材料成本差异		375 000
（22）借：管理费用——无形资产摊销	600 000	
贷：累计摊销		600 000
借：制造费用——电费	900 000	
应交税费——应交增值税（进项税额）	117 000	

贷：银行存款		1 017 000
（23）借：制造费用——折旧费	800 000	
管理费用——折旧费	200 000	
贷：累计折旧		1 000 000
借：资产减值损失	300 000	
贷：固定资产减值准备		300 000
（24）借：银行存款	510 000	
贷：应收账款		510 000
借：资产减值损失	9 000	
贷：坏账准备		9 000
（25）借：销售费用——制作费	100 000	
应交税费——应交增值税（进项税额）	13 000	
贷：银行存款		113 000
（26）借：生产成本	2 339 000	
贷：制造费用		2 339 000
借：库存商品	12 824 000	
贷：生产成本		12 824 000
（27）借：管理费用——业务招待费	90 200	
贷：银行存款		90 200
（28）借：应收票据	2 825 000	
贷：主营业务收入		2 500 000
应交税费——应交增值税（销项税额）		325 000
（29）借：财务费用	200 000	
银行存款	2 725 000	
贷：应收票据		2 925 000
（30）借：税金及附加	30 000	
贷：应交税费——应交教育费附加		30 000
（31）借：应交税费——应交增值税（已交税金）	1 000 000	
——应交教育费附加	30 000	
贷：银行存款		1 030 000
（32）借：在建工程	2 000 000	
贷：应付利息		2 000 000
（33）借：财务费用	100 000	
贷：应付利息		100 000
（34）借：短期借款	2 500 000	
贷：银行存款		2 500 000
（35）借：应付利息	2 100 000	
贷：银行存款		2 100 000

（36）借：长期借款　　6 000 000
　　贷：银行存款　　6 000 000
（37）借：库存商品　　80 000
　　应交税费——应交增值税（进项税额）　　10 400
　　其他业务成本　　22 600
　　贷：应收票据　　113 000
（38）借：交易性金融资产——公允价值变动　　20 000
　　贷：公允价值变动损益　　20 000
（39）借：主营业务成本　　7 500 000
　　贷：库存商品　　7 500 000
（40）借：所得税费用　　948 650
　　贷：应交税费——应交所得税　　948 650
借：递延所得税资产　　75 000
　　贷：所得税费用　　75 000
（41）借：主营业务收入　　12 500 000
　　资产处置损益　　303 000
　　投资收益　　15 000
　　贷：本年利润　　12 818 000
借：本年利润　　9 323 400
　　贷：主营业务成本　　7 500 000
　　税金及附加　　30 000
　　销售费用　　100 000
　　管理费用　　1 061 200
　　财务费用　　300 000
　　资产减值损失　　309 000
　　营业外支出　　23 200
所得税费用=948 650−75 000=873 650（元）
借：本年利润　　873 650
　　贷：所得税费用　　873 650
（42）提取法定盈余公积数额=（12 818 000−9 323 400−873 650）×10%=262 095（元）
借：利润分配——提取法定盈余公积　　262 095
　　贷：盈余公积——法定盈余公积　　262 095
（43）借：利润分配——未分配利润　　262 095
　　贷：利润分配——提取法定盈余公积　　262 095
借：本年利润　　2 620 950
　　贷：利润分配——未分配利润　　2 620 950
（44）借：应交税费——应交所得税　　948 650
　　贷：银行存款　　948 650
根据上述业务资料，编制2024年年末资产负债表（具体见表12-13）。

表 12-13　　资产负债表　　会企 01 表

编制单位：浙江美华机械有限责任公司　2024 年 12 月 31 日　　单位：元

资产	期末余额	上年年末余额	负债和所有者权益（或股东权益）	期末余额	上年年末余额
流动资产：			流动负债：		
货币资金	14 617 689	14 063 000	短期借款	500 000	3 000 000
交易性金融资产	1 050 000	150 000	交易性金融负债		
衍生金融资产			衍生金融负债		
应收票据	244 000	2 460 000	应付票据	1 000 000	2 000 000
应收账款	6 862 000	3 991 000	应付账款	9 548 000	9 548 000
预付款项	1 000 000	1 000 000	预收款项		
其他应收款	3 050 000	3 050 000	合同负债		
存货	25 827 000	25 800 000	应付职工薪酬	1 800 000	1 100 000
合同资产			应交税费	801 439	366 000
持有待售资产			其他应付款	500 000	500 000
一年内到期的非流动资产			持有待售负债		
其他流动资产			一年内到期的非流动负债		
流动资产合计	52 650 689	50 514 000	其他流动负债		10 000 000
非流动资产：			流动负债合计	14 149 439	26 514 000
债权投资			非流动负债：		
其他债权投资			长期借款	10 000 000	6 000 000
长期应收款			应付债券		
长期股权投资	2 500 000	2 500 000	其中：优先股		
其他权益工具投资			永续债		
其他非流动金融资产			长期应付款	10 000 000	
投资性房地产			预计负债		
固定资产	18 864 700	8 000 000	递延收益		
在建工程	6 780 000	15 000 000	递延所得税负债		
生产性生物资产			其他非流动负债		
油气资产			非流动负债合计	20 000 000	6 000 000
无形资产	5 400 000	6 000 000	负债合计	34 149 439	32 514 000
开发支出			所有者权益（或股东权益）：		
商誉			实收资本（或股本）	50 000 000	50 000 000
长期待摊费用	2 000 000		其他权益工具		
递延所得税资产	75 000		其中：优先股		
其他非流动资产		2 000 000	永续债		
非流动资产合计	35 619 700	33 500 000	资本公积		
			减：库存股		
			其他综合收益		
			盈余公积	1 524 190	1 000 000
			未分配利润	2 596 760	500 000
			所有者权益（或股东权益）合计	54 120 950	51 500 000
资产总计	88 270 389	84 014 000	负债和所有者权益（或股东权益）总计	88 270 389	84 014 000

任务2 利润表编制业务

利润表是指反映企业在一定会计期间的经营成果的报表。

任务2

利润表编制业务

一、利润表的基本结构

通过利润表，可以反映企业在一定会计期间收入、费用、利润（或亏损）的数额和构成情况，帮助财务报表使用者全面了解企业的经营成果，分析企业的获利能力及盈利增长趋势，从而为其作出经济决策提供依据。

票据百宝箱

利润表的格式主要包括多步式利润表和单步式利润表两种。我国企业的利润表采用多步式格式，具体见表12-14。

表12-14　利润表　会企02表

编制单位：　年　月　单位：元

项　目	本期金额	上期金额
一、营业收入		
减：营业成本		
税金及附加		
销售费用		
管理费用		
研发费用		
财务费用		
其中：利息费用		
利息收入		
加：其他收益		
投资收益（损失以“-”号填列）		
其中：对联营企业和合营企业的投资收益		
以摊余成本计量的金融资产终止确认收益（损失以“-”号填列）		
净敞口套期收益（损失以“-”号填列）		
公允价值变动收益（损失以“-”号填列）		
信用减值损失（损失以“-”号填列）		
资产减值损失（损失以“-”号填列）		
资产处置收益（损失以“-”号填列）		
二、营业利润（亏损以“-”号填列）		
加：营业外收入		
减：营业外支出		
三、利润总额（亏损总额以“-”号填列）		
减：所得税费用		
四、净利润（净亏损以“-”号填列）		
（一）持续经营净利润（净亏损以“-”号填列）		
（二）终止经营净利润（净亏损以“-”号填列）		
五、其他综合收益的税后净额		
（一）不能重分类进损益的其他综合收益		
1.重新计量设定受益计划变动额		
2.权益法下不能转损益的其他综合收益		
3.其他权益工具投资公允价值变动		
4.企业自身信用风险公允价值变动		
…		

续表

项　目	本期金额	上期金额
（二）将重分类进损益的其他综合收益		
1.权益法下可转损益的其他综合收益		
2.其他债权投资公允价值变动		
3.金融资产重分类计入其他综合收益的金额		
4.其他债权投资信用减值准备		
5.现金流量套期储备		
6.外币财务报表折算差额		
…		
六、综合收益总额		
七、每股收益：		
（一）基本每股收益		
（二）稀释每股收益		

二、利润表的编制方法

（一）利润表项目的填列方法

我国企业利润表的主要编制步骤和内容如下：

第一步，以营业收入为基础，减去营业成本、税金及附加、销售费用、管理费用、研发费用、财务费用、信用减值损失、资产减值损失，加上其他收益、投资收益（减去投资损失）、净敞口套期收益、公允价值变动收益（减去公允价值变动损失）、资产处置收益（减去资产处置损失），计算出营业利润。

第二步，以营业利润为基础，加上营业外收入，减去营业外支出，计算出利润总额。

第三步，以利润总额为基础，减去所得税费用，计算出净利润（或净亏损）。

第四步，以净利润（或净亏损）和其他综合收益的税后净额为基础，计算综合收益总额。

视频

利润表编制

第五步，计算每股收益。

利润表各项目均需填列“本期金额”和“上期金额”两栏。其中“上期金额”栏内各项数字，应根据上年该期利润表的“本期金额”栏内所列数字填列。“本期金额”栏内各期数字，除“基本每股收益”和“稀释每股收益”项目外，应当按照相关科目的发生额分析填列。如“营业收入”项目，根据“主营业务收入”“其他业务收入”科目的发生额分析计算填列；“营业成本”项目，根据“主营业务成本”“其他业务成本”科目的发生额分析计算填列。

实务案例12-7

【背景资料】浙江美华机械有限责任公司发生相关经济业务如下：

业务1：公司2023年度利润表中“营业收入”的项目金额为：“主营业务收入”科目的贷方发生额为33 000 000元，借方发生额为200 000元（系11月份发生的购买方退货）；“其他业务收入”科目的贷方发生额为2 000 000元。

业务2：2023年度“主营业务成本”科目的借方发生额为30 000 000元；2023年12月8日，当年9月销售给红星公司的一批产品由于质量问题被退回，该项销售已确认成本

1 800 000元；“其他业务成本”科目借方发生额为800 000元。

业务3：公司2023年12月31日“资产减值损失”科目当年的借方发生额为680 000元，贷方发生额为320 000元。

业务4：公司2023年“公允价值变动损益”科目的贷方发生额为900 000元，借方发生额为120 000元。

业务5：截至2024年12月31日，公司“主营业务收入”科目发生额为1 990 000元，“主营业务成本”科目发生额为630 000元，“其他业务收入”科目发生额为500 000元，“其他业务成本”科目发生额为150 000元，“税金及附加”科目发生额为780 000元，“销售费用”科目发生额为60 000元，“管理费用”科目发生额为50 000元，“财务费用”科目发生额为170 000元，“资产减值损失”科目借方发生额为50 000元（无贷方发生额），“公允价值变动损益”科目为借方发生额450 000元（无贷方发生额），“投资收益”科目贷方发生额为850 000元（无借方发生额），“营业外收入”科目发生额为100 000元，“营业外支出”科目发生额为40 000元，“所得税费用”科目发生额为171 600元。

【要求】根据上述业务资料，完成利润表相关项目的填列。

【分析提示】具体见表12-15。

表12-15 利润表项目填列计算表 单位：元

业务	报表项目	填列金额	计算过程
1	营业收入	34 800 000	“主营业务收入”总账科目余额+“其他业务收入”总账科目余额=（33 000 000-200 000）+2 000 000=34 800 000（元）
2	营业成本	29 000 000	“主营业务成本”总账科目余额+“其他业务成本”总账科目余额=（30 000 000-1 800 000）+800 000=29 000 000（元）
3	资产减值损失	360 000	“资产减值损失”总账科目借方发生额减去贷方发生额后的余额=680 000-320 000=360 000（元）
4	公允价值变动收益	780 000	“公允价值变动损益”总账科目贷方发生额减去借方发生额后的余额=900 000-120 000=780 000（元）
5	营业利润	1 000 000	营业利润=1 990 000+500 000-630 000-150 000-780 000-60 000-50 000-170 000-50 000-450 000+850 000=1 000 000（元）
	利润总额	1 060 000	利润总额=1 000 000+100 000-40 000=1 060 000（元）
	净利润	888 400	净利润=1 060 000-171 600=888 400（元）

拓展训练

利润表

（二）利润表项目的填列说明（具体见表12-16）

表12-16　　利润表项目的填列说明

报表项目	具体内容	填列方法
营业收入	反映企业经营主要业务和其他业务所确认的收入总额	本项目应根据“主营业务收入”和“其他业务收入”科目的发生额分析填列
营业成本	反映企业经营主要业务和其他业务所发生的成本总额	本项目应根据“主营业务成本”和“其他业务成本”科目的发生额分析填列
税金及附加	反映企业经营业务应负担的消费税、城市维护建设税、房产税、城镇土地使用税、印花税、车船税、土地增值税和教育费附加等	本项目应根据“税金及附加”科目的发生额分析填列
销售费用	反映企业在销售商品过程中发生的包装费、广告费等费用和为销售本企业商品而专设的销售机构的职工薪酬、业务费等经营费用	本项目应根据“销售费用”科目的发生额分析填列
管理费用	反映企业为组织和管理生产经营发生的管理费用	本项目应根据“管理费用”科目的发生额扣除研发费用后分析填列
研发费用	反映企业研究与开发过程中发生的费用化支出	本项目应根据“管理费用”科目下的“研发费用”明细科目的发生额分析填列
财务费用	反映企业为筹集生产经营所需资金等而发生的筹资费用	本项目应根据“财务费用”科目的发生额分析填列
其他收益	反映计入其他收益的政府补助等	本项目应根据“其他收益”科目的发生额分析填列
投资收益	反映企业以各种方式对外投资所取得的收益	本项目应根据“投资收益”科目的发生额分析填列；如为投资损失，本项目以“-”号填列
净敞口套期收益	反映净敞口套期下被套期项目累计公允价值变动转入当期损益的金额或现金流量套期储备转入当期损益的金额	本项目应根据“净敞口套期损益”科目的发生额分析填列；如为套期损失，以“-”号填列
公允价值变动收益	反映企业应当计入当期损益的资产或负债公允价值变动收益	本项目应根据“公允价值变动损益”科目的发生额分析填列；如为净损失，本项目以“-”号填列
信用减值损失	反映企业计提的各项金融工具减值准备所确认的信用损失	本项目应根据“信用减值损失”科目的发生额分析填列
资产减值损失	反映企业各项资产发生的减值损失	本项目应根据“资产减值损失”科目的发生额分析填列
资产处置收益	反映企业出售划分为持有待售的非流动资产（金融工具、长期股权投资和投资性房地产除外）或处置组（子公司和业务除外）时确认的处置利得或损失，以及处置未划分为持有待售的固定资产、在建工程、生产性生物资产及无形资产而产生的处置利得或损失。债务重组中因处置非流动资产（金融工具、长期股权投资和投资性房地产除外）产生的利得或损失和非货币性资产交换中换出非流动资产（金融工具、长期股权投资和投资性房地产除外）产生的利得或损失也包括在本项目内	本项目应根据“资产处置损益”科目的发生额分析填列；如为处置损失，本项目以“-”号填列
营业利润	反映企业实现的营业利润；如为亏损，本项目以“-”号填列	
营业外收入	反映企业发生的营业利润以外的收益，主要包括与企业日常活动无关的政府补助、盘盈利得、捐赠利得等	本项目应根据“营业外收入”科目的发生额分析填列
营业外支出	反映企业发生的营业利润以外的支出，主要包括公益性捐赠支出、非常损失、盘亏损失、非流动资产毁损报废损失等	本项目应根据“营业外支出”科目的发生额分析填列
利润总额	反映企业实现的利润；如为亏损，本项目以“-”号填列	
所得税费用	反映企业应从当期利润总额中扣除的所得税费用	本项目应根据“所得税费用”科目的发生额分析填列
净利润	反映企业实现的净利润；如为亏损，本项目以“-”号填列	
其他综合收益的税后净额	反映企业根据企业会计准则的规定未在损益中确认的各项利得和损失扣除所得税影响后的净额	
综合收益总额	反映企业净利润与其他综合收益的税后净额的合计金额	
每股收益	包括基本每股收益和稀释每股收益两项指标，反映普通股或潜在普通股已公开交易的企业，以及正处在公开发行普通股或潜在普通股过程中的企业的每股收益信息	

实务案例 12-8

【背景资料】浙江美华机械有限责任公司2024年度利润表项目本年累计发生额见表12-17。

表 12-17　　2024年度利润表项目本年累计发生额　　单位：元

科目名称	借方发生额	贷方发生额
营业收入		12 500 000
营业成本	7 500 000	
税金及附加	30 000	
销售费用	100 000	
管理费用	1 061 200	
财务费用	300 000	
投资收益		15 000
资产减值损失	309 000	
资产处置损益		303 000
营业外支出	232 000	
所得税费用	873 650	

【要求】根据上述业务资料，编制公司2024年度利润表。

【分析提示】具体见表12-18。

表 12-18　　利润表　　会企02表

编制单位：浙江美华机械有限责任公司　2024年12月份　单位：元

项　目	本期金额	上期金额
一、营业收入	12 500 000	（略）
减：营业成本	7 500 000	
税金及附加	30 000	
销售费用	100 000	
管理费用	1 061 200	
研发费用		
财务费用	300 000	
其中：利息费用		
利息收入		
加：其他收益		
投资收益（损失以“-”号填列）	15 000	
其中：对联营企业与合营企业的投资收益		
净敞口套期收益（损失以“-”号填列）		
公允价值变动收益（损失以“-”号填列）		
信用减值损失（损失以“-”号填列）		
资产减值损失（损失以“-”号填列）	-309 000	
资产处置收益（损失以“-”号填列）	303 000	
二、营业利润（亏损以“-”号填列）	3 517 800	
加：营业外收入		
减：营业外支出	23 200	
三、利润总额（亏损总额以“-”号填列）	3 494 600	
减：所得税费用	873 650	
四、净利润（净亏损以“-”号填列）	2 620 950	

续表

项　目	本月金额	本年累计金额（略）
（一）持续经营净利润（净亏损以“-”号填列）		
（二）终止经营净利润（净亏损以“-”号填列）		
五、其他综合收益的税后净额	（略）	
（一）不能重分类进损益的其他综合收益		
1.重新计量设定受益计划变动额		
2.权益法下不能转损益的其他综合收益		
3.其他权益工具投资公允价值变动		
4.企业自身信用风险公允价值变动		
…		
（二）将重分类进损益的其他综合收益		
1.权益法下可转损益的其他综合收益		
2.其他债权投资公允价值变动		
3.金融资产重分类计入其他综合收益的金额		
4.其他债权投资信用减值准备		
5.现金流量套期储备		
6.外币财务报表折算差额		
…		
六、综合收益总额	（略）	
七、每股收益：	（略）	
（一）基本每股收益		
（二）稀释每股收益		

任务3 所有者权益变动表编制业务

任务3

所有者权益变动表编制业务

所有者权益变动表是指反映构成所有者权益各组成部分当期增减变动情况的报表。

一、所有者权益变动表的基本结构

通过所有者权益变动表，既可以为报表使用者提供所有者权益总量增减变动的信息，也能为其提供所有者权益增减变动的结构性信息，特别是能够让报表使用者理解所有者权益增减变动的根源。

企业编制的所有者权益变动表至少应当单独列示反映下列信息的项目：①综合收益总额；②会计政策变更和前期差错更正的累积影响金额；③所有者投入（或减少）资本和向所有者分配利润等；④提取的盈余公积；⑤实收资本或资本公积、盈余公积、未分配利润的期初和期末余额及其调节情况。

票据百宝箱

所有者权益变动表以矩阵的形式列示：一方面，列示导致所有者权益变动的交易或事项，即所有者权益变动的来源，对一定时期所有者权益的变动情况进行全面反映；另一方面，按照所有者权益各组成部分（即实收资本、资本公积、盈余公积、未分配利润和库存股等）列示交易或事项对所有者权益各部分的影响。具体见表12-19。

表 12-19

所有者权益变动表

会企 04 表

编制单位：　　　　年度　　　　单位：元

项目	本年金额											上年金额										
	实收资本（或股本）	其他权益工具			资本公积	减：库存股	其他综合收益	专项储备	盈余公积	未分配利润	所有者权益合计	实收资本（或股本）	其他权益工具			资本公积	减：库存股	其他综合收益	专项储备	盈余公积	未分配利润	所有者权益合计
		优先股	永续债	其他									优先股	永续债	其他							
一、上年年末余额																						
加：会计政策变更																						
前期差错更正																						
其他																						
二、本年年初余额																						
三、本年增减变动金额（减少以“-”号填列）																						
（一）综合收益总额																						
（二）所有者投入和减少资本																						
1.所有者投入的普通股																						
2.其他权益工具持有者投入资本																						
3.股份支付计入所有者权益的金额																						
4.其他																						
（三）利润分配																						
1.提取盈余公积																						
2.对所有者（或股东）的分配																						
3.其他																						
（四）所有者权益内部结转																						
1.资本公积转增资本（或股本）																						
2.盈余公积转增资本（或股本）																						
3.盈余公积弥补亏损																						
4.设定受益计划变动额结转留存收益																						
5.其他综合收益结转留存收益																						
6.其他																						
四、本年年末余额																						

二、所有者权益变动表的编制方法

（一）所有者权益变动表项目的填列方法

所有者权益变动表各项目均需填列“本年金额”和“上年金额”两栏。所有者权益变动表“上年金额”栏内各项数字，应根据上年度所有者权益变动表“本年金额”栏内所列数字填列。上年度所有者权益变动表规定的各个项目的名称和内容同本年度不一致的，应对上年度所有者权益变动表各项目的名称和数字按照本年度的规定进行调整，填入所有者权益变动表的“上年金额”栏内。

所有者权益变动表“本年金额”栏内各项数字一般应根据“实收资本（或股本）”“资本公积”“盈余公积”“利润分配”“库存股”“以前年度损益调整”等科目的发生额分析填列。企业的净利润及其分配情况作为所有者权益变动的组成部分，不需要单独编制利润分配表列示。

（二）所有者权益变动表主要项目的填列说明（具体见表12-20）

表12-20　　所有者权益变动表主要项目的填列说明

报表项目		填列说明
上年年末余额		反映企业上年资产负债表中实收资本（或股本）、资本公积、库存股、其他综合收益、盈余公积、未分配利润等的年末余额
会计政策变更		反映企业采用追溯调整法处理的会计政策变更的累积影响金额
前期差错更正		反映企业采用追溯重述法处理的会计差错更正的累积影响金额
本年增减变动金额	综合收益总额	反映净利润和其他综合收益扣除所得税影响后的净额相加后的合计金额
	所有者投入和减少资本	反映企业当年所有者投入的资本和减少的资本，其中： ●“所有者投入的普通股”项目，反映企业接受投资者投入形成的实收资本（或股本）和资本溢价或股本溢价 ●“股份支付计入所有者权益的金额”项目，反映企业处于等待期中的权益结算的股份支付当年计入资本公积的金额
	利润分配	反映企业当年的利润分配金额
	所有者权益内部结转	反映企业构成所有者权益的组成部分之间的增减变动情况，其中： ●“资本公积转增资本（或股本）”项目，反映企业以资本公积转增资本或股本的金额 ●“盈余公积转增资本（或股本）”项目，反映企业以盈余公积转增资本或股本的金额 ●“盈余公积弥补亏损”项目，反映企业以盈余公积弥补亏损的金额

实务案例12-9

【背景资料】浙江美华机械有限责任公司2024年度期初所有者权益总额为51 500 000元，其中，“实收资本”项目50 000 000元，盈余公积1 000 000元，未分配利润500 000元，不存在任何会计政策变更、前期差错更正的会计事项。公司2024年度综合收益总额2 620 950元，提取盈余公积262 095元。假设不存在其他所有者权益变动事项。

拓展训练

所有者权益变动表

【要求】根据上述业务资料，编制公司2024年度所有者权益变动表。

【分析提示】具体见表12-21。

表 12-21

所有者权益变动表

编制单位：浙江美华机械有限责任公司　　2024 年度　　会企 04 表　　单位：元

项目	本年金额											上年金额										
	实收资本（或股本）	其他权益工具			资本公积	减：库存股	其他综合收益	专项储备	盈余公积	未分配利润	所有者权益合计	实收资本（或股本）	其他权益工具			资本公积	减：库存股	其他综合收益	专项储备	盈余公积	未分配利润	所有者权益合计
		优先股	永续债	其他									优先股	永续债	其他							
一、上年年末余额	50 000 000								1 000 000	500 000	51 500 000											
加：会计政策变更																						
前期差错更正																						
其他																						
二、本年年初余额	50 000 000								1 000 000	500 000	51 500 000											
三、本年增减变动金额（减少以“-”号填列）									262 095	2 358 855	2 620 950											
（一）综合收益总额										2 620 950	2 620 950											
（二）所有者投入和减少资本																						
1.所有者投入的普通股																						
2.其他权益工具持有者投入资本																						
3.股份支付计入所有者权益的金额																						
4.其他																						
（三）利润分配																						
1.提取盈余公积									262 095	-262 095	0											
2.对所有者（或股东）的分配																						
3.其他																						
（四）所有者权益内部结转																						
1.资本公积转增资本（或股本）																						
2.盈余公积转增资本（或股本）																						
3.盈余公积弥补亏损																						
4.设定受益计划变动额结转留存收益																						
5.其他综合收益结转留存收益																						
6.其他																						
四、本年年末余额	50 000 000								1 262 095	2 858 855	54 120 950											

任务4　现金流量表编制业务

任务4
现金流量表编制业务

现金流量表是反映企业在一定会计期间现金和现金等价物流入和流出情况的报表。

一、现金流量表的基本结构

通过现金流量表，可以为报表使用者提供企业一定会计期间内现金和现金等价物流入和流出的信息，便于使用者了解和评价企业获取现金和现金等价物的能力，据以预测企业未来现金流量。

现金流量是指一定会计期间内企业现金和现金等价物的流入和流出。企业从银行提取现金、用现金购买短期到期的国债等现金和现金等价物之间的转换不属于现金流量。

现金是指企业库存现金以及可以随时用于支付的存款，包括库存现金、银行存款和其他货币资金（如外埠存款、银行汇票存款、银行本票存款等）等。不能随时用于支付的存款不属于现金。现金等价物是指企业持有的期限短、流动性强、易于转换为已知金额现金、价值变动风险很小的投资。期限短，一般是指从购买日起三个月内到期。现金等价物通常包括三个月内到期的债券投资等。权益性投资变现的金额通常不确定，因而不属于现金等价物。企业应当根据具体情况，确定现金等价物的范围，一经确定不得随意变更。企业产生的现金流量分为经营活动产生的现金流量、投资活动产生的现金流量和筹资活动产生的现金流量三类。

（一）经营活动产生的现金流量

经营活动是指企业投资活动和筹资活动以外的所有交易和事项。经营活动主要包括销售商品、提供劳务、购买商品、接受劳务、支付工资和交纳税费等流入和流出现金和现金等价物的活动或事项。

（二）投资活动产生的现金流量

投资活动是指企业长期资产的购建和不包括在现金等价物范围内的投资及其处置活动。投资活动主要包括购建固定资产、处置子公司及其他营业单位等流入和流出现金和现金等价物的活动或事项。

（三）筹资活动产生的现金流量

筹资活动是指导致企业资本及债务规模和构成发生变化的活动。筹资活动主要包括吸收投资、发行股票、分配利润、发行债券、偿还债务等流入和流出现金和现金等价物的活动或事项。偿付应付账款、应付票据等商业应付款属于经营活动，不属于筹资活动。

票据百宝箱

我国企业现金流量表采用报告式结构，分类反映经营活动产生的现金流量、投资活动产生的现金流量和筹资活动产生的现金流量，最后汇总反映企业某一期间现金及现金等价物的净增加额（具体见表12-22）。

表 12-22　　现金流量表　　会企03表

编制单位：　　____年度　　单位：元

项　　目	本期金额	上期金额
一、经营活动产生的现金流量：		
销售商品、提供劳务收到的现金		
收到的税费返还		
收到其他与经营活动有关的现金		
经营活动现金流入小计		
购买商品、接受劳务支付的现金		
支付给职工以及为职工支付的现金		
支付的各项税费		
支付其他与经营活动有关的现金		
经营活动现金流出小计		
经营活动产生的现金流量净额		
二、投资活动产生的现金流量：		
收回投资收到的现金		
取得投资收益收到的现金		
处置固定资产、无形资产和其他长期资产收回的现金净额		
处置子公司及其他营业单位收到的现金净额		
收到其他与投资活动有关的现金		
投资活动现金流入小计		
购建固定资产、无形资产和其他长期资产支付的现金		
投资支付的现金		
取得子公司及其他营业单位支付的现金净额		
支付其他与投资活动有关的现金		
投资活动现金流出小计		
投资活动产生的现金流量净额		
三、筹资活动产生的现金流量：		
吸收投资收到的现金		
取得借款收到的现金		
收到其他与筹资活动有关的现金		
筹资活动现金流入小计		
偿还债务支付的现金		
分配股利、利润或偿付利息支付的现金		
支付其他与筹资活动有关的现金		
筹资活动现金流出小计		
筹资活动产生的现金流量净额		
四、汇率变动对现金及现金等价物的影响		
五、现金及现金等价物净增加额		
加：期初现金及现金等价物余额		

六、期末现金及现金等价物余额		

二、现金流量表的编制方法

（一）现金流量表的填列方法

企业一定期间的现金流量可分为三部分，即经营活动产生的现金流量、投资活动产生的现金流量和筹资活动产生的现金流量。现金流量表各项目均需填列“本期金额”和“上期金额”两栏。现金流量表“上期金额”栏内各项数字，应根据上一期间现金流量表“本期金额”栏内所列数字填列。编制现金流量表的方法主要包括直接法和间接法。两种方法各有不同特点。

在直接法下，一般是以利润表中的营业收入为起算点，调节与经营活动有关项目的增减变动，然后计算出经营活动产生的现金流量。在间接法下，则是以净利润为起算点，调整不涉及现金的收入、费用、营业外收支等有关项目，剔除投资活动、筹资活动对现金流量的影响，据此计算出经营活动产生的现金流量。相对于间接法而言，采用直接法编制的现金流量表，便于分析企业经营活动产生的现金流量的来源和用途、预测企业现金流量的未来前景。

企业会计准则规定，企业应当采用直接法列示经营活动产生的现金流量。采用直接法具体编制现金流量表时，可以采用工作底稿法或T形账户法，也可以根据有关科目记录分析填列。工作底稿法是以工作底稿为手段，以利润表和资产负债表数据为基础，结合有关科目的记录，对现金流量表的每一项目进行分析并编制调整分录，从而编制出现金流量表的一种方法。

实务工作中，会计人员可以利用财务软件，设置现金流量项目进行辅助登记，根据会计期间企业发生的经济业务逐一分析现金流量的明细项目，并据此编制现金流量表。

视频

现金流量表编制

（二）现金流量表主要项目填列说明

1.经营活动产生的现金流量项目的填列说明（具体见表12-23）

表12-23　经营活动产生的现金流量项目的填列说明

报表项目	填列说明
销售商品、提供劳务收到的现金	反映企业本期销售商品、提供劳务收到的现金，以及前期销售商品、提供劳务本期收到的现金（包括应向购买者收取的增值税销项税额）和本期预收的款项，减去本期销售本期退回商品和前期销售本期退回商品支付的现金。企业销售材料和代购代销业务收到的现金，也在本项目反映
收到的税费返还	反映企业收到返还的所得税、增值税、消费税、关税和教育费附加等各种税费返还款
收到其他与经营活动有关的现金	反映企业经营租赁收到的租金等其他与经营活动有关的现金流入；金额较大的应当单独列示
购买商品、接受劳务支付的现金	反映企业本期购买商品、接受劳务实际支付的现金（包括增值税进项税额），以及本期支付前期购买商品、接受劳务的未付款项和本期预付款项，减去本期发生的购货退回收到的现金。企业购买材料和代购代销业务支付的现金，也在本项目反映
支付给职工以及为职工支付的现金	反映企业实际支付给职工的工资、奖金、各种津贴和补贴等职工薪酬（包括代扣代缴的职工个人所得税）
支付的各项税费	反映企业发生并支付、前期发生本期支付以及预交的各项税费，包括所得税、增值税、消费税、印花税、房产税、土地增值税、车船税、教育费附加等

支付其他与经营活动有关的现金	反映企业支付的差旅费、业务招待费、保险费、罚款支出等其他与经营活动有关的现金流出；金额较大的应当单独列示

2.投资活动产生的现金流量项目的填列说明（具体见表12-24）

表12-24 投资活动产生的现金流量项目的填列说明

报表项目	填列说明
收回投资收到的现金	反映企业出售、转让或到期收回除现金等价物以外的对其他企业长期股权投资等收到的现金，但处置子公司及其他营业单位收到的现金净额除外
取得投资收益收到的现金	反映企业除现金等价物以外的对其他企业的长期股权投资等分回的现金股利和利息等
处置固定资产、无形资产和其他长期资产收回的现金净额	反映企业出售、报废固定资产、无形资产和其他长期资产所取得的现金（包括因资产毁损而收到的保险赔偿收入），减去为处置这些资产而支付的有关费用后的净额
处置子公司及其他营业单位收到的现金净额	反映企业处置子公司及其他营业单位所取得的现金，减去相关处置费用以及子公司及其他营业单位持有的现金和现金等价物后的净额
购建固定资产、无形资产和其他长期资产支付的现金	反映企业购买、建造固定资产、取得无形资产和其他长期资产所支付的现金（含增值税款等），以及用现金支付的应由在建工程和无形资产负担的职工薪酬
投资支付的现金	反映企业取得除现金等价物以外的对其他企业的长期股权投资等所支付的现金以及支付的佣金、手续费等附加费用，但取得子公司及其他营业单位支付的现金净额除外
取得子公司及其他营业单位支付的现金净额	反映企业购买子公司及其他营业单位购买出价中以现金支付的部分，减去子公司及其他营业单位持有的现金和现金等价物后的净额
收到其他与投资活动有关的现金	反映企业除上述项目外收到或支付的其他与投资活动有关的现金；金额较大的应当单独列示
支付其他与投资活动有关的现金	

3.筹资活动产生的现金流量项目的填列说明（具体见表12-25）

表12-25 筹资活动产生的现金流量项目的填列说明

报表项目	填列说明
吸收投资收到的现金	反映企业以发行股票、债券等方式筹集资金实际收到的款项（发行收入减去支付的佣金等发行费用后的净额）
取得借款收到的现金	反映企业举借各种短期、长期借款而收到的现金
偿还债务支付的现金	反映企业为偿还债务本金而支付的现金
分配股利、利润或偿付利息支付的现金	反映企业实际支付的现金股利、支付给其他投资单位的利润或用现金支付的借款利息、债券利息
收到其他与筹资活动有关的现金	反映企业除上述项目外收到或支付的其他与筹资活动有关的现金；金额较大的应当单独列示

支付其他与筹资活动有关的现金	

4.“汇率变动对现金及现金等价物的影响”项目的填列说明

“汇率变动对现金及现金等价物的影响”项目，反映下列两个金额之间的差额：①企业外币现金流量折算为记账本位币时，采用现金流量发生日的即期汇率或按照系统合理的方法确定的、与现金流量发生日即期汇率近似的汇率折算的金额（编制合并现金流量表时折算境外子公司的现金流量，应当比照处理）；②企业外币现金及现金等价物净增加额按资产负债表日即期汇率折算的金额。

实务案例 12-10

【背景资料】浙江美华机械有限责任公司为一般纳税人，适用的增值税税率为13%，所得税税率为25%；原材料采用计划成本进行核算，公司设置现金流量项目进行辅助登记。本案例沿用资产负债表（表12-13）、利润表（表12-18）等“案例分析”的相关业务资料。

【要求】根据上述业务资料，编制公司2024年度现金流量表。

【分析提示】根据相关业务资料进行逐一分析，确认相关现金流量填制项目，并在此基础上编制现金流量表（具体见表12-26）。

现金流量分析明细表

表12-26 现金流量表 会企03表

编制单位：浙江美华机械有限责任公司 2024年度 单位：元

项　　目	本期金额	上期金额
一、经营活动产生的现金流量：		
销售商品、提供劳务收到的现金	13 145 000	（略）
收到的税费返还	0	
收到其他与经营活动有关的现金	0	
经营活动现金流入小计	13 145 000	
购买商品、接受劳务支付的现金	4 839 740	
支付给职工以及为职工支付的现金	3 000 000	
支付的各项税费	1 978 650	
支付其他与经营活动有关的现金	203 200	
经营活动现金流出小计	10 021 590	
经营活动产生的现金流量净额	3 123 410	
二、投资活动产生的现金流量：		
收回投资收到的现金	165 000	
取得投资收益收到的现金	0	
处置固定资产、无形资产和其他长期资产收回的现金净额	3 393 390	
处置子公司及其他营业单位收到的现金净额	0	
收到其他与投资活动有关的现金	0	
投资活动现金流入小计	3 558 390	
购建固定资产、无形资产和其他长期资产支付的现金	4 477 111	

投资支付的现金	1 050 000	
取得子公司及其他营业单位支付的现金净额	0	
支付其他与投资活动有关的现金	0	

续表

项目	本期金额	上期金额
投资活动现金流出小计	5 527 111	
投资活动产生的现金流量净额	-1 968 721	
三、筹资活动产生的现金流量：		
吸收投资收到的现金	0	
取得借款收到的现金	10 000 000	
收到其他与筹资活动有关的现金	0	
筹资活动现金流入小计	10 000 000	
偿还债务支付的现金	8 500 000	
分配股利、利润或偿付利息支付的现金	2 100 000	
支付其他与筹资活动有关的现金	0	
筹资活动现金流出小计	10 600 000	
筹资活动产生的现金流量净额	-600 000	
四、汇率变动对现金及现金等价物的影响	0	
五、现金及现金等价物净增加额	554 689	
加：期初现金及现金等价物余额	14 063 000	
六、期末现金及现金等价物余额	14 617 689	

拓展训练

现金流量表

任务5 会计报表附注编制业务

附注是对资产负债表、利润表、现金流量表和所有者权益变动表等报表中列示项目的文字描述或明细资料，以及对未能在这些报表中列示项目的说明等。

一、会计报表附注的基本作用

附注主要起到两方面的作用：①附注的披露，对资产负债表、利润表、现金流量表和所有者权益变动表列示项目的含义进行补充说明，帮助使用者更准确地把握其含义。例如，通过阅读附注中披露的固定资产折旧政策的说明，使用者可以掌握报告企业与其他企业在固定资产折旧政策上的异同，以便进行更准确的比较。②附注提供了对资产负债表、利润表、现金流量表和所有者权益变动表中未列示项目的详细或明细说明。例如，通过阅读附注中披露的存货增减变动情况，使用者可以了解资产负债表中未单列的存货分类信息。

通过附注与资产负债表、利润表、现金流量表和所有者权益变动表列示项目的相互参照关系，以及对未能在报表中列示项目的说明，可以使报表使用者全面了解企业的财务状况、经营成果和现金流量。

二、会计报表附注的主要内容

附注是财务报表的重要组成部分。企业应当按照如下顺序披露附注的内容：

（一）企业的基本情况

①企业注册地、组织形式和总部地址。

②企业的业务性质和主要经营活动。

③母公司以及集团最终母公司的名称。

④财务报告的批准报出者和财务报告批准报出日。

⑤营业期限有限的企业，还应当披露有关营业期限的信息。

（二）财务报表的编制基础

财务报表的编制基础是指财务报表是在持续经营基础上还是非持续经营基础上编制的。企业一般是在持续经营基础上编制财务报表，清算、破产属于非持续经营基础。

（三）遵循企业会计准则的声明

企业应当声明编制的财务报表符合企业会计准则的要求，真实、完整地反映了企业的财务状况、经营成果和现金流量等有关信息，以此明确企业编制财务报表所依据的制度基础。

（四）重要会计政策和会计估计

企业应当披露采用的重要会计政策和会计估计，不重要的会计政策和会计估计可以不披露。在披露重要会计政策和会计估计时，企业应当披露重要会计政策的确定依据和财务报表项目的计量基础，以及会计估计中所采用的关键假设和不确定因素。

会计政策的确定依据，主要是指企业在运用会计政策过程中所作的对报表中确认的项目金额最具影响的判断，有助于使用者理解企业选择和运用会计政策的背景，增加财务报表的可理解性。财务报表项目的计量基础，是指企业计量该项目采用的是历史成本、重置成本、可变现净值、现值还是公允价值，这直接影响使用者对财务报表的理解和分析。

在确定报表中确认的资产和负债的账面价值过程中，企业有时需要对不确定的未来事项在资产负债表日对这些资产和负债的影响加以估计，如企业预计固定资产未来现金流量采用的折现率和假设。这类假设的变动对这些资产和负债项目金额的确定影响很大，有可能会在下一个会计年度内作出重大调整，因此，强调此类事项的披露要求，有助于提高财务报表的可理解性。

（五）会计政策和会计估计变更以及差错更正的说明

企业应当按照会计政策、会计估计变更和差错更正会计准则的规定，披露会计政策和会计估计变更以及差错更正的有关情况。

（六）报表重要项目的说明

企业对报表重要项目的说明，应当按照资产负债表、利润表、现金流量表、所有者权益变动表及其项目列示的顺序，采用文字和数字描述相结合的方式进行披露。报表重要项目的明细金额合计应当与报表项目金额相衔接，主要包括以下重要项目：

（1）以公允价值计量且其变动计入当期损益的金融资产。企业应当披露以公允价值计量且其变动计入当期损益的金融资产的账面价值，并分别反映交易性金融资产和在初始确认时指定为以公允价值计量且其变动计入当期损益的金融资产。对于指定为以公允价值计量且其变动计入当期损益的金融资产，应当披露下列信息：

①指定的金融资产的性质；

②初始确认时对上述金融资产作出指定的标准；

③如何满足运用指定的指标。

（2）应收款项。企业应当披露应收款项的账龄结构和客户类别以及期初、期末账面余额等信息。

（3）存货。企业应当披露下列信息：

①各类存货的期初和期末账面价值；

②确定发出存货成本所采用的方法；

③存货可变现净值的确定依据，存货跌价准备的计提方法，当期计提的存货跌价准备的金额，当期转回的存货跌价准备的金额，以及计提和转回的有关情况；

④用于担保的存货账面价值。

（4）长期股权投资。企业应当披露下列信息：

①对控制、共同控制、重大影响的判断；

②对投资性主体的判断及主体身份的转换；

③企业集团的构成情况；

④重要的非全资子公司的相关信息；

⑤对使用企业集团资产和清偿企业集团债务的重大限制；

⑥纳入合并财务报表范围的结构化主体的相关信息；

⑦企业在其子公司的所有者权益份额发生变化的情况；

⑧投资性主体的相关信息；

⑨合营安排和联营企业的基础信息；

⑩重要的合营企业和联营企业的主要财务信息；

⑪不重要的合营企业和联营企业的汇总财务信息；

⑫与企业在合营企业和联营企业中权益相关的风险信息；

⑬未纳入合并财务报表范围的结构化主体的基础信息；

⑭与权益相关资产负债的账面价值和最大损失敞口；

⑮企业是结构化主体的发起人但在结构化主体中没有权益的情况；

⑯向未纳入合并财务报表范围结构化主体提供支持的情况；

⑰未纳入合并财务报表范围结构化主体的额外信息披露。

（5）投资性房地产。企业应当披露下列信息：

①投资性房地产的种类、金额和计量模式；

②采用成本模式的，投资性房地产的折旧或摊销，以及减值准备的计提情况；

③采用公允价值模式的，公允价值的确定依据和方法，以及公允价值变动对损益的影响；

④房地产转换情况、理由，以及对损益或所有者权益的影响；

⑤当期处置的投资性房地产及其对损益的影响。

（6）固定资产。企业应当披露下列信息：

①固定资产的确认条件、分类、计量基础和折旧方法；

②各类固定资产的使用寿命、预计净残值和折旧率；

③各类固定资产的期初和期末原价、累计折旧额及固定资产减值准备累计金额；

④当期确认的折旧费用；

⑤对固定资产所有权的限制及金额和用于担保的固定资产账面价值；

⑥准备处置的固定资产名称、账面价值、公允价值、预计处置费用和预计处置时间等。

（7）无形资产。企业应当披露下列信息：

①无形资产的期初和期末账面余额、累计摊销额及减值准备累计金额；

②使用寿命有限的无形资产，其使用寿命的估计情况，使用寿命不确定的无形资产，其使用寿命不确定的判断依据；

③无形资产的摊销方法；

④用于担保的无形资产账面价值、当期摊销额等情况；

⑤计入当期损益和确认为无形资产的研究开发支出金额。

（8）职工薪酬。企业应当披露下列信息：

①应当支付给职工的工资、奖金、津贴和补贴，及其期末应付未付金额；

②应当为职工缴纳的医疗保险费、工伤保险费和生育保险费等社会保险费，及其期末应付未付金额；

③应当为职工缴存的住房公积金，及其期末应付未付金额；

④为职工提供的非货币性福利，及其计算依据；

⑤依据短期利润分享计划提供的职工薪酬金额及其计算依据；

⑥其他短期薪酬。

企业应当披露所设立或参与的设定提存计划的性质、计算缴费金额的公式或依据，当期缴费金额以及应付未付金额。

企业应当披露与设定受益计划有关的下列信息：

①设定受益计划的特征及与之相关的风险；

③设定受益计划在财务报表中确认的金额及其变动；

③设定受益计划对企业未来现金流量金额、时间和不确定性的影响；

④设定受益计划义务现值所依赖的重大精算假设及有关敏感性分析的结果。

企业应当披露支付的因解除劳动关系所提供辞退福利及其期末应付未付金额。企业应当披露提供的其他长期职工福利的性质、金额及其计算依据。

（9）应交税费。企业应当披露应交税费的构成及期初、期末账面余额等信息。

（10）短期借款和长期借款。企业应当披露短期借款、长期借款的构成及期初、期末账面余额等信息。对于期末逾期借款，应分别贷款单位、借款金额、逾期时间、年利率、逾期未偿还原因和预期还款期等进行披露。

（11）应付债券。企业应当披露应付债券的构成及期初、期末账面余额等信息。

（12）长期应付款。企业应当披露长期应付款的构成及期初、期末账面余额等信息。

（13）营业收入。企业应当披露营业收入的构成及本期、上期发生额等信息。

（14）公允价值变动收益。企业应当披露公允价值变动收益的来源及本期、上期发生额等信息。

（15）投资收益。企业应当披露投资收益的来源及本期、上期发生额等信息。

(16) 资产减值损失。企业应当披露各项资产的减值损失及本期、上期发生额等信息。

(17) 营业外收入。企业应当披露营业外收入的构成及本期、上期发生额等信息。

(18) 营业外支出。企业应当披露营业外支出的构成及本期、上期发生额等信息。

(19) 所得税费用。企业应当披露下列信息:

①所得税费用(收益)的主要组成部分;

②所得税费用(收益)与会计利润关系的说明。

(20) 其他综合收益。企业应当披露下列信息:

①其他综合收益各项目及其所得税影响;

②其他综合收益各项目原计入其他综合收益、当期转出计入当期损益的金额;

③其他综合收益各项目的期初和期末余额及其调节情况。

(21) 政府补助。企业应当披露下列信息:

①政府补助的种类及金额;

②计入当期损益的政府补助金额;

③本期返还的政府补助金额及原因。

(22) 借款费用。企业应当披露下列信息:

①当期资本化的借款费用金额;

②当期用于计算确定借款费用资本化金额的资本化率。

拓展训练

会计报表附注

(七) 或有和承诺事项、资产负债表日后非调整事项、关联方关系及其交易等需要说明的事项

(八) 有助于财务报表使用者评价企业管理资本的目标、政策及程序的信息

同步测验

一、单项选择题

1.下列资产负债表项目,可直接根据有关总账科目余额填列的是(　　)。

A.预收款项　　B.短期借款　　C.存货　　D.应收账款

2.甲企业2022年4月1日从银行借入期限为3年的长期借款1 000万元,编制2024年12月31日资产负债表时,此项借款应填入的报表项目是(　　)。

A.短期借款　　B.长期借款

C.其他非流动负债　　D.一年内到期的非流动负债

3.甲企业2024年12月31日"固定资产"科目余额为1 000万元,"累计折旧"科目余额为300万元,"固定资产减值准备"科目余额为50万元。该企业2024年12月31日资产负债表"固定资产"项目的金额为(　　)万元。

A.650　　B.700　　C.950　　D.1 000

4.下列各科目的期末余额,不应在资产负债表"存货"项目列示的是(　　)。

A.库存商品　　B.生产成本　　C.工程物资　　D.委托加工物资

5.下列各项中,应列入资产负债表"其他应付款"项目的是(　　)。

A.应付租入包装物租金　　B.应付短期租赁固定资产租金

C.结转到期无力支付的应付票据　　D.应付由企业负担的职工社会保险费

6.下列各项中,不应在利润表"营业收入"项目列示的是(　　)。

A.政府补助收入　　B.设备安装劳务收入　　C.商品销售收入　　D.固定资产出租收入

7.在下列各项税金中,不应在利润表中的"税金及附加"项目反映的是(　　)。

A.车船税　B.增值税　C.印花税　D.房产税

8.甲企业2024年度发生以下业务：以银行存款购买将于2个月后到期的国债500万元，偿还应付账款200万元，支付生产人员工资150万元，购买固定资产300万元。假定不考虑其他因素，该企业2024年度现金流量表中“购买商品、接受劳务支付的现金”项目的金额为（　　）万元。

A.200　B.350　C.650　D.1 150

9.下列各项中，属于企业现金流量表中“经营活动产生的现金流量”的是（　　）。

A.收到的现金股利　B.支付的银行借款利息

C.收到的设备处置价款　D.支付产品的广告费用

10.下列各项中，不属于现金流量表“筹资活动产生的现金流量”的是（　　）。

A.取得借款收到的现金　B.吸收投资收到的现金

C.处置固定资产收回的现金净额　D.分配股利、利润或偿付利息支付的现金

二、多项选择题

1.下列项目中，属于资产负债表中“流动资产”项目的有（　　）。

A.预付款项　B.开发支出　C.应收票据　D.存货

2.下列各项中，应在资产负债表“应收账款”项目列示的有（　　）。

A.“预付账款”科目所属明细科目的借方余额　B.“应收账款”科目所属明细科目的借方余额

C.“应收账款”科目所属明细科目的贷方余额　D.“预收账款”科目所属明细科目的借方余额

3.资产负债表下列各项目中，应根据有关科目余额减去备抵科目余额后的净额填列的有（　　）。

A.存货　B.无形资产　C.应收账款　D.长期股权投资

4.下列会计科目中，其期末余额应列入资产负债表“存货”项目的有（　　）。

A.库存商品　B.材料成本差异　C.生产成本　D.委托加工物资

5.下列各项中，应列入利润表“资产减值损失”项目的有（　　）。

A.原材料盘亏损失　B.固定资产减值损失　C.应收账款减值损失　D.无形资产处置净损失

6.下列各项中，影响企业营业利润的有（　　）。

A.出售原材料损失　B.计提无形资产减值准备

C.公益性捐赠支出　D.出售交易性金融资产损失

7.下列各项中，影响企业营业利润的有（　　）。

A.税款滞纳金　B.出租包装物取得的收入

C.接受公益性捐赠利得　D.经营租出固定资产的折旧费

8.下列各项中，属于现金流量表中“现金及现金等价物”的有（　　）。

A.库存现金　B.银行本票

C.银行承兑汇票　D.持有的2个月内到期的国债

9.一套完整的企业财务报表至少应当包括（　　）。

A.资产负债表　B.利润表　C.现金流量表　D.内部控制报告

10.下列各项中，属于现金流量表中“经营活动产生的现金流量”的报表项目有（　　）。

A.收到的税费返还　B.偿还债务支付的现金

C.销售商品、提供劳务收到的现金　D.支付给职工以及为职工支付的现金

三、判断题

1.“长期借款”项目，根据“长期借款”总账科目余额填列。（　　）

2.企业出售固定资产应交的增值税，应列入利润表的“税金及附加”项目。（　　）

3.现金流量表中“销售商品、提供劳务收到的现金”项目，反映本企业自营销售商品或提供劳务收到的现金，不包括委托代销商品收到的现金。（　　）

4.所有者权益变动表“未分配利润”栏目的本年年末余额应当与本年资产负债表“未分配利润”项目的年末余额相等。（ ）

5.所有者权益变动表能够反映所有者权益各组成部分当期增减变动情况，有助于报表使用者理解所有者权益增减变动的原因。（ ）

6.财务报表附注是对在资产负债表、利润表、现金流量表和所有者权益变动表等报表中列示项目的文字描述或明细资料，以及对未能在这些报表中列示项目的说明等。（ ）

7.我国企业的资产负债表采用账户式结构，利润表采用单步式结构，所有者权益变动表采用报告式结构，现金流量表采用矩阵式结构。（ ）

8.企业发生的财务费用，在编制现金流量表时，均应作为筹资活动项目反映。（ ）

9.财务报表附注对企业的相关信息起到补充说明的作用，不如其他组成部分重要。（ ）

10.企业所有的会计报表应该采用权责发生制原则进行填列与编制。（ ）

四、计算分析题

1.甲公司为增值税一般纳税人，销售的产品为应纳增值税产品，增值税税率为13%，产品销售价格中不含增值税税额。产品销售成本按经济业务逐笔结转，所得税税率为25%。公司2024年发生如下经济业务：

（1）向北方公司赊销B产品一批，销售价格为535 000元，产品成本为305 000元。产品已经发出，并开出增值税专用发票，已向银行办妥托收手续。

（2）根据债务人的财务状况，对应收账款计提20 000元的坏账准备。

（3）采用预收款方式销售商品，当年收到第一笔款项10 000元，已存入银行。

（4）收到北方公司B产品退货。该退货系公司本年售出商品（假定不属于日后调整事项），出售时售价共计为2 000元，成本为1 750元，该货款当时已如数收存银行。公司用银行存款支付退货款项，退回的B产品已验收入库，并按规定开出红字增值税专用发票。

（5）年末公司持有的交易性金融资产账面价值为40 000元，公允价值为41 000元。

（6）计提已完工工程项目的长期借款利息3 000元，假定该长期借款为一次还本、分期付息；用银行存款支付管理费用5 000元、销售费用2 000元。

（7）销售产品应交的城市维护建设税为1 400元，应交的教育费附加为600元。

（8）计算并确认应交所得税（不考虑纳税调整事项）。

要求：（1）编制相关经济业务的会计分录。

（2）编制公司2024年度的利润表。

2.甲公司为增值税一般纳税人，适用的增值税税率为13%。原材料等存货按实际成本进行日常核算。2024年1月1日有关账户余额见表12-27。

表12-27 账户余额表 单位：万元

科目名称	借方余额	贷方余额
银行存款	450	
应收票据	32	
应收账款	300	
原材料	350	
库存商品	300	
低值易耗品	100	
生产成本——A产品	110	
长期股权投资——丁公司	550	

坏账准备		30
存货跌价准备		76
长期股权投资减值准备		0

2024年甲公司发生的交易或事项如下：

（1）收到已作为坏账核销的应收南方公司账款50万元并存入银行。

（2）收到光明公司作为资本投入的原材料并验收入库。投资合同约定该批原材料价值840万元（不含允许抵扣的增值税进项税额109.2万元），光明公司已开具增值税专用发票。假设合同约定的价值与公允价值相等，未发生资本溢价。

（3）行政管理部门领用低值易耗品一批，实际成本2万元，采用一次摊销法进行摊销。

（4）因宏光公司破产，应收该公司账款80万元不能收回，经批准确认为坏账并予以核销。

（5）因自然灾害毁损原材料一批，其实际成本为100万元，应负担的增值税进项税额为13万元。该毁损材料未计提存货跌价准备，尚未经有关部门批准处理。

（6）公司采用权益法核算对丁公司的长期股权投资，其投资占丁公司有表决权股份的20%。丁公司宣告分派2023年度现金股利1 000万元。

（7）收到丁公司发放的2023年度现金股利并存入银行。

（8）丁公司2024年度实现净利润1 500万元，公司确认实现的投资收益。

（9）公司将持有的面值为32万元的未到期、不带息银行承兑汇票背书转让，取得一批材料并验收入库，增值税专用发票上注明的价款为30万元，增值税进项税额为3.9万元。其余款项以银行存款支付。

（10）年末公司经减值测试，确认对丁公司的长期股权投资可收回金额为560万元；存货的可变现净值为1 800万元；决定按年末应收账款余额的10%计提坏账准备。假定除上述资料外，不考虑其他因素。

要求：（1）编制公司上述（1）至（9）项交易或事项的会计分录。

（2）计提公司长期股权投资减值准备并编制会计分录。

（3）计算公司存货应计提或转回的存货跌价准备并编制会计分录。

（4）计算公司应收账款应计提或转回的坏账准备并编制会计分录。

（5）计算公司2024年年末资产负债表中下列项目的期末余额：

①货币资金；②存货；③应收票据；④应收账款；⑤长期股权投资。

3. 甲公司2024年有关资料如下：

（1）本年销售商品、提供劳务收到现金2 000万元，以前年度销售商品本年收到的现金240万元，本年预收款项130万元，本年销售本年退回商品支付现金70万元，本年收回2022年核销的坏账损失25万元。

（2）本年购买商品支付现金750万元，本年支付以前年度购买商品的未付款项85万元，本年预付款项78万元，本年发生购货退回收到现金50万元。

（3）企业本年支付的各种职工薪酬共计300万元，其中：生产经营人员的职工薪酬为260万元，在建工程人员的职工薪酬为40万元。

要求：计算下列现金流量表项目：

（1）销售商品、提供劳务收到的现金。

（2）购买商品、接受劳务支付的现金。

（3）支付给职工以及为职工支付的现金。

主要参考文献

［1］李华．企业财务会计［M］．北京：中国人民大学出版社，2016.

［2］财政部会计资格评价中心．初级会计实务［M］．北京：经济科学出版社，2024.

［3］财政部会计资格评价中心．中级会计实务［M］．北京：经济科学出版社，2024.

［4］张志凤．2025年会计专业技术资格考试应试指导及全真模拟测试·初级会计实务（上册）［M］．北京：北京大学出版社，2024.

［5］张志凤．2025年会计专业技术资格考试应试指导及全真模拟测试·初级会计实务（下册）［M］．北京：北京大学出版社，2024.

［6］中国注册会计师协会．会计［M］．北京：中国财政经济出版社，2024.

［7］财政部会计司．企业会计准则2006［M］．北京：经济科学出版社，2006.

富媒体智能型教材出版说明

“财经高等职业教育富媒体智能型教材开发系统工程”入选国家新闻出版广电总局新闻出版改革发展项目库，并获得文化产业专项资金支持，是“国家文化产业资金支持媒体融合重大项目”。项目以“融通”“融合”“共建”“共享”为特色，是东北财经大学出版社积极落实国家推动传统媒体与新媒体融合发展的重要举措之一。

“财济书院”智能教学互动平台是该工程项目建设成果之一。该平台通过系统、合理的架构设计，将教学资源与教学应用集于一体，具有教学内容多元呈现、课堂教学实时交互、测试考评个性设置、用户学情高效分析等核心功能，是高校开展信息化教学的有力支撑和应用保障。

富媒体智能型教材是该工程项目建设成果之二。该类教材是我社供给侧结构性改革探索性策划的创新型产品，是一种新形态立体化教材。富媒体智能型教材秉持严谨的教学设计思想和先进的教材设计理念，为财经职业教育教与学、课程与教材的融通奠定了基础，较好地避免了传统教学模式和单一纸质教材容易出现的“两层皮”现象，有助于教学质量的提高和教学效果的提升。

从教材资源的呈现形式来说，富媒体智能型教材实现了传统纸质教材与数字技术的融合，通过二维码建立链接，将VR、微课、视频、动画、音频、图文和试题库等富媒体资源丰富呈现给用户；从教材内容的选取整合来说，其实现了职业教育与产业发展的融合，不仅注重专业教学内容与职业能力培养的有效对接，而且很好地解决了部分专业课程学与训、训与评的难题；从教材的教学使用过程来说，其实现了线下自主与线上互动的融合，学生可以在有网络支持的任何地方自主完成预习、巩固、复习等，教师可以在教学中灵活使用随堂点名、作业布置及批改、自测及组卷考试、成绩统计分析等平台辅助教学工具。

富媒体智能型教材设计新颖，一书一码，使用便捷。使用富媒体智能型教材的师生首先下载“财济书院”APP或者进入“财济书院”（www.idufep.com）平台完成注册，然后登录“财济书院”输入教材封四学习卡中的激活码建立或找到班级和课程对应教材，就可以开启个性化教与学之旅。

“重塑教学空间，回归教学本源！”“财济书院”平台不仅仅是出版社提供教学资源和服务的平台，更是出版社为作者和广大院校创设的一个自主选择和自主探究的教与学的空间，作者和广大院校师生既是这个空间的使用者和消费者，也是这个空间的创造者和建设者，在这里，出版社、作者、院校共建资源，共享回报，共创未来。

最后，感谢各位作者为支持项目建设所付出的辛劳和智慧，也欢迎广大院校在教学中积极使用富媒体智能型教材和“财济书院”平台，东北财经大学出版社愿意也必将陪伴广大职业教育工作者走向更加光明而美好的职教发展新阶段。

东北财经大学出版社